漢字學之二

許慎及其說文解字

吳宏一

目錄

序　寫在我的漢字學書前　五
第一章　許慎的時代背景　一三
第一節　序論許慎《說文解字》　一三
第二節　漢代經學的今古文之爭　一四
第二章　許慎生平與著作考述　一九
第一節　許慎的家世里籍生卒年　一九
第二節　許慎的仕宦經歷　三二
第三節　許慎的著作及其流傳　六三

第三章　《說文解字・敘》析論　七三
第一節　《說文解字・敘》原文　七三
第二節　敘文題解與白話譯注　八九
第三節　內容分析及段落大意　一一三
第四章　《說文解字》的部首　一三七
第一節　部首的意義與價值　一三七
第二節　對後世字書的影響　一四〇
第三節　在文字學上的地位　一四三
第五章　《說文解字》的編撰體例及詮釋方法　一五一
第一節　編排原則　一五一
第二節　著述體例　一六五
第三節　詮釋方式　一六八
第四節　引證條例　一八三
第五節　常用術語　一九二

第六章　六書說

第一節　六書的名目與次第　二〇三
第二節　三家舊說的檢討　二一二
第三節　分論之一：象形與指事　二二三
第四節　分論之二：會意與形聲　二五三
第五節　分論之三：轉注與假借　二八五
第六節　餘論：三書說　三二六

〈序〉

寫在我的漢字學書前

吳宏一

寫漢字學，是我十幾年來的一個藏之於心卻遲未動筆的願望。

民國五十年（一九六一）九月，我考取臺大中文系，註冊入學。本來我在中學時代喜歡的是現代文學及文藝寫作，所以會以臺大中文系為大專聯考的第一志願，也就是為了想成為詩人或新文藝作家。想不到進入臺大中文系以後，受了大一國文葉嘉瑩老師的影響，閱讀與寫作的興趣，竟然由現代文學而逐漸轉向中國古典文學。到了大二，除了葉老師所講授的「詩選及習作」之外，對李孝定老師所講授的必修課「文字學」，也同樣發生濃厚的興趣。

那時候，臺灣各大學中文系的課程，沿襲教育部民國初年所訂的標準，重視傳統經典與人才培育，都規定了一些基本必修課。例如配合「大一國文」及選修的專書課程，詩歌方面，大二必修「詩選及習作」，大三必修「詞曲選及習作」；古文方面，大二必修「歷代（唐宋）文選及習作」，大三必修「歷代（漢魏六朝）文選及習作」。至於傳統小學方面，大二必修「文字學」，大三必修「聲韻學」，大四必修「訓詁學」，分別研讀中國文字的形、音、義。

那時候，李孝定老師由臺大與中研院史語所合聘，原先擔任校長室秘書，後來轉任中文系教授，講授「文字學」。教我們這一班，是他教「文字學」的第二屆。據他自己說，他不會講課，請大家多多包涵。那時候，坊間買不到什麼參考書，他請人刻印鋼板，印發馬宗霍的《文字學發凡》與唐蘭的《古文字學導論》上半部給我們當講義，要求我們自己課外研讀；他上課時則只提示書中的一些要點，大部分的時間，都是由他舉一些例字，講漢字的起源與演變，並沒有預定的進度。

記得開學不久，有一次上課，他先用粉筆在黑板上畫個像「田」字的鬼頭，下畫似乎人體四肢、雙手高舉的線條，說這是古文字，要同學猜是什麼字。有同學說像「異」，他那寬大而略嫌蒼白的臉上，竟難得露出笑容。接著他又寫了「鬼」字和「思」字，問同學二字的上半像什麼。「鬼」頭不難解，但「思」的上半為何是「田」，則無人回答。這時候，李老師才告訴我們，上半的「田」不是「田」，而是頭腦「囟」部的形狀，是隸變時訛變了形體。像「異」字原來就是「象人首戴甾之形」，確實有人解釋為鬼頭。

也就從那一堂課起，他開始連續幾週講解《說文解字》人部、手部、共部等等若干例字，從甲骨文、金文以迄隸書形體的演變以及相關的一些問題。然後說，希望同學自動去翻閱《說文解字詁林》的哪些部首及屬字。一切看似隨興而發，沒有事先準備，但我仍然覺得他講得很精彩，給了我很大的啟發。特別是他講「保」字、「沬（頮）」字時的神采，一直深印在我的腦海裡。很多很多年以後，我才知道他在教我們「文字學」時，正在撰寫《甲骨文字集釋》，也才知道漢字的起源與演變，一直是他主要的研究課題。

記得那時候，常在晚飯後，到總圖書館（今已改為校史館）西翼二樓的「參考股圖書室」，去翻閱丁福保的《說文解字詁林》，隨興之所至，挑有興趣或容易了解的部首及屬字看，看不懂的地方就闕其疑而略過。但久而久之，經過前後對照，互相印證，原先不懂的部分，竟然有的也可以領會出一些道理，因此使我對「文字學」這門課，逐漸產生興趣。

記得那時候，系裡開設的專書課程中，還有一門由董作賓教授主講的「甲骨學」，供高年級及研究所的同學選修。我沒有見過董老師，只因對「文字學」有了興趣，又因按照慣例，系所開設的課程，只要主講的老師不反對，誰都可以去旁聽。所以在大二上學期中途，我曾經不自量力，跑去文學院特二教室旁聽「甲骨學」的課。教室小，人不多，只見一位中年瘦小的老師在臺上講課，我以為他就是鼎鼎大名的董作賓教授。哪裡知道他講課時，好幾次被臺下另一位瘦小的老先生打斷，加以糾正、補充，而他竟敬謹苦笑著唯唯稱是。後來我才知道：在臺上講課的是金祥恆先生，在臺下發言的才是董作賓教授。金先生是義務幫董老師「講」課。這嚇得我只旁聽了一次，就不敢再去了。從此乖乖的在「參考股」看《說文解字詁林》。

那時候，我常常想起去世多年的祖父。記得剛進小學時，讀過私塾的祖父教我認字。他曾經指著家裡廳堂的大門問我：「門」這個字像不像那兩扇大木版門的形狀；曾經告訴我「問」與「聞」二字，就是人與人在門內門外互相問答，加上嘴巴、耳朵的形狀組合而成的。最有趣的是，他還教我認識「愛」這個字，說它是一個人用手捧著心交給另一個人。這些童年往事，原先以為是祖父開玩笑，但在我大二學「文字學」看參考書的時候，卻常常浮上心頭來，給我增添很多溫馨的回憶。

大二下學期，有一次上課時，李老師提起了清代段玉裁、王筠、朱駿聲、桂馥《說文》四大家的著作，說我們系裡都有完備的藏書，又說甲骨文四大學者羅雪堂、王觀堂、郭鼎堂、董彥堂「四堂」之一的董彥堂（董作賓教授）就在我們系裡，有如此理想的學習環境，應當有同學把握這個難得的機會，從事這方面的研究。下課後，李老師特別找我去談話。他說看了我上學期的期末考卷，知道我看了很多課外參考書，所以給了我高分，希望我能再接再勵，將來從事這方面的研究工作。當時我受寵若驚，當然一口答應了。

雖然一口答應，但我也對李老師實話實說。說我雖已立志從事學術研究工作，但我最感興趣的仍然是純文學和文藝寫作。記得當時李老師寬大的臉上怔了一怔，似有不悅之色，只這樣說：「你知道陳夢家吧？他寫新詩，但也研究古文字。」我不敢多說一句話。

從此，除了上「文字學」課之外，我總是有意無意間避開李老師。其實我對李老師說的是真心話，雖然我也愛「文字」，但我真的更愛「文學」。

過了兩年左右，大約在我大學畢業前後，李老師離開了臺大。據說和王叔岷老師一樣，即將出國講學。從此失去了聯絡。後來我在臺大中文研究所讀碩士班、博士班的時候，仍然一本初衷，在詩詞純文學的天地裡討生活。碩士論文研究的是清代常州派詞學，博士論文研究的是清代詩學，這些都是我的興趣所在。

上博士班時，經由屈萬里老師推薦，我參加了「儀禮復原小組」，並承孔德成老師不棄，主動要我旁聽他講授的「金文選讀」，使得我又有機會接觸殷周古文字。那時候，大多數的老師、同學都以為我醉心於古典詩詞，很少人知道我同時也愛好文字學。大概很少人知道我在博士班念書時，學弟之中，張光裕、邱信義、黃沛榮他們由屈老師指導有關古文字的碩士論文，都曾由我先幫忙修飾文字，使得我有機會對他們的大著先睹為快；大概也很少人知道我從民國五十五年（一九六六）校外兼課教書開始，在講課時就常引用古文字來輔助教學。例如教林覺民的〈與妻訣別書〉，「且以汝之有身」的「身」，先把它金文、小篆的字體畫出來，原來就是女人懷孕的形狀；教《左傳》的〈曹劌論戰〉，先說《史記．刺客列傳》中，「曹劌」作「曹沫」，並進一步說明「劌」和「沫」、「湏」、「頮」、「靧」等字形音義之間的關係，等等。這種教法，似乎頗能引起學生學習的興趣。所以我臺大博士班畢業以後，留校任教，無論教什麼課，只要與古文字有關的詞語，我都會「依樣畫葫蘆」、「老王賣瓜」一番。尋思起來，這和當初上「文字學」的課，受到李老師的啟蒙大有關係。因此，我常常想起李老師當年對我的期許。我覺得辜負了他當年的好意，如果有機會，應該對李老師說聲「對不起」。

我從大學部畢業以後，就沒有和李老師見過面，一直到我在香港中文大學任教期間，李老師來校參加古文字學研討會。我才又有機會接觸到他。事實上，流水三十年間，曾經斷斷續續聽到李老師的一些動態，包括他在新加坡講學時和王叔岷老師失和，以及他和王老師又先後回到南港中研院史語所的一些消息。但那時候，因為他和王叔岷老師已經失和，有了誤會，而王老師不但也教過我，並且在我籌備中研院文哲所時，擔任諮詢委員多年，時常連繫，因而我去大學賓館見李老師時，不知為什麼，氣氛真的有點尷尬，也不知從何談起才好。記得當時只是向李老師報告，大二時聽了他的課，受益良多，一直感念在心。這些年來雖然荒廢了，但將來如有機會，我仍然願意從頭學起。

二〇〇九年夏天，我從香港退休返臺，決定不再教書，要專心讀書寫作。不但要讀以前未讀之書，而且要重溫以前讀過的好書。好書當然值得一讀再讀，愈讀一定愈有滋味。如果重溫之餘，能有新的體會，上焉者推陳出新有創見，當然最理想；否則，即使只是檢討舊說，提出質疑，也都值得寫出來，提供給有相同興趣的讀者參考。我覺得這樣做，無論對自己或對別人，都有好處。中國文字學，就是我退休後讀書寫作的計劃之一。它對我而言，是自我修煉；對已經去世多年的李老師而言，也是一個很有意義的紀念。

幾年來，我一直在持續不斷的閱讀與寫作之中。考慮時間空間的歷史因素，我把中國文字學改稱為漢字學。預定寫三部書。第一部書名《漢字從頭說起》，旨在探討東漢許慎《說文解字》成書以前的古代漢字，有關它的起源、特質以及演變的種種問題。其中甲骨文、金文部分，出版專書之前，曾在香港《國學新視野》連載，有事先藉此向各方專家請教之意。事實上，我也確實得到一些專家學者的教益，已分別補記在各章節之中。

第二部書名《許慎及其說文解字》，旨在評述許慎的生平事跡，及其《說文解字》一書的內容概要。特別注重許慎的仕宦經歷與經學思想的考證，漢代的六書說，以及《說文解字》一書的敍文、部首的詮釋與分析。因為這些都是了解該書必先解決的問題。其中像談六書次第，許慎為何置「指事」於「象形」之前，像談若干部首的取捨，是否與其經學思想背景有關，等等，筆者在書中都曾論及。書名所以定為《許慎及其說文解字》而不取《許慎與說文解字》，也是有意表示：人人皆可說「文」解「字」，但用「與」字，則許慎是一回事，「說文解字」可以是另一回事。許慎可以說文解字，別人也可以各自有其說文解字。如用「及其」，則書中所論，僅限於許氏該書。這是強調筆者所探討的，是許慎所編撰的《說文解字》一書，而不是一般泛稱的說文解字。

以上這兩部書，兩三年前都已完稿了。第三部書名《說文部首及關鍵字》，到目前為止，都還在分部陸續撰寫中。因為能力有限，涉及的問題又多，不易解決，何時可以完成，實在不敢說。因此徵得出版社同意，先出版這前兩部。

我非常感謝遠流出版公司曾淑正女士的費心編輯，包括配圖、描字，也很高興能陪有興趣的讀者，一起來認識漢字，一起來學習。我覺得我彷彿還在祖父和李老師溫馨的回憶裡。

二〇一九年五月初稿，二〇二〇年四月初校

第一章　許慎的時代背景

第一節　序論許慎《說文解字》

許慎的《說文解字》，古人簡稱《說文》，是中國語言文字學史上一部劃時代的不朽鉅著。他所生活的東漢時代，儒家日漸受到帝王公卿的重視，學者對先秦經典文獻的整理和闡釋，由於受到古今文字隸變和學術思想不同的影響，逐漸形成了今文經學和古文經學兩大流派。二者壁壘分明，時起爭執。許慎是東漢後期古文學派的重要學者之一。他不但「五經無雙」，主張復古，而且也深切體會到古漢字「依類象形」的造字原則，可以用來闡發「六書」的理論系統，於是他以傳世經籍和出土文獻為依據，彙集秦、漢之間通行的九千多個文字，歸類分為五百四十部，釋其音義，考其源流，纂成《說文解字》一書，成為後世讀書人必讀的經典之一。

依照許慎自己的解釋，「文」與「字」的意義不同。「文」是「依類象形」，「字」是「形聲相益」，二者配合，才成為「書」。他的書是為說「文」解「字」而作的，所以稱為《說文解字》。

據他自撰的《說文解字・敍》，此書之作，始於東漢和帝永元十二年（公元一〇〇），卻到安帝建光元年（公元一二一），才在病中遣派其子許沖進獻給漢安帝。前後相去二十一年左右，應該是經過長時間的精心修訂的成果。

此書原來正文十四篇，另有敍目，共十五篇。一篇，等於後世所說的一卷。北宋初，徐鉉等人校定傳本時，因為篇帙浩繁，才參考唐人李陽冰刊定的意見，每卷分上、下，因此全書共分三十卷。在它之前，這類可供初學者用作識字的字書，多以字義為主，採取經傳用字，編成叶韻齊整之句，以便記誦；此書則以字形為主，兼採古今文字，分析字形，同時審音辨義，因而不但可以做為童蒙識字的教本，同時也具有類似後世字典性質的實用價值，真正成為一本具有理論體系的劃時代鉅著。

第二節　漢代經學的今古文之爭

為了進一步認識許慎及其《說文解字》，我們需要先論其世而知其人。可惜許慎的生平資料非常少，范曄的《後漢書》把他列為「儒林」傳中人物，所以只能側重在介紹他的仕宦經歷及學術著作，真所謂「寥寥不備」。這裡為了幫助讀者了解許慎編撰《說文解字》的時代背景，先從漢代經學的今古文之爭說起。

自從春秋時代孔子教學以經授徒以後，五經成為後代儒生必讀的經典古籍。然而這些經書，最遲從戰國時代開始，由於流傳的時代不同，地區不同，因而傳本文字也有所不同；又由於秦始皇焚書坑儒，很多古代文獻付之一炬，加上不同時代環境的變遷和各地語言文字的差異，傳世的經典文獻和後來出土的版本文字資料，難免因形體不同，繁簡不一，使得經師和儒生在講授解釋時，各有不同的主張，因而造成經義理解上的歧異，和思想傾向上的對立。

到了西漢時代，經學上就有了今文經與古文經之分。今文經是用漢代通行的隸書抄寫的，古文經則是用秦、漢以前的古文字寫成。雖然同樣是先秦儒家留傳下來的經典文獻，但在經師和儒生心目中，前者大都出自西漢初年宿學名儒的口耳相傳，像《今文尚書》、《詩經·三家詩》、《公羊傳》、《儀禮》等書，都屬於今文經；後者則是西漢景帝以後孔壁出土或民間呈獻的古籍，像《古文尚書》、《毛詩》、《左氏春秋（左傳）》、《周官（周禮）》、《古文孝經》等等，都屬於古文經。至於《周易》，施讎、孟喜、梁丘賀、京房諸氏所傳，屬今文經，而費直、高相所傳，則歸古文經。今文經學者以為經書講的是經世濟民之學，可由三綱五常推衍到治國平天下的大道理，甚至可藉陰陽五行之說來推究政治得失及天人之道。他們重視的是闡發經文中的微言大義；而古文經學者則是把這些經籍視為歷史文獻，主要做為授徒講學之用，注重的是文字訓詁，首先要求把經文解釋清楚。因為重點不同，師承不同，於是逐漸分成兩大學派，造成漢代今文經學派與古文經學派的門戶之爭。

西漢前期，今文學派受到帝王的重視，他們所傳授的五經都列於學官，立博士，而古文學派則只在民間流傳。可是，到了西漢後期，因為劉向、劉歆父子受命整理宮中所藏古代圖書文獻，開始重視古文經，風氣才逐漸改變過來。

漢哀帝時，劉歆上書，建議將《左氏春秋》、《毛詩》、《古文尚書》、《周禮》等古文經列於學官，卻遭到今文學派博士、名儒的反對與排斥。從此今文學派和古文學派各有奧援，各立門戶，展開了長約兩百年激烈的學術鬥爭。

范曄在《後漢書．儒林傳》中，就曾對東漢經學的興盛以及門戶的分立，如此論述：

> 自光武中年以後，干戈稍戢，專事經學，自是其風世篤焉。其服儒衣、稱先王、遊庠序、聚橫塾者，蓋布之於邦域矣。

甚至於說這些經學儒生「分爭王庭，樹朋私里，繁其章條，穿求崖穴，以合一家之說」。無論是官學或私學，當時都很發達，儼然政治集團一般。據說東漢末年，在京師的太學生即有三萬人之多，不少的私學門徒亦常達千人以上。經學風氣如此興盛，一旦門戶對立鬥爭起來，當然也就格外激烈了。

在漢代今、古文學派長期的對立鬥爭中，起先壁壘分明，各不相讓：在政治上，今文學派配合時務，關心世事，古文學派則主張復古，專心學術，趨於保守；在思想上，今文學派倡言陰陽五行，以讖緯圖書附會政治人事，古文學派則講究典章制度，論政亦悉依古聖先王；在學術上，今文學派喜就經文以闡發微言大義，古文學派則多按字面以訓解經文本義。演變到後來，不論是今文學派或古文學派，學者多株守一經，家有家法，師有師法，陳陳相因，牢不可破矣。起碼在西漢末年已是如此。

西漢自武帝「罷黜百家，獨尊儒術」之後，由於帝王的提倡和公卿的好尚，設科射策，勸以官祿，今文經學非常昌盛，很多今文學派的學者受到重用，有的立為博士，而古文經學則多止流行於民間。可是這種風氣，到了王莽當政，或者說到了東漢以後，卻有所改變。不但兼通數經的學者越來越多，而且兼採今、古文經的風氣，也逐漸興盛起來。理論上，學校裡傳授的是今文經，社會上通行的是隸書，但實際上，西漢以降，今文經學者㗻言微言大義的結果，難免假託聖人之言，求之過深，往往鑿空而談，因而流弊叢生。例如有人解釋《尚書》中「堯典」二字或「曰若稽古」四字，可以多達數萬字以上，煩言碎辭，令人厭煩。真如《漢書．藝文志》所說：「幼童而守一藝，白首而後能言。」而且只懂今隸，不識古文字，也難免在說文解經時，望文生義，憑空臆解，說些什麼「一大為天」、「日生為星」（見《春秋繁露・春秋說題辭》）、「馬頭人為長」、「人持十為斗」（見《說文解字・敍上》）之類的外行話。因而到了東漢以後，大約從和帝、章帝到安帝數十年間，經學界起了反動，鼓起了新風潮，這也正是許慎學術上從成長到成熟的時期。

漢代經學的今古文之爭，直至東漢末年而未息。兼採今古文經而編纂《說文解字》的許慎，就生活在這個時代裡。

第二章　許慎生平與著作考述

第一節　許慎的家世里籍生卒年

許慎的生平資料非常少，見於正史的，只有范曄《後漢書・儒林傳》的寥寥八十五個字：

許慎，字叔重，汝南召陵人也。性淳篤，少博學經籍。馬融常推敬之。時人為之語曰：「五經無雙許叔重」。為郡功曹，舉孝廉。再遷，除洨長。卒於家。初，慎以五經傳說臧否不同，於是撰為《五經異義》。又作《說文解字》十四篇。皆傳於世。

不但介紹文字少，而且語焉不詳，敍述非常簡略。因此要了解許慎的生平，不能不以此為基本，另從其他文獻資料中鉤稽考索。

〈一〉許慎的家世

許慎《說文解字・敍》的末段，曾經自述其身世及著作的志向。其中有云：

曾曾小子，祖自炎神。
縉雲相黃；共承高辛。
太岳佐夏；呂叔作藩。
俾侯於許，世祚遺靈。
自彼徂召，宅此汝瀕。

這段話不容易懂，筆者先直譯如下：

曾孫的曾孫小子許慎，遠祖源自炎帝神農氏。
祖先縉雲輔佐過黃帝；祖先共工曾尊奉高辛。
祖先太岳輔佐過夏禹；祖先呂叔做為周藩鎮。
後來被派到許昌為侯，世世代代都承受遺蔭。
最後從許昌遷往召陵，就定居在此汝水之濱。

根據以上許慎的自述，可以知道他的家世譜系。他的祖先源自姜姓的炎帝，即神農氏；他有好些位遠祖，在歷史上赫赫有名：遠祖縉雲，在黃帝時曾經為相，襄理政事；遠祖共工，曾與高辛氏爭衡抗勝，雖敗猶榮；遠祖太岳（《左傳．隱公十一年》：「夫許，大岳之胤也。」），曾經輔佐夏朝大禹治水，被封為呂侯；遠祖呂叔，又稱文叔或甫侯，承襲太岳呂侯封名，曾經幫助周武王滅商，成為周朝的藩鎮屏障；後來他被封為許侯，許為國名，古作「鄦」，在潁川，即今河南許昌附近。從此好幾代的祖先，以國為姓，都承受恩澤，享有俸祿；最後才由許昌遷移到召陵來定居，目前家族仍然住在汝水之濱的召陵（今河南郾城縣東一帶）。

此外，宋初徐鍇《說文解字繫傳》所介紹的許慎家世，亦抄錄如下：

許出神農之後，姜姓，與齊同祖。謂為縉雲氏，於黃帝時。後三世至高辛。世為太岳。胤侯為禹心膂之臣，故封於呂。周武王封苗裔文叔於許，以為太岳。岳胤在潁川許昌縣。召謂汝南郡召陵縣，後世所居也。

明顯可以看出，此係摘引許慎《說文解字．敍》而來。因為該《敍》全文筆者書中下文另有譯介，讀者可以自行對照參閱，茲不贅述。

古人著書或為他人作序，常溯及家世遠祖，一則強調淵源所自，有所承傳，一則說明撰述的宗旨。通常在言及自己的祖先時，會歌功頌德，隱惡揚善，略去不光彩的一面。像上述許慎的自敍中，他歷數不同時代祖先的豐功偉業，就加以歌頌，但他所略去的不光彩部分，像末段中「共承高辛」及「自彼徂召」二句，即隱諱了若干史實。

歷史傳說中，共工與高辛氏爭王抗勝時，家族曾被殘滅殆盡。許慎諱言其事，在此僅以「共承高辛」一語帶過。「承」有奉承、尊奉之意，但也有禮讓的意味。另外，《左傳》等歷史文獻記載，西周初年周武王封給許慎遠祖呂叔的許國，在春秋時期開始衰落，先後受到鄭國和楚國的侵略逼迫，曾經四次遷徙，到了戰國初期，還真的被楚國消滅了。許氏家族子孫，失國逃散，其中的一支即許慎的祖先（自呂叔受封的第二十四代），才遷到河南汝水之南的召陵，定居下來。許慎對於這一段不光彩的過程，在此也僅僅以「自彼徂召」一語帶過。段玉裁注「宅此汝瀕」一語有云：「蓋自文叔以下二十四世。當戰國初，楚滅之。後有遷召陵者，為許君之先。」就說得很清楚。

相對的，許慎對遠祖的功業認為有可稱述的，即使在書中個別說「文」解「字」時，亦不憚其煩加以敍述。例如《說文解字》卷七下篇解釋部首「呂」字時，即補敍了遠祖呂叔：

> 昔太嶽為禹心呂之臣，故封呂侯。凡呂之屬，皆从呂（力舉切）。膂，篆文呂，从肉，从旅。

《說文解字》卷六下篇邑部解釋「鄦」字時，亦曾對遠祖呂叔（甫侯）加以補述：

炎帝太嶽之胤，甫侯所封。在潁川。从邑，無聲。讀若許（虛呂切）。

「鄦」是「許」的古字，同時，和「甫」、「呂」等字本一聲之轉，古韻俱屬魚部。所以封於「許」國的呂侯，又稱甫侯。

可見許慎對他自己的家世遠祖，大體上是引以為傲的。

（二）許慎的籍貫

許慎自敍家世，說他先人「自彼徂召，宅此汝瀕」，從許昌遷住召陵以後，就定居下來了。《漢書．地理志》：「許，故國。姓姜，四岳後，大叔所封。二十四世為楚所滅。」說的就是許慎的家族。召陵地處汝水之南，在今河南境內。春秋戰國時代，它是軍事重鎮，曾屬楚國所有。西漢沿襲秦制，設立郡縣，始置召陵為縣，隸屬豫州汝南郡。與郾城（時屬潁川郡）為鄰，俱在汝水之濱。因此《後漢書．儒林列傳》說許慎是「汝南召陵人也」。許慎的兒子許沖在安帝建光元年（公元一二一）《上說文解字表》也自稱：「召陵萬歲里公乘草莽臣沖」。據《漢書．百官公卿表》云，公乘，是秦漢時的爵位名，雖然不一定非在自己鄉里不可，但通常是以里籍稱。像司馬遷即自稱「太史令茂陵顯武里大夫司馬遷」。可見許慎父子都以汝南召陵為自己的籍貫所在地。

按，《說文解字》卷六下篇邑部「郎」字：「郎，汝南邵陵里。从邑，自聲。讀若奚。」可見當時「自」「奚」二字讀音相近。邵陵，即召陵，但「郎」與上文許沖所說的「萬歲里」，是否同地異名，則歷來說法不一。徐鍇《說文解字繫傳》引唐人李陽冰之言，說「郎」：「即許慎所居之里。」這是一種說法，認為許慎的故里是召陵的郎里。但段玉裁的《說文解字注》則說：「漢時召陵有萬歲里，許氏所居也。」又說：「郎者，召陵里名。召陵又有萬歲里。許君，召陵萬歲里人也。」朱駿聲《說文通訓定聲》履部第十二「郎」字下亦曰：「召陵有郎里，又有萬歲里。許叔重萬歲里人也。」說法相同，卻都以為郎里是郎里，萬歲里是萬歲里。李陽冰雖說郎里是許慎所居之地，但段、朱二人卻主張許氏應是萬歲里人。這是另一種說法。比較奇特的是嚴可均，他在《許君事迹考》中起先說：「許君汝南召陵萬歲里人也」，後來卻說：「陽冰語未審所出，或萬歲即郎矣。」

其實，上文所引三種說法，都可能只是推測之論。許慎說「郎」不過是指出其為召陵里名，許沖上表不過說他是「召陵萬歲里公乘」，郎與萬歲里究竟是否同地異稱，無法確定。王筠《說文釋例》就曾經說：「里名萬歲者，殆武帝登封之後，肇錫嘉名乎？」李陽冰以下所論，皆不知何據。一直到清末的許同莘（無錫人，曾任河南省建設廳廳長），對此深入考察，才有比較可信的依據。

據許同莘〈漢南閣祭酒許慎祠堂墓宜復奉祀生議〉（見李彬凱主編《許慎與郾城》；《河南政治月刊》一九三六年六卷十一期）以及《河南通志》、《郾城縣記》等等方志的記載，召陵在唐貞觀元年就廢縣了，後來併入郾城縣。故城在今河南郾城縣東二三十里。曾經隸屬潁川郡，屬於許昌地區。《河南通志》說許慎墓就在郾城縣東三十五里處，墓側有祠及祠田；《郾城縣記》更稱：黑許莊在故城西六里，莊東有（許慎）祭酒墓，莊西還有公乘（許）沖墓。雖然明末有闖王之亂，先後經歷幾次天災水患，但不久仍然有人加以修復。據說清代承平時，「歲以仲月後丁之日，縣令、掌官到許夫子墓地致祭」，並舉薦許姓優秀學子為奉祀生。經過幾次政治變革，現在郾城縣又已劃歸河南漯河市。

許同莘的考察，最值得肯定的是，他考定了郎里和許氏家族的關係。他說在召陵故城西，有個村落叫「許莊」，原名郎許，居民多為許姓，而且自稱為許慎後裔。附近村莊皆以姓氏為名。後來與鄰村「黑莊」合併，故稱「黑許」。等到黑姓人口遞減，村名遂又改回「許莊」。

許同莘的實地考察，極有意義，所以後來有些學者在此基礎之上，對相關問題作進一步的研究。像趙天吏等《許慎研究》（一九八五年，河南：紀念許慎學術討論會論文集），就有學者從聲韻學方面去做考證，認為「黑」與「郎」都是喉音。「黑」是曉紐職韻，「郎」讀若「奚」，屬匣紐支韻。也就是說，「黑」與「郎」都是牙音，互為旁紐，而「職」韻的「黑」，與「支」韻的「郎」，又互為旁對轉。如今召陵方音「黑」讀為 xie 平聲，與「郎」音亦相近。另外，也有學者從地理位置來核對，認為許莊瀕臨沙河，沙河古稱汝水，此與許慎自敍「宅此汝瀕」

亦相合。凡此種種，皆可做為許莊即郎里之佐證。

古人多有懷土思鄉之情，許慎既自以汝南召陵為籍貫所在，因而他在《說文解字》中也就常舉當地地名及方言為例，加以說明。例如卷六下篇解說邑部的「鄦」、「郎」、「郋」、「鄎」等字，都特別標出汝南的地名，卷九上篇解釋卩部的「卸」字時也說：「卸，舍車解馬也。从卩、止、午。讀若汝南人寫書之寫。」卷十二上篇解釋門部的「閈」字時也說：「閈，閭也。从門，干聲。汝南平輿里門，曰閈。」卷十三下解釋土部的「圣」時，更標出當地語言的特殊用法：「汝、潁之間，謂致力於地曰圣。从土，从又。讀若兔窟。」凡此皆可見之。

（三）許慎的生卒年

許慎的生卒年月，已難確考。歷來學者，例如東晉常璩的《華陽國志》、唐代張懷瓘的《書斷》、宋代洪适的《隸釋》等等，雖曾考索，結論卻不一致。明、清以來學者的說法，更趨紛歧。其中，嚴可均的《許君事蹟考》、陶方琦的《許君年表考》、諸可寶的《許君疑年錄》以及林頤山的〈許慎傳補遺〉，較受後人注意。

歸納這些資料，要而言之，大概可以分為兩個系統：一以宋代洪适（公元一一一七～一一八四）《隸釋》之說為代表，一以清代嚴可均（公元一七六二～一八四三）《許君事蹟考》之說為代表。

首先介紹評述洪适《隸釋》的說法。

他以為許慎生於東漢光武帝建武年間（公元二五～五六），卒於安帝末年（公元一〇七～一二五）。主要的依據，是東漢安帝建光元年（公元一二一）許慎兒子許沖〈上說文解字表〉中，有下列一段話：

> 今慎已病，遣臣齎詣闕。慎又學《孝經．古文說》。《古文孝經》者，孝昭帝時，魯國三老所獻；建武時，給事中議郎衛宏所校，皆口傳，官無其說。謹撰具一篇，并上。

這段話說明西漢武帝時所傳孔壁《古文孝經》尚未立於學官。許慎所得者，來自衛宏的口授。就年代言，衛宏是西漢末年經學家，東海（今山東郯城縣）人。曾師從謝曼卿、杜林學古文經，著有《毛詩序》、《古文尚書訓旨》等書。他在光武帝時曾授議郎（郎中令的屬官），拜為侍御史，大約與鄭興同時，而比賈逵略早。查杜林（生年不詳，卒於公元四七年）、賈逵（公元三〇～一〇一）的生卒年代，大致可以藉此推算出衛宏的學術活動，應在光武帝建武年間。許慎如果確實是他弟子，學術活動時間當在其後。

就師承言，洪适認為《古文孝經》為「衛宏所校，皆口傳，官無其說」，許慎既能得其傳，應該是得自衛宏的口授。換言之，洪适是把許慎視為衛宏的門下弟子。

可是根據現有資料，例如許沖上的表，只能顯示許慎嘗從賈逵受古學，是賈逵的弟子，「考之於逵，作《說文解字》」。因此他在《說文解字》書中引用賈逵意見時，皆稱「賈侍中」而不稱其名，以示尊敬，而在引述衛宏時則直呼其名，顯然不是尊其為師的口氣。

因而洪适僅僅依據衛宏在建武年間校過《古文孝經》，而許慎所得者來自衛宏口授，就認定許慎應生於建武年間，未免失之牽強。更河況光武帝建武年號共三十一年，光說建武年間，也未免失之寬泛。即使後來清代洪亮吉（公元一七四六～一八〇九）補證其說，進一步確定許慎生於東漢光武帝建武四年（公元二八），也不足以令人信從。

其實，細讀許沖上表原文，不過是說《古文孝經》乃「衛宏所校」，當時「皆口傳」而已，不能逕自解釋為許慎直接受教於衛宏，更不能逕自推定許慎當生於光武帝建武年間。

至於許慎的卒年，洪适亦根據許沖上表中的「今慎已病，遣臣齎詣闕」諸語，推斷許慎當卒於東漢安帝年間。此說在洪适之前，唐代張懷瓘的《書斷》早已發之，但未結合許慎的生年之說，較少引人注意。在洪适之後，像清代段玉裁《說文解字注》就曾進一步推斷：「古人著書，不自為是，時有增刪改竄，故未死之前，不自謂成」，許慎必定是「逮病且死」之時，才「命子奏上」的。因此他贊成許慎卒於安帝末年之說。關於卒年的問題，下文「卒於家」一節，還會作進一步的補充說明，茲不贅言。

其次，評述以嚴可均《許君事蹟考》為代表的說法。

嚴可均是依據許慎的《說文解字・後敘》及范曄的《後漢書・西南夷・夜郎傳》等資料來推斷的。

《說文解字・後敘》署明作於「永元困頓之年，孟陬之月，朔日甲申」，亦即東漢和帝永元十二年（公元一〇〇）正月初一。嚴氏據此推斷：「《說文・後敘》作於永元十二年，彼時許君不得甚少，即使年未三十，亦必生於明帝朝也。」東漢明帝即位是永平元年（公元五八），清代陶方琦亦即據此認定許慎生於此年。然而嚴氏不敢肯定，他只推斷許慎「蓋生於明帝朝」，即明帝永平元年至十八年（公元五八～七七五）。

另外，嚴可均又根據《後漢書・西南夷・夜郎傳》所記載的「桓帝時，郡人尹珍自以為生於荒裔，不知禮義，乃從汝南許慎、應奉受經書、圖緯」諸語，以為直到桓帝時，尹珍還能從許慎「受經書」，因而推斷「許君蓋卒於桓帝朝」（公元一四七～一六七）。

嚴可均的推斷，看起來似乎比較合理。陶方琦《許君年表考》就說：「言許君生卒者，惟嚴氏鐵橋之說最為可憑。」他還進一步根據賈逵、馬融的年紀加以考證，推定許慎「蓋由南閣祭酒充東觀校書，遂除洨長，引病而歸，居家授經，又二十餘年而卒。」應當生於明帝永平元年（公元五八），卒年為桓帝建和二年（公元一四八）。

除了以上二說之外，也有調和二者之說的，像諸可寶《許君疑年錄》即推定許慎生於光武帝建武三十年（公元五四），卒於桓帝建和三年（公元一四九）。前者近於洪适之說，後者近於嚴可均之說。

近代以來，學者於此亦各有主張，卻迄無定論。例如修訂本《辭源》取洪适之說，定許慎生卒年為公元三〇～一二四年，享年九十四歲；新版《辭海》則取嚴可均之說，參酌周祖謨的考釋，定許慎生卒年約公元五八～一四七年，享年約九十歲。然而質疑者亦不乏其人。例如姚孝遂《許慎與說文解字》一書，雖取嚴可均、陶方琦之說，卻仍然有所質疑，認為許慎「具體的生卒年不詳」。其中比較值得注意者，筆者以為有頓嵩元、董希謙等人。

頓嵩元〈許慎生平事迹考辨〉（原刊《鄭州大學學報》一九八五年第三期）一文，認為許慎應生於光武帝建武三十年（公元五四）。理由是：賈逵在章帝建初八年（公元八三）受詔「修理舊文」，選弟子及門生，許慎當於是年入京「從逵受古學」；此前，許慎為孝廉，而東漢之察舉孝廉，有其年齡限制（見《淵鑑類函・孝廉》），限年三十。以此推算，許慎當生於光武帝建武三十年（公元五四）。這種說法，和諸可寶比較接近。

至於許慎的卒年，頓嵩元認為嚴可均、陶方琦、諸可寶等所引用的《後漢書・西南夷・夜郎傳》，也比較可靠。易言之，尹珍從許慎受五經，應在許慎校書東觀，教小黃門之後，已入桓帝之世。雖然俞正燮在《癸巳存稿》中認為尹珍從許慎受教，當在明帝之世，桓帝時尹珍已為荊州刺史，應無游學之理。但這只是推測，未必符合實際。

頓嵩元還更進一步推估尹珍之從許慎受五經，是在桓帝建和三年之後。此時許慎雖已年逾九十，但因他「五經無雙」，所以仍然有人不遠千里從他受教。就當時聚徒講學的風氣而言，老師不必親自傳授，可由高業弟子代勞。像鄭玄在馬融門下，即曾三年間沒有見過馬融。

同時頓嵩元也反對許慎卒於安帝末年之說。他認為古代稱病返鄉的官員，不一定是真病，只是辭官的藉口，而且也不一定有病就死，因此張懷瓘、洪适以來的說法，不能成立。

董希謙〈許慎生平及其師友弟子〉（見《許慎與說文解字研究》，開封：河南大學出版社，一九八八年六月）也主張許慎應生於光武帝建武三十年（公元五四）。理由有三：

一是符合傳統禮俗習慣。古人三十而娶，必非空言。假設許慎三十而娶，一兩年後生子許沖，而許沖於建光元年（公元一二一）齎書上表，時任公乘。依《漢官儀》序爵一歲一升遷計，約須八年始能升至八爵公乘。就此估計，往前推六十多年，大約在光武帝建武三十年左右，年歲正合。

二是與其師友年紀及生平大事相符。假如確定許慎生於建武三十年（公元五四），則比賈逵小二十五歲，比馬融大二十五歲。如此則大約與其生平事蹟無不相合：二十歲為郡功曹；三十歲舉孝廉時，正是賈逵諸儒奉詔選高材生的建初八年（公元八三），入京為太尉南閣祭酒，從逵受古學；五十七歲即永初四年（公元一一〇）奉詔與馬融同在東觀校書。

三是《說文解字》的名諱可證。許慎撰《說文解字》，至安帝時許沖上書為止，其間歷經光武帝劉秀、明帝劉莊、章帝劉炟、和帝劉肇、安帝劉祜五位東漢皇帝。此五位皇帝於書中提到時都注曰：「上諱」，不加任何說明，正可證明許慎必定生當這五位皇帝在位的期間。

以上嚴、陶、諸、頓、董等人所論，頗有參考價值，即使稍有牽強附會處，亦大體可從。至於他們論述許慎卒年的相關問題，以及一些不同的意見，下文在「卒於家」段落，還會作進一步的補充說明。

第二節　許慎的仕宦經歷

許慎不止生卒年難考，他的生平履歷，也同樣資料不足。茲據上引《後漢書》本傳所述，勾稽其他相關史料，補充論列於後。

（一）性淳篤，少博學經籍

這是說許慎本性天生淳厚篤實，從小就廣泛學習，涉獵古代儒家經典文獻。前者言其品性，後者言其學養。

據《大戴禮記．保傅》篇云：「古者年八歲而出就外舍，學小藝焉，履小節焉；束髮而就大學，學大藝焉，履大節焉。」

「束髮」指成童而言，約十五歲，所以《白虎通》云：「八歲入小學，十五入大學。」大學，同太學。又《漢書．藝文志》云：

古者八歲入小學，故《周官》保氏掌養國子，教之六書。謂象形、象事、象意、象聲、轉注、假借，造字之本也。

《漢書．食貨志》亦云：

八歲入小學，學六甲、五方、學計之事，始知室家長幼之節。十五歲入大學，學先聖禮樂，而知君臣之禮。

核對《周禮．地官．保氏》、《大戴禮記．保傅》、《禮記．內則》、《禮記．曲禮》等等的記載，例如：《禮記．內則》云：「十年出就外傅，居宿於外，學書計。」《禮記．曲禮》云：「人生十年曰幼，學。」古代至遲從周朝起，小孩從八歲到十歲左右，就「出就外舍」，入小學接受教育。教的是六書和一些簡單的生活常識與技能，而以識字為主。漢代沿襲這個傳統，像王充《論衡．自紀》就說他自己「八歲出於書館」。書館，就是外舍小學。許慎自亦理當如此。不過，八歲入小學，初以識字為主，所學的「六書」，大概也是從認識象形、會意等等漢字基本構造學起，還談不上「博學經籍」。

當時學童所讀的字書，一般以為是指秦「三倉」而言，包括李斯的《倉頡篇》七章、趙高的《爰歷篇》六章，胡毋敬的《博學篇》七章，實則不全對。因為秦人「三倉」所用的字體，主要是「皆取史籀、大篆，或頗省改」的小篆，這種兼採古代籀文、大小篆的字體到了西漢初年，已不流行，一般吏民日常所用的幾乎全是隸書。而且是漢代人所說的「今隸」，而非秦朝以前流行的「古隸」。因此秦代的「三倉」，到了漢初，已被民間閭巷的塾師合編為一書，卻仍稱《倉頡篇》。新編本內容趨於簡易，以便學童肄習；因為他們還要允出一些時間，學習隸書。他們不僅要辨認不同字體，還要練習書法。按照漢初所訂尉律：「學僮十七以上始試，諷籀書九千字，乃得為吏；又以八體試之」，「書或不正，輒舉劾之」。可見當時小學教育，也頗嚴格。因而當時有一些學者與時俱進，陸續編纂字書，以供學童做為教本。武帝時，司馬相如編有《凡將篇》；元帝時，史游編有《急就篇》；成帝時，李長編有《元尚篇》；哀帝時，揚雄編有《訓纂篇》等等。據說揚雄《訓纂篇》所收，已達五千三百四十字。這些都是當時學童所用的通行教本。許慎生於東漢初年，雖然當時已通行隸書，但用篆書編成的識字教本，和用籀文古文寫的古代典籍文獻資料，他應當都讀過學過。這與他後來編撰《說文解字》所收的字有必然的關係。更值得注意的是，東漢和帝時，賈魴又編有《滂熹篇》，據說所收字數，更達七千三百八十字。這本字書頗受時人重視，不久就又有人將它與漢人新編的《倉頡篇》、揚雄的《訓纂篇》，合編而成新的「漢三倉」。可以看出當時學者競相編纂字書的風氣。東漢和帝時，約當許慎年屆三十歲、舉孝廉前後，他沒有理由不曾閱讀新「三倉」這本書。這雖是稍後之事，但和他後來編撰《說文解字》，也必然有關係。

《後漢書》本傳說許慎「少博學經籍」的「少」，應當如《漢書．食貨志》所言，指的大約是「十五歲入大（太）學」時，也就是《大戴禮記．保傅》所說的「束髮」以上的年紀。聰慧一些的，可以早三兩年「學先聖禮樂」，誦讀經籍，但要「博學經籍」，沒有較為成熟的心智和時間的積累，恐怕不能成功。

所謂「經籍」，主要是漢初以來武帝所立的五經，也包括先秦的諸子百家等等文獻資料。因為今文學派一直居於領導地位，這些經籍絕大多數都是用漢代流行的隸書抄寫的，一般的儒生學子，所能接觸的，也多限於這些。《漢書．藝文志》所謂「武帝末，魯恭王壞孔子宅」所得的「壁中書」，包括《禮》、《記》、《論語》、《孝經》等等，以及北平侯張蒼所獻的《左氏春秋傳》、郡國山川所得的鐘鼎彝器銘文，這些用古文古字寫成的先秦經典文獻，都沒有得到帝王真正的重視，未列於學官，只能在民間流傳，也只有少數的古文經學者，才會注意及之。一直到了劉向、劉歆父子整理宮中所藏文獻，尤其是到了王莽新朝建立、提倡古學之後，將古文經立於學官，才有改觀。以前的經學經師，多專主一家，家有家法，師有師法，到了東漢以後，風氣才逐漸改變，很多儒生兼學今古文經，兼容並重，不再拘守門戶之見。在這樣的學術環境之下，許慎入小學所受的教育，起先必然是今文經學派的家法，後來才接觸到了古文經的經籍資料。從而對古文經發生濃烈的興趣。他後來舉孝廉，入京師洛陽，從賈逵受古學，應該與此有關；他後來編撰《五經異義》、《說文解字》，兼採今古文經之說，當然更與此有關。

《後漢書．儒林傳》介紹許慎「少博學經籍」之後，馬上接著說：「馬融常推敬之。時人為之語曰：五經無雙許叔重。」這是插敘文字，說明許慎從小就博學經籍，所以後來在經學上才有那麼高的造詣，也才會贏得經學大師馬融的推重和時人的稱頌。「五經無雙」，可能正由於他兼採今古文經。「許叔重」，也讓我們後代讀者曉得許慎的字號。「叔重」的「叔」，或許藉以說「慎」，也或許是兄弟排行的稱號。如果是的話，我們雖然不知道許慎的父母是誰，但我們知道他上面應該還有兄長。

（二）為郡功曹

《漢官儀》云：「功曹、督郵，部之極位。」功曹，是漢代地方官名，為州郡的佐吏之長，協助郡守處理公務，掌管人事升遷。《後漢書》本傳說許慎「為郡功曹」，當然指的是擔任汝南郡的功曹。《汝南先賢傳》（《太平御覽》卷二六四引）云：「許慎為郡功曹，奉上以篤義，率下以恭寬。」可以為證。

佐吏這種職位，層級較低，通常是剛出道的年輕人所擔任。許慎何年擔任汝南郡的佐吏之長功曹，本傳沒有明言，但依當時狀況推求，仍然可以知其大概。

按照漢代廷尉的法令規定，想要踏入仕途，必須學童十七歲以上，才能參加考試，而且要能「諷籀書九千字，乃得為吏（吏，一作「史」）」。「諷籀書九千字」，據段玉裁《說文解字注》（簡稱《段注》）說：「諷，謂背誦尉律之文。籀書，謂能取尉律之義，推演發揮而繕寫至九千字之多」，也有人認為籀書係指古代字體而言，像《漢書補注》引王鳴盛之說，即以為籀書者「即史籀大篆也」，而「諷」字自當解作背誦、誦讀。王鳴盛的說法，比較可取。因為佐吏之職，主要的工作，只是協助州牧郡守掌理一些公文檔案而已，最要緊的就是看得懂公文檔案和起草文書。當時的公文檔案，固然以漢朝通行的隸書（所謂「今隸」）為主，但秦朝所頒布通行的小篆，以及秦以前流通已久的籀文、「古文」或所謂「古隸」，也時時有之。做為官吏，是不能不懂的。所以班固《漢書・藝文志》、許慎《說文解字・後敍》等等，在說明「諷籀書九千字，乃得為吏」之外，都還補上「又以八體試之」。八體，即指秦書八體：大篆、小篆、刻符、蟲書、摹印、署書、殳書、隸書。這是秦時通行的八種字體書法，寫在不同器物、用於不同用途的古今文字。後來這些秦書八體，在漢朝略有變革，到重視古文經的王莽當權攝政之時，已改為六種，包括：古文（孔子壁中書）、奇字（即古文而異者）、篆書（即小篆）、左書（即秦隸）、繆篆（用於摹印）、鳥蟲書（用以書幡信）。約略可以看出來，這些指的都是漢人所謂「古今」文字的字體書法。《漢書．藝文志》所著錄的無名氏《八體六技》一書，應該也就是專為學童參加考試所編的教本。（請參閱拙著《漢字從頭說起》一書）

也因此，我們有理由相信，前面所謂「諷籀書九千字」，指的是漢代學童入小學後所受的教育，他們識字讀書時所採行的教本。包括上文所說的秦「三倉」、漢「三倉」等等。用今天的話來說，漢代十七歲以上的學童，參加尉律的考試，猶如今天學生的畢業會考，優秀的拔擢為吏，否則還要多準備幾年。

范曄《後漢書》本傳只說許慎「為郡功曹」，雖然沒有明言何年，但我們核對相關資料，可以推測，應當是在他十七歲以後。陶方琦《許君年表考》認為是二十歲，諸可寶《許君疑年錄》認為是十八歲。如果是指他初入仕途為吏而言，應該是雖不中亦不遠矣。套用前面《大戴禮記．保傅》篇和《漢書．食貨志》的話來說，許慎八歲入小學，從識字開始，學小藝小節，六甲、五方、學計之事，室家長幼之節，以迄於束髮、十五歲入大學，兼習今古文字，接觸今文經學派等等經典文獻，學先聖禮樂而知君臣之禮，都能知行並重，學有所成，所以順利通過考試，擔任汝南郡的佐吏；後來數年之間，升任郡功曹，襄助郡守處理公務，掌管人事升遷，而且像《汝南先賢傳》所說的那樣：「奉上以篤義，率下以恭寬」，應該是順理而成章之事。《後漢書．樓望傳》說樓望二十六歲為郡功曹，正可拿來做為旁證。

〈三〉舉孝廉

為郡功曹，要先經過筆試，那是學識的表現；舉孝廉，則重在品德修養，與「性淳篤」相呼應。

許慎舉孝廉，與其任郡功曹，在《後漢書》本傳中是上下文緊相連接的，事實也是如此。因為擔任郡吏表現優異，所以才升任功曹；因為品性淳篤，善事父母，才被推舉為孝廉。根據《後漢書．百官志》本注說：「凡郡國，歲盡，遣吏上計，並舉孝廉」，可知舉孝廉必在功曹之後。嚴可均《許君事蹟考》引用《漢官儀》也說：「漢制：孝廉皆於郡吏中舉之。」

應劭《漢官儀》是這樣說的：

> （章帝）建初八年十二月己未，詔書辟士四科：一曰德行高妙，志節清白；二曰經明行修，能任博士；三曰明曉法律，足以決疑，能案章覆問，文任御史；四曰剛毅多略，遭事不惑，明足照奸，勇足決斷，才任三輔令。皆存孝悌清公之行。自今以後，審四科辟召，及刺史、二千石察舉茂才尤異孝廉吏，務實校試以職。……

漢章帝重視古學，愛好儒術，建初四年即曾下令：「蓋三代導人，教學為本。漢承暴秦，褒顯儒術，建立五經，為置博士。其後學者精進，雖曰承師，亦別名家。……此皆所以扶進微學、尊廣道義也。」因而曾大會諸儒於白虎觀，講議五經同異，也才會在建初八年十二月頒布察舉孝廉的詔令。

東漢的選官制度，承襲西漢而來。光武帝建武十二年下詔，令三公以至州牧，每年須向朝廷薦舉秀才、孝廉一至三人。以郡為單位，歲舉二人。和帝時，改按人口計，每二十萬人舉薦一名。後為保證人才素質，章帝時才試行試職制度。後來順帝更加實行考試制度：「限年四十以上，儒者試經學，文吏試章奏。如有顏回、子奇之類，不拘年齒。」

許慎舉孝廉，應在和帝、章帝之間。據《後漢書．百官志五》的記載：「歲盡，遣吏上計，並舉孝廉。郡口二十萬，舉一人。」又，據《後漢書．郡國志二》的記載，當時汝南郡管轄「三十七城，戶四十萬四千四百四十八，口二百一十萬七百八十八」，可知汝南郡可以推舉的孝廉，按人口二十萬可推舉孝廉一人計，全郡可以推舉十人左右。許慎由於「性淳篤」，品學兼優、政績明顯，所以也在被薦舉之列。

許慎究竟何時舉孝廉，史無明言，歷來學者的各種推估，也僅能供參考。陶方琦說是和帝永元二年（公元九〇），當時許慎三十三歲。陶氏還引用《順帝本紀》的記載，說東漢「令郡國舉孝廉，限年四十以上」，是順帝初年才頒布的事，此前「不甚限年齒」，因而「許君此年三十餘，正宜舉孝廉時也」。諸可寶則說是章帝建初五年（公元八〇），當時許慎二十六歲。

諸可寶還引《後漢書》本傳說胡廣（生於公元一一八年）二十七歲舉孝廉為證。另外，也有人（如董希謙）根據和帝年間崔瑗上書：「臣聞孝廉皆限年三十，乃得察舉，恐失賢才之士也」，株守文字，認為有「限年三十」的說法，所以定許慎三十歲舉孝廉。

其實，前後核對資料，最有可能的時間，是章帝建初八年（公元八三）前後，這時許慎年約三十歲上下。有些人忽略了一件事：許慎任郡功曹，要有政績表現，要能以孝廉聞名，被稱讚為「奉上以篤義，率下以恭寬」，是需要一段不短的時間的。不會是一升任郡功曹，即被推舉為孝廉。許慎雖然不是出身寒素，但畢竟父祖不是當時的權貴豪門，沒有兩三年以上的時間，恐怕達不到。

同時，章帝建初元年（公元七六），詔令賈逵入宮講學，建初八年又下詔「令群儒選高才生，受學《左氏》、《穀梁春秋》、《古文尚書》、《毛詩》，以扶微學、廣異義焉。」賈逵，就是許慎入京以後從學古文的老師。許慎能於建初八年以後入宮校書，也應與此有關。

〈四〉「再遷」所牽涉的問題

《後漢書》許慎本傳，敍述許慎的生平，在他「舉孝廉」之後，只說「再遷，除洨長」二句，接著就以他「卒於家」結束。「除洨長」部分，下文再談，這裡先說明「再遷」所涉及的問題。

「再遷」，意思當然是指職位二度升遷。本傳對此並無交代，我們只好從相關資料中來探索。

許沖〈上說文解字表〉曾云：「臣父故太尉南閣祭酒慎，本從逵受古學」，又說：「慎前以詔書校東觀，教小黃門孟生、李喜等」。許沖是許慎之子，他上表給皇上談到父親的仕宦經歷，自無戲言。表中所提到的「太尉南閣祭酒」和「校東觀，教小黃門」這兩件事，是本傳中未曾提及的，我們正可藉此探索孰先孰後以及「再遷」的意義。

對此，清末蔡壽昌〈許叔重先為祭酒，後為洨長，卒於桓帝以後，非卒於安帝之世考〉一文即云：「許君當由孝廉拜校書郎，由校書郎辟太尉南閣祭酒，由祭酒除洨長耳。」可能受了蔡壽昌的影響，近年向光忠〈許慎生平考述〉更進而推論：「舉孝廉者往往被任為郎，東漢尤為求仕者必由之路。許慎性淳篤，恭行孝道，操守廉直，自當適時獲舉孝廉，被拜為郎而校書東觀，復辟祭酒而出入太尉南閣。」他前面說許慎舉孝廉而後為郎是沒錯，但他似乎不了解「校書東觀」的意義，也把「祭酒」的職位看得太高了，因而所論大有商榷餘地。

許慎由孝廉拜為郎，是當時職官升遷的常態。郎，指帝王宮中的侍從。給事宮中稱郎中，給事禁中稱中郎。當時舉孝廉後，是有入宮為郎或郎中的，例如楊仁、杜根等人；也有辟為三府或四府的掾屬的，例如种暠、黃憲等人；另外也有由郡功曹直接辟除的，例如杜詩、法雄等人；甚至有被徵召卻辭拒就任的，例如潁容、蔡玄等人。他們的資料，都見於《後漢書》本傳。因此各人情況不盡相同，但仍須視各人實際情況而定。許沖既然說他父親許慎是「故太尉南閣祭酒」、「前以詔書校東觀，教小黃門」，自當依此而論。

事實上，要校書東觀，或在宮中教宦官近臣讀經書，必須在學術或年輩上已有聲望才可以；而所謂「太尉南閣祭酒」，則不過是當時太尉府中一個掾屬而已。即使是掾史之長，也萬萬不可與太尉相比擬。因此要談許慎「再遷」的問題，須就「太尉南閣祭酒」與「校書東觀，教小黃門」二事分別言之。

一、補太尉南閣祭酒

衛宏《漢官舊儀》：「令丞相設四科之辟，以博選異德名士，……第一科曰德行高妙，志節貞白……，補西曹南閣祭酒。」核對上節所引應劭《漢官儀》「建初八年十二月己未，詔書辟士四科……」之語，可知許慎所舉孝廉，正以第一科品德出眾入選。所以他舉孝廉之後，入京任職，按例可補「西曹南閣祭酒」一類的官位。

根據《後漢書．杜詩傳》說：杜詩「少有才能，仕郡功曹，有公平稱。更始時，辟大司馬府。」《後漢書．法雄傳》說：法雄「初仕郡功曹，辟太傅張禹府。」等等資料，都可證明許慎由郡功曹被舉孝廉、入京任職的，應即「太尉」之類的官府。因為太尉舊名大司馬，原是漢三公之一，當時與司徒、司空、大將軍合稱四府。因此與上文所謂太傅、大司馬職級相同。他們府中的掾曹史屬，多從郡功曹辟除而來。據《後漢書・百官志一》的記載，太尉下設長史一人，署諸曹事，下設東西曹，掾史屬二十四人。西曹主府史署用，東曹下則分戶曹、法曹、尉曹、兵曹、倉曹等等。各曹正職稱掾，副職稱屬。俸秩在二百石至四百石之間。若自辟除而來，則多僅百石而已。可見「太尉」雖然貴為三公四府，但在其府中擔任掾史，俸秩是很低的。

「太尉南閣祭酒」，據段玉裁注：即「太尉府掾曹，出入南閣者之首領也。」一名「閣下令史」，主閣下威儀事，可謂是掾史之長，通常由聰明威重者擔任。雖然官微而位尊，這對於原任郡功曹者而言，當然是一升遷，所以嚴可均《許君事蹟考》云：「本傳所云再遷者，此其一遷也。」

不過，《段注》還有補充說明的必要。南閣祭酒，太尉府中並無此職，顧名思義，南閣或指「東觀」，即宮中藏書、講學之所，因正位於南宮，故稱。祭酒，原指古代宴饗時酹酒祭神的長者，做為官名，意即諸曹之長，東漢時多學識博者之尊稱，博士之長，亦稱祭酒。許慎曾校書東觀，故學者亦以此稱冠諸許慎。

許慎入京任職太尉南閣祭酒的時間，諸家說法不一。嚴可均《許君事蹟考》以為是和帝永元八年（公元九六），陶方琦《許君年表考》以為是和帝永元二年（公元九〇），諸可寶《許君疑年錄》則以為是章帝建初五年（公元八〇）。另外，朱竹君《說文解字・敍》以為是章帝建初八年（公元八三）。

核對相關資料，最可取的是朱氏的章帝建初八年之說。這一年，許慎入京任職太尉府中，當時的太尉應是鄧彪，翌年即換鄭宏。許慎隨太尉入宮時，常有機會接觸到儒學生員和經學博士。他的兒子許沖說他接觸到古文經大學者賈逵：「本從逵受古學」，應該是基於這個因緣。

賈逵，字景伯，扶風平陵（今陝西咸陽西北）人。《後漢書》有傳。他的父親賈徽，是劉歆弟子，善讀《左氏春秋》、《周官》（周禮）、《古文尚書》、《毛詩》等古文經。賈逵「悉傳父業」，雖為古學，還兼通今文《尚書》及五家《穀梁》之說。可見他已經開啟兼通今古文經的風氣。

章帝建初元年（公元七六），倡復古學，因喜好《古文尚書》及《左氏春秋》，詔令賈逵入北宮白虎觀、南宮雲臺講學，非常禮遇。到了建初四年（公元七九），章帝「大會諸儒於白虎觀，考詳異同，連月乃罷。」並命史臣撰集成書，著為《白虎通義》，可以想見當時討論今古文經異同的熱烈氣氛。不特如此，到了建初八年（公元八三），章帝乃詔諸儒各選高材生，受《左氏》、《穀梁春秋》、《古文尚書》、《毛詩》。由是四經遂行於世。而且「皆拜逵所選弟子及門生為千乘王國郎，朝夕受業黃門署，學者皆欣欣羨慕焉。」千乘王國，郡名，當時是章帝子劉伉的封地，「王國郎」只是一種封號，俸祿只「中二百石」，石是計算俸祿穀米的單位，品級不高，但具有這封號的人，通常是朝廷各部的秘書等級，所以由此亦可以想見章帝對儒生和古文經學是如何的重視。

許慎「性淳篤」，舉孝廉，既任職太尉府中，又「少博學經籍」，從小就對經書有興趣，因此，就在皇帝倡學、宿儒招生的大好時機裡，拜賈逵為師。在以前所學的今文經學的基礎上，從受古學。後來到了和帝時，賈逵為中郎將，復為侍中，領騎都尉。內備帷幄，兼領秘書近署，更見重用。學者宗之，稱為通儒。許慎朝夕請教，加以太尉接任者一度是他汝南同鄉張酺，他得到更多支持，聲名大進。其獲得南閣祭酒的稱號，也應在此時。一直到和帝永元十三年（公元一〇一）賈逵去世為止，前後長達十餘年。

在這段期間裡，古文經學派與今文經學派正處於強烈的對立鬥爭之中，許慎既從賈逵受學，也經常參與諸儒五經同異的討論，對於今古文經的異同得失，有一定程度的認識，所以本傳說他：「初，慎以五經傳說臧否不同，於是撰為《五經異義》。」同時也大致從這個時候起，利用宮中藏書，「博問通人」，「考之於逵」，開始《說文解字》的撰寫工作。當時彙集古今文字編為字書的風氣很盛，像賈魴所編的《滂熹篇》即編成於此時。唐張懷瓘《書斷》就說：「（許慎）官至太尉南閣祭酒，少好古學，喜正文字，尤善小篆，師模李斯，甚得其妙。作《說文解字》。」

根據《五經異義》和《說文解字》這兩本著作的引述，我們知道許慎另有《孝經孔氏古文說》和《淮南子注》等書，俱應著成於這段期間，可惜皆已亡佚。由此亦可覘見他真的「博學經籍」。

也因此，許慎從東漢章帝建初八年、三十歲左右，入京任職太尉府中以後，一直到「再遷，除洨長」之前，前後大約三十幾年，都一直擔任太尉南閣祭酒的職務。如前所言，它與校書東觀，是有密切關係的。不禁令人有所疑問，其中是否有什麼問題。例如段玉裁就曾懷疑許氏之為洨長，是否在任職太尉府之前。筆者也曾懷疑，會不會他剛任職太尉府時，起先也只是一般的府屬掾史而已，後來因為表現良好，才逐漸升任為南閣祭酒的。不過，文獻不足，不能僅憑臆測而斷言。

二、校書東觀，教小黃門

許沖〈上說文解字表〉中說許慎「前以詔書校東觀，教小黃門孟生、李喜等」一事，曾經有人（例如上舉蔡壽昌以及後來的江舉謙《說文解字綜合研究》）質疑或在許氏任職太尉南閣祭酒之前。不過，因為《後漢書》的〈安帝紀〉和〈和熹鄧皇后紀〉都有記載涉及此事，可相對照，其校書東觀，必在任職太尉南閣祭酒、從賈逵受古學之後，應無疑義。

《後漢書・安帝紀》永初四年，有云：「詔謁者劉珍及五經博士校定東觀五經、諸子傳記、百家藝術。整齊脫誤，是正文字。」

《後漢書・和熹鄧皇后紀》亦云：「乃博選諸儒劉珍等，及博士、議郎、四府掾史五十餘人，詣東觀讎校傳記。事畢，奏御賜葛布，各有差。」又：「詔中官、近臣於東觀受讀經傳，以教授宮人。左右習誦，朝夕濟濟。」所謂中官，與上文之黃門，皆指太監而言，黃門，是皇帝內宮的禁門；中官即黃門內宮中的太監。他們和近臣都是指帝后最親近的人，職位可能不高，但權力卻很大。除此之外，《後漢書》在劉珍、馬融、蔡倫等傳中，也都有類似的記載。

據《後漢書・儒林傳》說，東漢自光武中興，愛好經術，四方學士，雲會京師。建武五年修起太學，中元元年，初建三雍，經學勃然而興。到了明帝即位，親行其禮。到了章帝之時，更是大會諸儒，講論學術，有如上述。到了和帝，「亦數幸東觀，覽閣書林」，表示對儒學和經籍的重視。可是，到了安帝即位之初，薄於藝文，博士倚席不講，當時賈逵已死，經傳之文多不正定，儒學一度中衰。當時鄧太后臨朝，雖然志在典籍，卻好用事，她促使安帝在永初四年（公元一一〇）召選劉珍、劉騊駼、馬融等儒生、博士、議郎、四府掾史共五十餘人，詣東觀，典校宮中所藏秘書。但也由於她的固執專權，倚重外戚，凡忤逆意旨者概在擯斥之列，例如杜根上諫而被扑殺，馬融因上〈廣成頌〉諷諫而「滯東觀十年不得調」。馬融正是與許慎同時在東觀校書的同事。

東觀是宮中藏書寶庫，也是當時宦官近臣受學讀經之所。賈逵以前教學，即曾在此。許慎既為太尉南閣祭酒，自在四府掾史之列，當然也在其中。但他當時的參與校書，應屬借調兼差性質，他的本職則仍是太尉南閣祭酒。

這個經歷，讓他涉獵更廣，有機會直接得覩宮中秘藏罕見的經籍圖書，應該包括西漢初年的今文經、孔府壁中的《周官》等古文經，旁及諸子傳記、百家藝術，還有班固章帝建初七年左右新著的《漢書》，以及東漢明帝永平年間出土寶鼎等等各種古文字資料。這對於他正在編撰中而尚未完稿的《說文解字》一書，必有很大的幫助。而且也使他交游更廣，認識了像馬融這樣的後起之秀。那時候，馬融也正「拜校書郎中，詣東觀，典校秘書」。他們算是同事，許慎年近六十，而馬融才三十幾歲。曾經一起為《漢書》及《淮南子》作注。馬融對於許慎經學上的造詣，非常推重。林頤山〈許慎傳補遺〉說：「馬不甚推敬於賈（逵），而獨推敬於許（慎）」，又說：「《漢書．儒林傳》自韓嬰、申培、后蒼、孟卿、庸生、江翁外，大都專治一經，而兼治數經者不多見。至《後漢書．儒林傳》兼治數經者始多。然惟許（慎）鄭（玄）兩大儒為最者。而許尤為鄭之先進。」所謂兼治數經，恐怕不止兼治數經而已，而有兼採今古文經之意。而且，鄭玄（生於順帝陽嘉二年，公元一三三）正是馬融的得意弟子，兼採今古文經，是古文經派的集大成者。他不但對許慎的《五經異義》有所駁議，著有《駁五經異義》，而且在注「三禮」時，也常常引用許氏《說文解字》的意見。這是非常難得的一段學術因緣。《後漢書》許慎本傳的記載，說「時人為之語曰：五經無雙許叔重。」應該也就是由此而來。

另外，他所教授經傳的門生之中，有些中官宦者，像許沖特別提到的孟生、李喜等人，在順帝永建年間前後，曾為中常侍，都是當權的「近臣」。或許他們在後來《說文解字》修訂完成或上呈給皇帝的過程中，也果然如一些學者所料，曾給予助力。

以上所說，都是許慎任職太尉南閣祭酒，所謂「一遷」時的事。他校書東觀，教小黃門，用今天的話說，只是借調的性質。說到真正的「再遷」，那必須談到下節的「除洨長」。因此，本傳中的「再遷，除洨長」二句，其實是應該合讀的。

還有一點應該補充，林頤山〈許慎傳補遺〉說，鄧后稱制以後，學者頗懈，像馬融等人紛紛見斥，「許君蓋有感憤時俗之意」。如果真的如此，那麼許慎除洨長而不就任，反而稱病辭職歸故里，而且在安帝建光元年（公元一二一）太后駕崩，召回馬融復在講部之際，遣子齎上《說文解字》及《孝經孔氏古文說》，箇中道理也就可以思過半矣。

〈五〉除洨長

上文說「再遷，除洨長」二句宜連讀，清人俞正燮《癸巳存稿》中〈書後漢書．西南夷．夜郎傳〉一文，談到這個問題時就說：「其云再遷者，太尉南閣祭酒，一也；洨長，再也。未至洨長官，故云除洨長，卒於家。」意思是說許慎第一次升遷是升任太尉南閣祭酒，第二次升遷是升任洨縣的縣長，但他沒有真除到任，所以本傳中特別標出一個「除」字。除者，除舊官而就新官也。

洨縣，故城在今安徽靈壁縣南，北臨洨水（沱水）。漢代屬沛郡，豫州刺史所管轄。根據《後漢書·百官志》的記載，太尉官屬的俸秩並不高，包括祭酒、令史，官職俸祿都低於郡縣的令、長。清人洪頤煊〈呈孫淵如夫子書〉即云：

令史，舊注：百石，自中興以後，不說石數，其官甚微，故三公府得自辟除。〈百官志〉云：縣，萬戶以上為令，不滿為長。又云：每縣邑道，大者置令一人，千石；其次，置長，四百石；小者置長，三百石。是長本大於令史。

可以為證。洪氏之論，實據嚴可均《許君事蹟考》援引而來。上文已經說過，太尉祭酒職同令史，令史俸僅百石，令、長之俸，則在三百石以上。所以許慎由太尉南閣祭酒調任洨縣的縣長，自屬升遷無疑。這從《後漢書》的周澤、孔僖等傳中，也可以看出來。周澤於建武末年，辟大司馬府，置議曹祭酒，數月，徵試博士，中元元年，遷澠池令。孔僖於元和二年（公元一一五）校書東觀，冬，拜臨晉令。都可證明許慎由太尉南閣祭酒或校書東觀後，調任洨長，是當時官場升遷的常態。

那麼，許慎之調任洨長，又是何時呢？

《後漢書・安帝紀》云：

（元初）六年乙巳，京都及郡國四十二地震，或坼裂，水泉湧出。壬子，詔三府選掾屬高第、能惠利牧養者各五人，光祿勳與中郎將選孝廉、郎，寬博有謀、清白行高者五十人，出補令、長、丞、尉。

頗有些學者根據這條資料，來斷定許慎之調任洨縣縣長，是在安帝元初六年（公元一一九）。這個判斷，極有道理。因為核對許沖的〈上說文解字表〉和《說文解字・後敍》的一些記載，可以解釋本傳所謂「除洨長，卒於家」的意義。

安帝建光元年（公元一二一）九月二十日，許慎遣他兒子許沖上《說文解字》十五篇及《孝經孔氏古文說》一篇，距離元初六年僅約二年之久，許沖表中所稱：「慎前以詔書校東觀，教小黃門孟生、李喜等，以文字未定，未奏上。今慎已病，遣臣齎詣闕。」這幾句話極為重要，值得細細推敲。

前人於此，早已注意及之。例如嚴可均《許君事蹟考》云：

時許君去官，且病，故許沖表云：「今慎已病」，又云：「故太尉南閣祭酒」，「故」者，已去官之詞。是年辛酉，上距永元庚子作《說文・後敘》之年，已二十二年矣。

陶方琦《許君年表考》亦引《隸釋》所錄〈外黃令高彪碑〉為證云：

范史許君本傳云：「除洨長，卒於家。」而許沖〈後敘〉乃云：「故太尉南閣祭酒」，高彪碑亦云：「師事故太尉汝南許公」，此必許君除洨長，不之官，居家，授經以終其身。……其引疾不之官，無疑也。范史題其除而不受之官，高彪碑及許沖敘，皆因許君既不之官，仍題其太尉掾屬舊官，義亦相因也。

諸可寶的《許君疑年錄》更進一步推論：

今按，范書似據除階而書為洨長，許沖表則據其本官而稱。或者當時除令長而即引疾不之官，家居終老耳。如〈楊賜傳〉辟大將軍梁冀府，出除陳倉令，因病不行。即其例也。不然，高彪碑立于許沖上表之後，皆棄新除而署故官，豈有王朝令長反不屑稱，而顧重此三府掾屬耶？

總而言之，諸家所論，要點都在於：許慎雖被任命為洨縣令長，但他並不就任，反而稱病辭官，歸老家居。陶、諸二家所引：「高彪碑」，指《隸釋》所錄〈外黃令高彪碑〉。其上刻有「師事□□尉汝南許公……明於《左氏》，桓帝立博士」諸語。桂馥《說文解字義證》以為闕文當是「故太」二字。然許慎只是太尉府的屬官，不得稱太尉，又查《後漢書．靈帝紀》嘉平五年有「司空許訓為太尉」，許訓正亦汝南人。回頭看許沖表中所稱「今慎已病」、「慎前以詔書校東觀，教小黃門孟生、李喜等，以文字未定，未奏上」諸語，可以推知他當時雖屬三府掾史高第，卻辭官不就的原因，表面上有兩點：一是因病將無以「惠利牧養」人民，二是自己撰寫多年的《說文解字》尚未完成，「以文字未定，未奏上」。也因此，他才在告老返鄉大約兩年之後，把一面養病、一面修訂最後完成的《說文解字》十五篇，遣兒子呈上。但實際上，是否像筆者上文所引林頤山之言，許慎之稱病辭歸，居家授徒，「蓋有感憤時俗之意」，所以才選在太后去世、安帝召回馬融復在講部的建光元年九月二十日，遣他兒子許沖齎上《說文解字》十五篇及《孝經孔氏古文說》一篇。結果是：「十月十九日，中黃門饒喜以詔書賜召陵公乘許沖布四十匹。即日受詔朱雀掖門。敕勿謝。」箇中消息，真的值得讀者深思。

〈六〉卒於家

卒於家，當然是說許慎最後死在家鄉故里，但死於何時，死時幾歲，卻是眾說紛紜。

上文說許慎「除洨長」而未就任，託病辭官歸里，《後漢書》本傳此下再無其他敍述，而以「卒於家」作結。據《說文解字・後敘》，我們才知道他在安帝建光元年九月二十日曾遣許沖齎上《說文解字》十五篇及《孝經孔氏古文說》一篇，當時他「已病」而未卒；又據《後漢書・西南夷・夜郎傳》，我們才知道「桓帝時」，尹珍還跟從他讀過經書，表示他在桓帝時還在世。桓帝在位二十年有餘，比安帝建光元年晚約二十多至四十多年。若果如此，許慎享年至少在八十多歲以上，可謂高壽矣。

從安帝建光元年（公元一二一）到桓帝在位期間（公元一四七～一六七），前後約共二十年的期間，許慎難道都在病中嗎？如果《後漢書・西南夷・夜郎傳》所記無誤，那麼我們不難推知，許慎的稱病辭官，生病只是藉口，遣兒子齎書上表時說「今慎已病」，那更是個藉口，否則豈不犯了借病辭官的欺君大罪？再說，「已病」並非「病危」，所以前人從洪适到洪亮吉等據此就推斷許慎卒於安帝末年，不足信。如果到了桓帝時，尹珍還能不遠千里而來從他讀經，那表示他在桓帝時尚且健在，怎麼可能死於安帝末年？

除非以上說法的立論依據，資料有誤或有別的解釋。果然，從清代開始，就有人從資料的鑑別和解讀方面提出新看法。

二

先從《說文解字・後敘》的「今慎已病」說起。剛剛說過，「已病」並非「病危」，但有人於此卻有另一種解釋。像清代段玉裁的《說文解字注》就說：古人著書，未死之前，「不自謂成」，許慎的《說文解字》一定是「逮病且死」之時，才「命子奏上」的。況且，「病」的本義即病重，《說文解字》卷七下：「病，疾加也。」疾加，也就是病重的意思。「已病」更有已經病得很重之意，幾乎等於今人所說的病危。清代另一大學者錢大昕，也同樣據此推測：「當卒於安帝之末也。」所以至今仍有學者，像董希謙的〈許慎生平及其師友弟子〉（見《許慎與說文解字研究》第二章）就以為：永元十二年（公元一〇〇）許慎已「草說文竟」，只是「以文字未定，未奏上」。這說明了許慎想盡力補充修訂，「而今重病在身，心力都感不足，難以堅持下去，唯恐一生的心血白費，不得已才立即遣子把書呈獻給皇帝。」董希謙也考慮到「已病」未必即死的道理，所以他又說：「當然，不能說有了病就一定要死去，但安帝以後，確實沒有一點直接記載許慎活動事蹟的材料。而那些證明卒於桓帝朝的論據大都不能成立。」所以他同意錢大昕的推測，「當卒於安帝之末」，即安帝建光四年（公元一二五）。距約生於光武帝建武三十年（公元五四），享年七十二歲左右。

以上所述卒於安帝末年之說，是有關許慎卒年的第一種說法。似乎言之成理，但它立論的基礎，卻建立在「那些證明卒於桓帝朝的論據大都不能成立」之上。換言之，只要《後漢書．西南夷．夜郎傳》等等的記載屬實，這種卒於安帝末年之說，就不攻自破了。

也因此，《後漢書．西南夷．夜郎傳》的記載，說桓帝時許慎尚且健在，意即許慎應卒於桓帝時，可視為許慎卒年的第二種說法。

嚴可均《許君事蹟考》說：

〈西南夷・夜郎傳〉云：「桓帝時，郡人尹珍自以為生於荒裔，不知禮義，乃從汝南許慎、應奉受經書、圖緯。」計桓帝元年上距建光元年許沖上《說文》時，已二十七年。是許君之壽，當以八十餘為斷。桓帝在位二十一年，起丁亥，止丁未。

嚴可均首先引用《後漢書・西南夷・夜郎傳》來證明許慎不應如前人所云卒於安帝末年，而應卒於桓帝朝，可謂是一大發現。不過，桓帝在位二十年有餘，光說「桓帝朝」，未免過於籠統，所以陶方琦的《許君年表考》「乃取許君之師友弟子間互相考證，並備著其生卒，詳考其事迹，皆以見於許君本傳，乃《說文》二敍、史書、漢碑，旁推其時，爰得數端，以左驗嚴氏之說」。其中師友如賈逵、馬融，史書如許慎本傳、《說文・後敍》等等，上文皆已一再引述，不必贅述，但「弟子」、「史書」、「漢碑」三端，則或有可供參考處。茲將其要點摘錄如下：

尹珍事蹟無可考，惟《後漢書・西南夷・夜郎傳》曰：「桓帝時，郡人尹珍自以為生於荒裔，未知禮儀，乃從汝南許慎、應奉受經書、圖緯。學成還鄉里教授，官至荊州刺史。」晉常璩《華陽國志・南中志》亦云：「桓帝（宏一按，今傳本皆作「明、章」）之世，毋斂人尹珍，字道真，以生遐裔，未漸庠序，乃遠從汝南許叔重受五經，又師事應世叔學圖緯，通三才，還以教授。於是南域始有學焉。」許君與應奉皆汝南人，然尹珍先事許君，後事應奉，必不同時。考〈應奉傳〉，奉於永興元年拜武陵太守，興學校，舉側陋。尹珍師事奉，必在此時。蓋此時許君已卒，珍遂學於應奉。由是推之，許君之卒，在永興以前，為桓帝初年無疑矣。此一證也。

又，《隸釋》載〈外黃令高彪碑〉：「師事□□尉汝南許公（原注：桂氏曰：闕處乃「故太」二字，許沖表亦云故太尉可證）明於《左氏》，桓帝立博士，□□不就孝廉□□。……後遷外黃令，光和七年六月卒。」是高彪卒時，其年僅及七十。以光和七年上距許沖獻《說文》時之建光元年，計六十四年。是高彪在安帝末年，不及十歲，安能師事許君？是知許君之卒，決非在安帝末年，而在桓帝之初年無疑矣。此又一證也。

陶方琦為文考證的目的，不在於強調許慎卒年，不在安帝末年，而在於桓帝初年。看他的論據和推論，似無問題，但仔細核對、推敲，卻可發現仍有商榷餘地。茲補充說明如下：

一、他引用常璩的《華陽國志》來和范曄的《後漢書》寫到尹珍的部分相對照，立意很好，但查今傳所有版本《華陽國志》卷四〈南中志・牂柯郡〉這段引文的開頭，皆作「明、章之世」，而非「桓帝之世」。如果尹珍在明帝、章帝之世，就能來跟從許慎讀五經，那麼他的年紀應該與許慎差不多。應奉（應劭之父）的年齡比許慎還小，恐怕年輩、聲望都還不足以吸引尹珍遠來受教。頓嵩元〈許慎生平事迹考辨〉說得很有道理：如果許慎生於光武帝建武三十年（公元五四），那麼明帝永平元年（公元五八）許慎才五歲，章帝建初元年（公元七六），許慎才二十三歲。即使是章帝末年（公元八八），許慎也只有三十五歲。應奉更小，章帝末年最多也才十幾歲。所以顯然《華陽國志》的「明、章之世」是誤寫無疑。

晉朝常璩《華陽國志》編成的年代，比晉、宋之間范曄（生於晉孝武帝太元二十一年，公元三九六）的《後漢書》要早八十年左右。范曄編書時，原以《東觀漢記》為本，「又廣集學徒，窮覽舊籍，刪繁補略，取資實宏。」《華陽國志》自在收覽之列，因此，尹珍之從許慎受五經，應作「桓帝之世」為是。

陶方琦考證尹珍師事應奉的部分，主要在說明永興元年以後，「師生並顯」的事實。與本文關係不大，不擬詳述。陶方琦的用意，本來也用來強調：許慎之卒應為桓帝初年而已。

二、陶方琦引用洪适《隸釋》的〈外黃令高彪碑〉文，所謂「師事□□尉汝南許公……」，並引桂馥《說文義證》以為闕文是「故太」二字，本意是希望此碑文所謂「汝南許公」即指許慎而言，用來證明許慎不可能死於安帝末年，而應卒於桓帝初年。因為從其殘缺不全的碑文中，既有「明於《左氏》」和「桓帝立」、「光和七年六月卒」等等字句，再核對《後漢書．高彪傳》，說高彪曾擬從馬融問學，曾舉孝廉、除郎中、校書東觀等等，似乎皆與許慎有所關聯，因而附會解釋，認定高彪為許慎弟子。其實，高彪年壽比許慎晚很多，我們試看《後漢書．高彪傳》，說他「家本單寒，至彪為諸生，游太學，有雅才而訥於言。嘗從馬融欲訪大義……，後郡舉孝廉，試經第一。除郎中，校書東觀。數奏頌奇文，因事諷諫，靈帝異之。」可知他雖擬從馬融問學而未果，年紀應比馬融略小（馬融比許慎小二十幾歲），在靈帝時校書東觀，但這跟許慎校書東觀的時間恐不相及。頓嵩元就曾如此推論：

按高彪碑的內容，就是高彪壽年七十餘，而高彪游太學時，許慎也早已離開京師（許慎一一九年除洨長，離開京師）。許慎離開京師時，高彪才六、七歲，不可能游太學。

又說：

桂馥認為高彪碑的闕文是「故太」二字，即「師事［故太］尉汝南許公。」在封建社會裡，書寫官銜是很嚴肅的。許慎只是在太尉府任南閣祭酒，根本沒有任過太尉，怎麼能把「太尉」二字加在許慎頭上呢？

更難得的是他還從《後漢書》中找出了「汝南許公」應該指的是許訓：

我疑「太尉汝南許公」，應是指汝南平輿許訓。《後漢書・靈帝紀》：熹平五年五月，「司空許訓為太尉」（許訓五月任太尉，七月罷，任職三個月）。《後漢書・劉寬傳》注，引《漢官儀》曰：「許訓，字季師，平輿人。」……許訓任太尉後的九年，高彪卒。即使高彪從許訓學習，是在許訓任太尉之前，高彪碑也要書寫許訓的最尊之稱。

引錄至此，證據可謂確鑿，不必贅述了。結論是：高彪並非許慎弟子，除了同好《左氏春秋》之外，二人應無關係。所以陶方琦想以此證明許慎在桓帝時尚有弟子高彪，必然死於安帝之後的說法，不能成立。

雖然此說不能成立，但並不影響上述《後漢書・西南夷・夜郎傳》尹珍在桓帝時曾從許慎學讀五經的事實。只要這條資料無誤，即使是孤證，我們也必然要接受下列的推論：許慎除洨長不就之後，歸里授徒，隱而不仕，像當時很多年高德劭的經學宿儒一樣，最後他「卒於家」。

《後漢書・儒林傳》云：「若乃經生所處，不遠萬里之路；精廬暫建，贏糧動有千百。其著名高義、開門受徒者，編牒不下萬人，皆專相傳祖，莫或訛雜。」這說明了東漢中期以後授徒講學的風氣之盛。其中如張興「弟子自遠至者，著錄且萬人」，魏應「弟子自遠方至，著錄數千人」，丁恭「諸生自遠方至者，著錄數千人。當世稱為大儒」；隱居教授的儒者，如牟紆「隱居教授，門生千人」，周澤「隱居教授，門徒常數百人」。核對這些資料，即使許慎死於桓帝建和年間，即使他年逾九十，在他年老未死之前，仍有尹珍這樣不遠千里慕名而來的學生，從他受教，就當時聚徒講學的風氣，實在不足為奇。如果擔心他年老體衰，不能親授，就當時講學授徒的風氣而言，也無足多慮。因為弟子眾多，老師不必親自傳授，可由高徒大弟子代勞。像鄭玄在馬融門下，起先三年就未曾見過馬融。

第三節　許慎的著作及其流傳

（一）著作及流傳概況

《後漢書．儒林傳》提到許慎的學術著作，有兩種：一、起初以五經傳說臧否不同，撰有《五經異義》；二、後來又作《說文解字》十四篇。

《五經異義》十卷，《隋書．經籍志》、《舊唐書．經籍志》、《新唐書．經籍志》等，均有著錄，但到了宋代，已經亡佚。清人王謨輯有《五經異義二卷》，收入《漢魏遺書鈔》經翼第四冊；陳壽祺則著有《五經異義疏證》，共三卷。另外，清人王仁俊輯有《五經通義》一卷，收入《玉函山房輯佚書續編》。

除此之外，關於許慎的著作，上文中提到的《淮南子注》、《漢書注》等書，清人亦各有輯佚之作，茲列目於後：

《許慎淮南子注》一卷　孫馮翼輯　問經堂叢書，叢書集成初編

《許叔重淮南子注》一卷　蔣白豫輯　蔣侑石遺書．滂喜齋學錄

《淮南鴻注》一卷　黃奭輯　黃氏遺書考

《淮南鴻烈閑詁》二卷　葉德輝輯　郎園先生全書

《漢書許義》一卷　王仁俊輯　玉函山房輯佚書續編

至於許沖上書中所提到的《孝經孔氏古文說》，有人以為既說是「魯國三老所獻」，「衛宏所校」，「皆口傳，官無其說」，則未必是許慎自己的著作。或許是該書談「始於事親，中於事君，終於立身」的孝道，又出於孔府壁中，特別珍貴，所以許氏父子「謹撰具一篇，并上」，以供皇帝觀覽。

因此許慎的著作，最重要而且至今尚存的，只有《說文解字》一書而已。

《說文解字》一書，許沖上表時，稱「十四」篇。實則另有敍目一篇。後以一篇為卷，故

又稱十五卷。初稿約成於東漢和帝永元十二年(公元一〇〇),幾經修訂,在安帝建光元年(公元一二一)上獻。

數十年後,許慎的這部著作逐漸流行。像鄭玄注《周禮.考工記.治氏》時,曾引用《說文解字》「鍰,鋝也」之語;注《儀禮.既夕禮》與《禮記.雜記上》時,亦曾引用《說文解字》「有輻曰輪,無輻曰輇」之語。另外,像應劭的《風俗通》、陸璣的《毛詩草木鳥獸蟲魚疏》等,也都曾注明引用過《說文》一書。

到了魏晉南北朝,雖然通行的是漢隸和楷書,以篆文為主的《說文解字》比較不受重視,但仍然有些學者以它為楷模。其中像呂忱和顧野王就是。

晉代呂忱《字林》一書,仿《說文解字》五四〇部首編次,增收字數,共一二八二四字,比《說文解字》多三千四百多字,釋義也略有不同,酈道元的《水經注》、顏之推的《顏氏家訓》都曾引用過它。清代任大椿在《字林考逸.序》中也說它「實承許氏之緒,開《玉篇》之先」。

梁朝顧野王《玉篇》一書,係奉梁武帝之命編纂,用以考證古今文字訓詁異同。該書所收楷書,共一六九一七字,參照《說文解字》,分為五四二部,其中十三部與《說文》不同,排列次序亦略有變更,在釋義時又廣採《方言》、《爾雅》等書加以補充,並開創了先注音、後釋義的體例。注音時,《說文》用「讀若」、「讀與某同」等,《玉篇》則改用反切;釋義時,

《說文》多只訓本義，《玉篇》則旁及引申義及假借義。今所見《玉篇》，是宋真宗時陳彭年等人奉旨重修，原名《大廣益會玉篇》，所收字數已達二二五一六字。

從唐、宋以後，《說文》傳本漸趨繁多。唐玄宗以之試士，使它流傳更廣，版本不及備載。其中為世所稱者，有中唐篆體書法家李陽冰的《刊定說文解字》。他在唐代宗大曆年間曾對當時所見的《說文》傳本，作了整理，在形音義及書體筆法方面，皆有所補訂，惜書已佚，唯徐鍇《說文解字繫傳・祛妄篇》曾引述其說五十多則，可以窺見內容大概。我們現在所能看到的《說文》本子，最早的是唐人的殘寫本。只剩下「木」部的一百八十八個字。相傳是清代同治年間莫友芝在安徽所發現的。有人拿它來和傳世的大小徐本對照，篆體相異者只有五個字而已，其他內容方面都大同小異。因此可以證明中唐以後《說文》的通行本，應該沒有經過李陽冰的「刪改」。關於唐寫本，近年李宗焜學弟編著《唐寫本說文解字輯存》一書，認為此寫本當據李陽冰刊本所抄，值得讀者注意。

南唐徐鍇（字楚金）著有《說文解字繫傳》、《說文解字韻譜》等書。前者尤為重要，人稱「小徐本」。全書四十卷，除前二十八卷通釋《說文》正文，詮釋名物、疏證古義，補充訂正之外，第二十九至三十卷訓釋《敍目》，敍述前後敍及目錄，第三十一至三十二卷，扼要說明五百四十部部首之間相依相次的道理。第三十三至三十五卷為「通論」，以一百多個例字說明字義由來及構形含義。第三十六卷〈祛妄篇〉則對李陽冰的意見加以評論。以下各卷並抽繹書中若干字義，或加以綜述，或提出疑義；類聚錯綜，自述旨趣，可說已開「《說文》學」的研究風氣。

李陽冰除了依據秦刻石對《說文解字》的小篆「修正筆法」之外，對於許慎的說解文字，也常常「別立新義」，提出自己的不同意見。徐鍇對前者表示贊許，謂之「學者師慕，篆籀中興」，對後者則斥之為「以師心之見，破先儒之祖述」。不過，李陽冰的新解，徐鍇認為也並非全無可取。例如下列例子：

《說文》：木，冒也。冒地而生。東方之行。從屮，下象其根。　徐鍇《繫傳·祛妄篇》：李陽冰云：象木之形。木者五行之一，豈取象於草乎？

《說文》：尸，陳也。象臥之形。　徐鍇《繫傳·祛妄篇》：按，李陽冰云「尸，展」是也。

說的自有道理，所以徐鍇並未加以否定。

北宋太宗雍熙年間，徐鍇之兄徐鉉（字鼎臣），與葛湍、王惟恭等受詔校定《說文解字》，補綴闕漏，根據孫愐的《唐韻》加注反切，並增四百多個「新附字」，通行天下，號為善本，人稱「大徐本」。此後人間所傳，唯此二徐本。有關這方面的問題，周祖謨的〈唐本說文與說文舊音〉、〈說文解字之宋刻本〉、〈徐鍇的說文學〉等論文，可供讀者參考。北宋除了「大徐本」之外，受到《說文》影響的字書，還有王洙等人修撰的《類篇》、鄭樵的《六書略》和王安石的《字說》等書。《類篇》仿《說文》而增收字數至三萬一千多字，而鄭樵、王安石之著，則已開商榷反對《說文》之風。

宋、明之間，鄭樵的《通志》，提出文字乃符號而非圖畫，以及「文有子母。母生義、子主聲」等等說法，對後來學者影響頗大。戴侗的《六書故》、楊桓的《六書溯源》、周伯琦的《六書正譌》、趙撝謙（古則）的《六書本義》、吳元滿的《六書正義》、趙宧光的《說文長箋》等等，雖然另闢蹊徑，以古文字校改篆體，賦予新的詮釋，可惜成就多數不高，皆難以脫離二徐本的範圍。

到了清朝，研究許慎及其《說文解字》者，風氣大盛。無論版本之校勘、文字之訂正、音義之注疏、作者之考述等等，俱成就可觀，可謂度越前修。據丁福保《說文解字詁林》一書所引，清人以研究《說文》而有著述傳世的，即多達二百餘人，由此可見一斑。其中，風氣以乾、嘉時期為最盛，名氣則以段玉裁、桂馥、王筠、朱駿聲所謂四大家為最顯著。段玉裁的《說文解字注》，長於校訂，對於形音義三者之間的關係，能夠通其條貫，考其文理，兼取眾說之長，又能別出新意，真是成績斐然，難怪同時的大經學家王念孫，推許之為「千七百年來，無此作矣」。另外的三家，像桂馥的《說文義證》，取證宏博，析義精審，「前說未盡，則以後說補苴之；前說有誤，則以後說辨正之」，不輕下己意；王筠的《說文釋例》、《文字蒙求》和《說文句讀》，以字體實例闡述六書，條例縝密，便於初學；朱駿聲的《說文通訓定聲》，博引群書，通釋訓詁，分韻定聲，都分別在二徐本的基礎上，作不同的探究，標示出傲人的成就，也都成為後來研究者不可或缺的參考著作。

〈二〉著作內容述要

先說《五經異義》。

這本書應是許慎記錄他師從賈逵，在宮中白虎觀參加當時今古文經學者討論五經異同時的心得。著成年代，應在章帝建初八年（公元八三）前後。

《五經異義》十卷，宋時已佚，據清人陳壽祺《五經異義疏證》輯錄所得，僅存一百十三篇。他所說的一篇，等於我們平日所說的一則、一條。窺探其內容，分為二十五類，包括田稅、役賦、祭祀、婚冠、祿位、奔喪、天文地理、五行天象等等。通常是作者先引述各種經傳之說，然後加案語選採一說，然後再引用鄭玄的駁議之文。陳氏將鄭玄對許慎該書的駁議，分繫於各條之後。鄭玄有駁議的，陳氏直書其後；沒有駁議的，陳氏則標明：「鄭氏無駁，與許同。」這不但可以看出許慎對當時的經學家，在博採眾說之餘，勇於提出不同的主張，同時也意味著後來的鄭玄，對許慎的經學見解有異有同，充分表現他們就事論事、兼採今古文經的特色。

例如討論到「田稅」時，陳壽祺先列許慎的主張於前，次列《周禮》，最後加案語：

《異義》第五「田稅」。今《春秋公羊》說：十一而稅，過於十一，大桀小桀；減於十一，大貉小貉。十一稅，天子之正；十一行而頌聲作。故《周禮》國中園廛之賦，二十而稅一；近郊，十而稅一；遠郊，二十而稅三。有軍旅之歲，一井九夫，百畝之賦，出禾二百四十斛，芻秉二百四十斤，釜米六十斗。

謹案，《公羊》十一而稅，遠近無差。漢制收租，田有上中下，與《周禮》同義。

這是說：今文經《春秋公羊傳》的說法，是十一而稅，遠近無差，而古文經《周禮》的說法，則是遠近有別，分別是：國中二十而稅一，近郊十而稅一，遠郊二十而稅三。許慎主張採用《周禮》的說法。

陳壽祺在臚陳許慎的《五經異義》的說法之後，接著又引錄鄭玄的「駁議」於後。事實上，鄭玄的所謂「駁議」，不全是反對許慎的意見，大多只是立論依據的經傳不同，或者只是作補充的說明而已。前者冠以「鄭駁之云」，後者則言「玄之聞也」，以示區別。像論「田稅」這一篇，鄭玄的駁議之文如下：

玄之聞也，《周禮》制稅法，輕近而重遠者，為民城道溝渠之役，近者勞、遠者逸故也。

其授民田，家所養者多，與之美田；所養者少，則與薄田。其調均之而足，故可以為常法。漢無授田之法，富者貴，美且多，貧者賤，薄而少。美薄之收，不通相倍蓰而上中下也，與《周禮》同義，未之思也。

又，《周禮》六篇，無云軍旅之歲。一井九夫，百畝之稅，出禾、芻秉、釜米之事，何以得此言乎！

對照許慎《五經異義》的原文，可以發現鄭玄駁議的前一大半，只是在補充說明《周禮》「遠近有差」的道理，「又《周禮》六篇」以下，才是真正的有所駁議，指出《周禮》並無「軍旅之歲」以下的記載。這或許是他們所本不同，但也可能是「軍旅之歲」以下的種種意見，是許慎個人的主張。

從陳壽祺所輯證的資料來看，許慎之於五經，既引「古尚書說」，又引「今尚書歐陽、夏侯說」；既引「古毛詩說」，又引「今齊、魯、韓說」；既引「古春秋左氏說」，又引「今春秋公羊說」；既引「古周禮說」，又引「今戴禮說」、「今大戴禮說」，真可看出他能兼取今古兩家之長，從而定其是非。

《後漢書．儒林傳》許慎本傳說他從小就博學經籍，馬融常推敬之，時人還譽之為「五經無雙」，可以想見許慎在東漢中期經學界的聲望與地位。馬融曾與許慎同時校讀東觀，可能一起討論過《淮南子》和《漢書》，可是他們對五經同異的看法，傳世的文獻資料卻很少談及。鄭玄是馬融的得意弟子，俱為貫通今古文經學的大家，由他來對許慎的《五經異義》提出一些駁議的意見和補充的說明，並在注解三禮時，多所引用許慎《說文解字》的一些說法，一反一正，用不同的方式都為許慎的經學造詣和學術成就，增添了很多注意力和光彩。

其次，說《說文解字》。

許慎的《說文解字》，「博采通人，至於小大」，他雖然師從賈逵，熟悉劉歆、杜林、爰禮等人的言論著作，對古文經學如《左氏春秋》、《古文尚書》、《毛詩傳》、《周禮》、《古論語》等等典籍，多所涉獵，同時對董仲舒、京房、班固以來學者，以及今文經學著作，如《春秋・公羊傳》、《穀梁傳》、《今文尚書》、《魯詩故》、《齊詩故》、《韓詩故》、《春秋繁露》等等，也都應已遍覽無遺，一方面覺得文字是經藝之本，王政之始，一方面又覺得隸書大行，六書古義已漸泯沒，今文經傳僅據隸書抄錄解說，難免乖違本義，所以發憤而撰寫《說文解字》。「今敍篆文，合以古籀」，期使後人可以識古。許沖上表既云：「慎博問通人，考之於逵」，自與賈逵關係密切。賈逵卒於和帝永元十三年（公元一〇一），而《說文解字》初稿於永元十二年（公元一〇〇）正月草就，修訂到安帝建光元年（公元一二一）才告完成，遣其子許沖隨表齎上，前後凡二十二年。涉獵之廣，成就之高，貢獻之大，傳世之久，可謂實非偶然。關於它的內容體例以及其他有關事項，已分見本書各章節，茲不贅。

最後，說《淮南子注》等書。許慎在受詔校定東觀五經諸子等宮中秘藏時，曾撰成《淮南子注》二十一卷，見《隋書．經籍志》，與高誘注二十一卷並列。《宋史．藝文志》則云許慎注二十一卷，高誘注十三卷。今所見者惟高誘注而已，不知何時許注已盡併入其中矣。清人所輯許氏《淮南子注》多種，斷簡零章，已難以窺其全貌。

至於清人王仁俊所輯《漢書許義》一卷及《五經通義》一卷，皆應亦著成於校書東觀期間。前者蓋可推知許慎應對《漢書》或《史記》若干史事有所涉獵評騭，後者亦可印證許慎對五經蓋能通貫今古文學者之說，然皆以所存者甚少，實無從概括或細究矣。

校後補記：關於許慎《五經異義》的學術思想，友人黃永武教授在其博士論文《許慎之經學》一書中，曾取《說文解字》所引見者，與漢魏諸儒杜子春、鄭眾、賈逵、鄭玄、王肅、虞翻、荀爽等人之經說，逐條比對，證明《五經異義》與《說文解字》二書，雖然著述旨趣稍有不同，但論其兼採今古文學派經學之見解，則前後一致，未嘗以門戶自限。舉證詳實，可以確信。另一友人葉國良教授亦曾擇取許氏禮說二則，發表〈論許慎經學的幾個問題〉一文，證成此說。這些觀點，都與拙見相近，但因與《說文》沒有直接的關係，茲不贅論。

第三章　《說文解字·敍》析論

第一節　《說文解字·敍》原文

有人說，要研究《說文解字》，必須先了解《說文解字·敍》，其次必須認識《說文解字》的部首。了解《說文解字·敍》，才能明白許慎著書的動機及其宗旨所在；而認識《說文解字》的部首，也才能明白許慎此書的編撰體例及其詮釋方式。

《說文解字》原十五卷（或稱篇），每卷分上下篇。第一卷到第十四卷是正文；到了第十五卷，上篇是前敍和部首，下篇則是後敍。據後敍說，全書包括九千三百五十三字，重文一千一百六十三，說解的總字數共十三萬三千四百四十一字。許慎把它們歸類，分為五百四十部，各部立一部首，以統其餘八千多字。每一部的第一個字，稱為部首。每一部首底下，通常繫聯若干字，這些繫聯的字群，都和部首的形體構件有必然的密切關係。

除了正文十四篇和部首目錄之外，許慎自撰的《說文解字·敍》，則敍述了漢字的起源、形體的演變、六書的條例和著書的目的。早期的版本我們不清楚，據五代後蜀林罕《說文字原偏旁小說·序》，稱「李陽冰就許氏《說文》復加刊正，作三十卷。今之所行者是也。」可知在中唐李陽冰時，許書已分為三十卷。可惜的是，李陽冰刊行之書早已亡佚，詳情我們無法了解；可以確知的是，從五代、北宋之際徐鉉、徐鍇兄弟開始，他們已把《說文解字・敍》和部首目錄另外合為一篇，而且把敍文分為前、後兩部分。以「此十四篇，五百四十部」為斷，中間安插了五百四十部首目錄。徐鉉在目錄之後加了「敍曰」二字，徐鍇更標明「後敍曰」。從此許慎的《說文解字・敍》被分為前敍和後敍，一般的理解，前敍應是許氏下筆之初，先定其規模，後敍則應是初稿完成或最後定稿時所作。

不過，也有人認為這篇敍文前後相承，渾然一體，不宜分開。像段玉裁《說文解字注》，就根據《左傳注疏・宣公十五年》所引的《說文・序》有「倉頡之初作書」諸語，來證明唐人仍然統稱為「序」而不分前後，並且說：「許書十四篇既成，乃述其著書之意，而為五百四十部最目，記其文字都數，作韻語以終之。略倣太史公自序云。」太史公司馬遷就是在《史記》成書之後，才寫自序附於書後的。

段玉裁說的頗有道理，但為了讀者閱讀對照的方便，底下將先把徐鍇《說文解字繫傳》的敍目原文刊印於下，並且在解析說明時，依現代圖書排印慣例，把許氏自敍和部首目錄移於正文之前，敍文則仍分前、後，以便讀者了解箇中的因由。徐鍇《繫傳》敍文中有若干詞句，與《段注》及其他傳本不同，若無關緊要，不一一注明。

茲先據清道光年間祁巂藻刻本（根據顧千里所藏影宋抄本與汪士鐘所藏宋刊殘本校勘而成）引錄《說文解字》敍目原文如下：

說文解字通釋卷第二十九

繫傳二十九

文林郎守祕書省校書郎臣徐鍇傳釋

古者庖犧氏之王天下也仰則觀象於天俯則觀法於地視鳥獸之文與地之宜近取諸身遠取諸物於是始作易八卦吕垂憲象及神農氏結繩爲治而統其事庶業其繁飾僞萌生黃帝之史蒼頡見鳥獸蹏迒之迹知分理之可相別異也初造書契百工以乂萬品以察蓋取諸夬夬揚于王庭言文者宣教明化於王者朝廷君子所以施祿及下居德則忌也 臣鍇曰按易伏羲氏之王天下始作八卦以田以漁又曰上古結繩以理後世聖人易之以書契又曰伏羲氏沒神農氏作神農氏沒黃帝氏作說易者以伏羲爲上古然則伏羲雖畫八卦猶結繩以理諸書皆云倉頡爲黃帝史後世聖人即黃帝也而孔氏尚書序云伏羲氏之王天下始畫八卦造書契以代結繩之政由是文籍生焉伏羲神農黃帝之書謂之三墳蓋孔氏略述書起之由言因伏羲畫八卦視河洛之圖而後文籍孳生其㓞文字始自黃帝爾總述三皇之道故幷言之說者言以結繩大事以大結小事以小結也獸足通曰蹏爾雅狐貍迹内麇迹躔鹿迹速狼迹迒是鳥獸之足迹各異也作事在於謀始謀始在乎作契契之不明亂之所生也故文字爲書契而作止訟於未萌然後百官理而萬事明也夫吕剛決柔吕易變会三易初起㓞制理亂之象也故取法焉 蒼頡之初作書蓋依類象形故謂之文其後形聲相益即謂之字字者孳乳而寖多也箸亏竹帛謂之書書者如也 臣鍇曰如謂如其事也 吕迄五帝三王之世改易殊體 臣鍇曰按黃帝爲五帝首蒼頡所作日月之字即其文歷代必有改變故周宣王太史籒作大篆大體蓋不甚相遠年代縣邈不可盡知按齊蕭子良所僎五十二家書又好奇者隨意增之致遠則泥皆妄穿鑿臣不設言也 封亏泰山者七十有二代靡有同焉 臣鍇按白虎通王者受命必封禪因高吕事天刻石箸己之功業史記封禪書自無懷氏而下則七十二君故其文字隨世不同也

通釋弟二十九 二

周禮八歲入小學保氏教國子先㠯六書一曰指事指事者視而可識察而可見上下是也二曰象形象形者畫成其物隨體詰詘日月是也三曰形聲形聲者㠯事爲名取譬相成江河是也四曰會意會意者比類合誼㠯見指撝武信是也五曰轉注轉注者建類一首同意相受考老是也六曰假借假借者本無其字依聲託事令長是也 臣鍇按周禮司徒之屬保氏下大夫掌養國子以道乃敎之六藝其五曰六書 古謂八歲初學甲子與方名然後書計小年所學因謂文字爲小學 及宣王大史籀著大篆十五篇與古文或同或異至孔子書六經左丘明述春秋傳皆以古文厥意可得而說其後諸侯

力政不統于王 臣鍇曰謂周之末世也 惡禮樂之害己而皆去其典籍分爲七國田疇異晦車涂異軌律灋異令衣冠異制言語異聲文字異形秦始皇帝初兼天下丞相李斯乃奏同之罷其不與秦文合者斯作蒼頡篇中車府令趙高作爰歷篇太史令胡毋敬作博學篇 臣鍇按漢書藝文志史籀大篆十五篇至建武時亡六篇蒼頡一篇上七章李斯作爰歷六章博學七章也 皆取史籀大篆或頗省改所謂小篆者也是時秦燒滅經書滌除舊典大發隸卒興役戍官獄職務繁初有隸書以趣約易而古文由此絕矣 臣鍇曰王僧虔云秦獄吏程邈善大篆得辠始皇因于雲陽增減大篆體去其繁複始皇善之出爲御史名其書曰隸書按班固云謂施之于徒隸也即今之隸書而無點畫俯仰之勢故曰古隸杜陵纔胡善古隸是也 自爾秦

書有八體一曰大篆二曰小篆三曰
刻符四曰蟲書臣鍇曰按漢書注蟲書即鳥書以書幡信首象鳥形即下云鳥蟲是也
五曰摹印臣鍇按蕭子良以刻符摹印合爲一體臣以爲符者內外之信若晉鄙奪魏王兵符
又云借符以罵宋然則符者竹而中剖之字形半分理應別爲一體摹印屈曲塡密秦璽文是子良誤合之六
曰署書臣鍇按蕭子良云署書漢高六年蕭何所定以題蒼龍白虎二闕羊欣云蕭何覃思累月
然後題之七曰殳書臣鍇按蕭子良云殳書伯氏之職而古旣記笏亦書殳臣以爲古盤盂有
銘几杖有誡故殳有題殳體入觚隨其勢而書之也八曰隸書漢興有艸

書臣鍇曰按書傳多云張芝作艸又云齊相杜操所作據說文則張芝之前已有矣但不知誰所刱蕭子良
云槀書者董仲舒欲言災異槀艸未上即爲槀書槀者艸之初也但史記言上官奪屈原槀今云漢興有艸書知所
言槀繫傳槀字竝作槀艸是刱詞非是艸書也尉律臣鍇曰尉律漢律篇名學僮
十七以上始試諷籒書九千乃得爲
吏又㠯八體試之郡移大史幷課最
者以爲尚書史書或不正輒舉劾之
令雖有尉律不課小學不修莫達其

說久矣孝宣皇帝時召通蒼頡讀者
張敞从受之臣鍇按漢書蒼頡多古字俗師失其讀宣帝時徵齊人能正讀者張敞從
受之傳至外孫孫子杜林爲作訓也涼州刺史杜業沛人爰
禮講學大夫秦近亦能言之孝平皇
帝時徵禮等百餘人令說文字未央
庭中㠯禮爲小學元士黃門侍郎揚
雄采以作訓纂篇凡蒼頡㠯下十四

篇凡五千三百四十字群書所載略
存之矣臣鍇按蒼頡爰歷博學通謂之三蒼故幷訓纂爲四篇又按漢書閭里師合三蒼斷六十
字爲一章凡五十五章併爲蒼頡篇武帝時司馬相如作凡將篇元帝時黃門令史游作急就篇成帝時將作大匠
李長作元尚篇皆蒼頡中正字凡將則頗有出入雄訓纂者順續蒼頡又易蒼頡中緟複之字凡八十九章班固又
續揚雄作十三章凡一百二篇及亡新居攝使大司空甄
豐等挍文書之部自以爲應制作頗
改定古文時有六書一曰古文孔子

壁中書也臣鍇按肖所言自秦與隸書古文從此絕矣故此古文是魯恭王壞孔子宅所得世間無之二曰奇字即古文而異者也臣鍇按蕭子良云籀書即大篆新臣甄豐謂之奇字史籀增古文爲之故與古文異也三曰篆書即小篆秦始皇帝使下杜人程邈所作也臣鍇按漢書李斯等作蒼頡爰歷多取史籀篇而篆體復頗異所謂秦篆然則斯等雖改史篇而程邈復同作也四曰左書即秦隸書五曰繆篆所以摹印也六曰鳥蟲書所以書幡信也臣鍇曰此即肖所謂蟲書也

通釋弟二十九　七

壁中書者魯恭王壞孔子宅而得禮記尚書春秋論語孝經又北平侯張倉獻春秋左氏傳郡國亦往往于山川得鼎彝其銘即肖代之古文臣鍇曰若漢汾陰巫得鼎文張敞云栒邑得尸臣之鼎有文也彝宗廟之常器尊罍是也皆自相侶雖叵復見遠沫臣鍇曰沫音昧其詳可得略說也而世人大共非訾以爲好奇

者也故詭更正文鄉壁臣鍇曰鄉音向虛造不可知之書變亂常行以燿於世諸生競逐說字解經諠稱秦之隸書爲蒼頡時書云父子相傳何得改易乃猥一本作張曰馬頭人爲長人持十爲斗蟲者屈中也廷尉說律至以字斷法苛人受錢苛之字止句也臣鍇曰言不知而說之也若此者甚

通釋弟二十九　八

衆皆不合孔氏古文繆於史籀俗儒鄙夫翫其所集蔽所希聞不見通學未常覩字例之條怪舊埶而善野言以其所知爲祕妙究洞聖人之微恉又見蒼頡篇中幼子承詔因曰古帝之所作也其辭有神僊之術焉其迷誤不諭豈不悖哉書曰予欲觀古人

之象言必遵修舊文而不穿鑿孔子曰吾猶及史之闕文今亡矣夫蓋非其不知而不問人用己私是非無正巧說邪辭使天下學者疑蓋文字者經藝之本王政之始前人所以垂後後人所以識古故曰本立而道生知天下之至賾而不可亂也今敘篆文合以古籀博采通人至于小大信而有證稽撰其說將以理群類解繆誤曉學者達神恉（臣鍇曰恉音旨意旨也）分別部居不相雜廁也（臣鍇曰謂分部相從自慎爲始也）萬物咸覩靡不兼載厥誼不昭爰明以諭（臣鍇曰謂注中多引詩書爲證也）其偁易孟氏（臣鍇按漢書易有施孟梁丘三家又有周氏服氏揚氏韓氏王氏丁氏之說今慎取孟氏爲證下同）書孔氏詩毛氏禮周

通釋弟二十九　九

官春秋左氏論語孝經皆古文也其於所不知蓋闕如也

說文解字通釋第一

一　丄　示　三

王　玉　玨　气

士　丨

說文解字通釋第二

屮　艸　蓐　茻

說文解字通釋第三

小　八　釆　半

牛　犛　告　口

凵　吅　哭　走

止　癶　步　此

說文解字通釋第四

通釋弟二十九　十

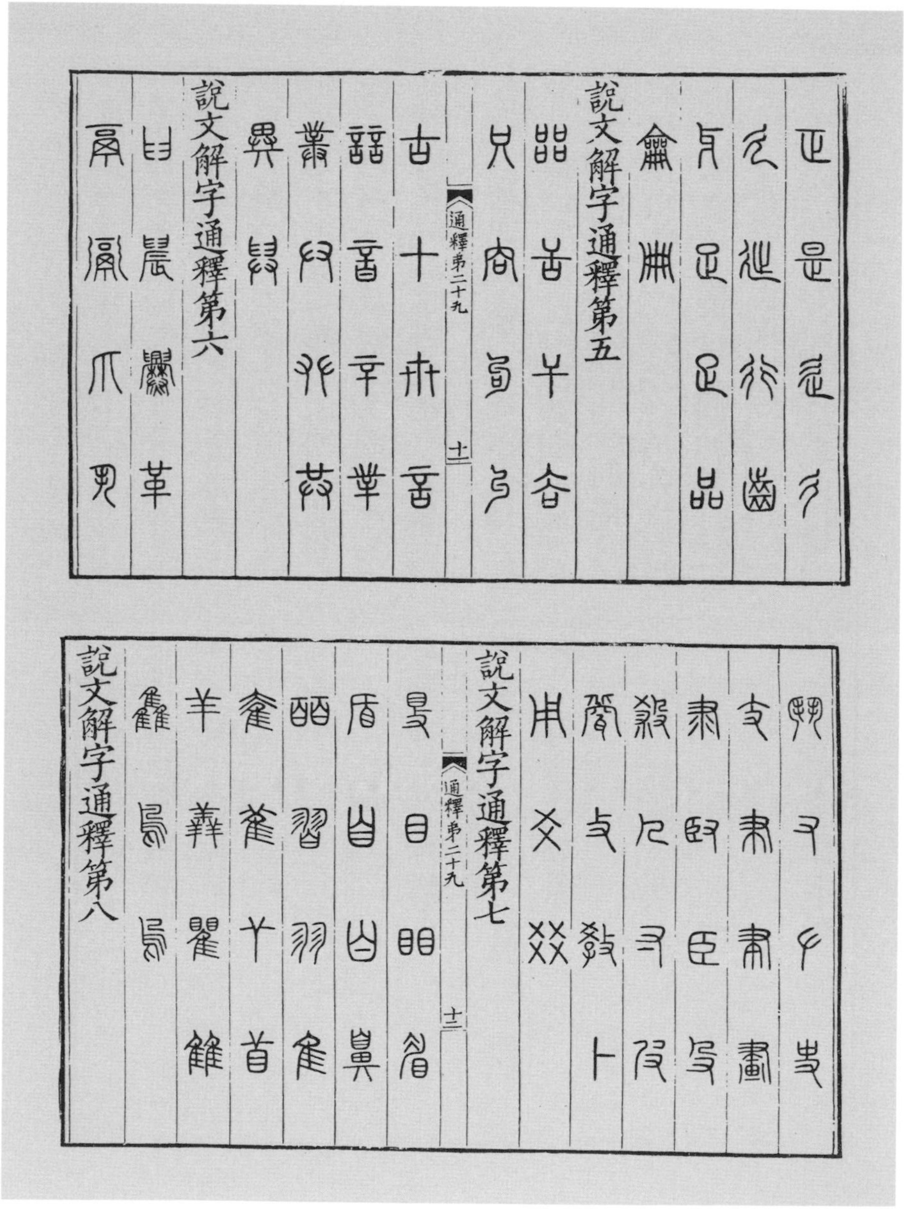
說文解字通釋第五
通釋弟二十九
十一
說文解字通釋第六
說文解字通釋第七
通釋弟二十九
十二
說文解字通釋第八

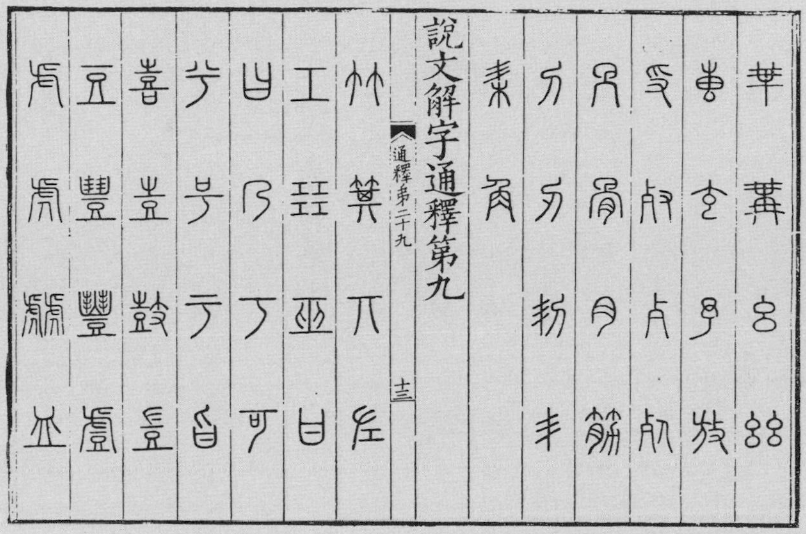
說文解字通釋第九
《通釋弟二十九
十三

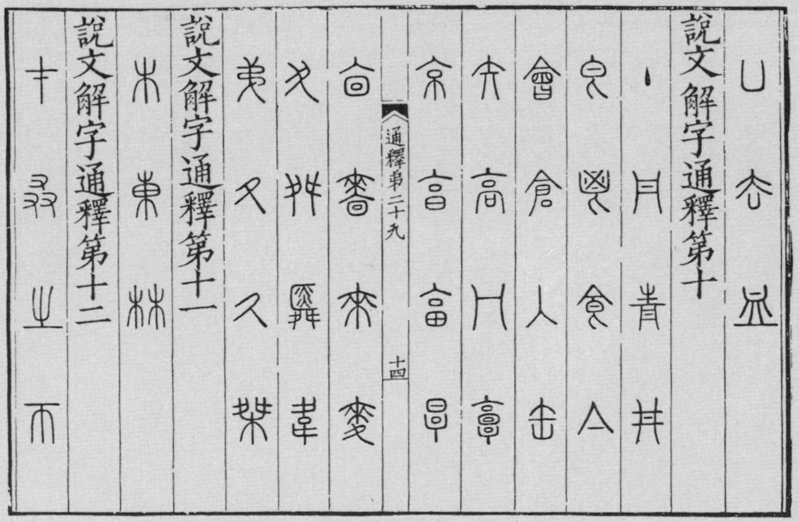
說文解字通釋第十
《通釋弟二十九
十四
說文解字通釋第十一
說文解字通釋第十二

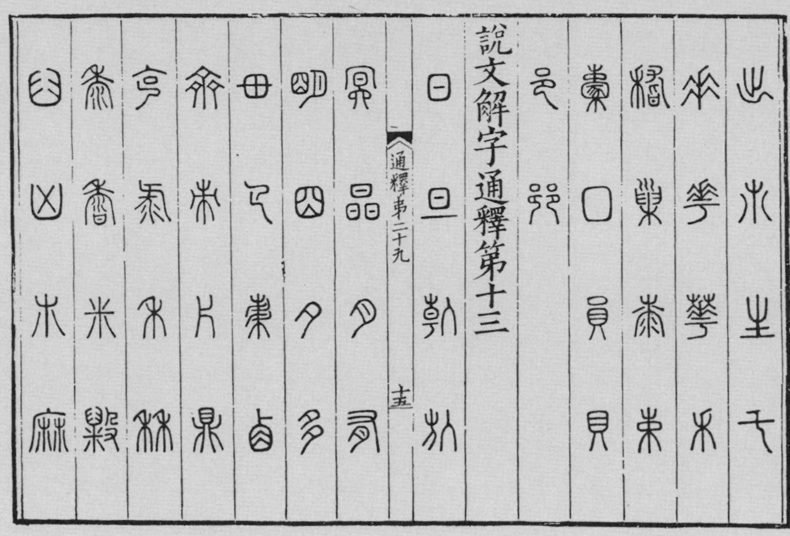

說文解字通釋第十三

通釋弟二十九　十五

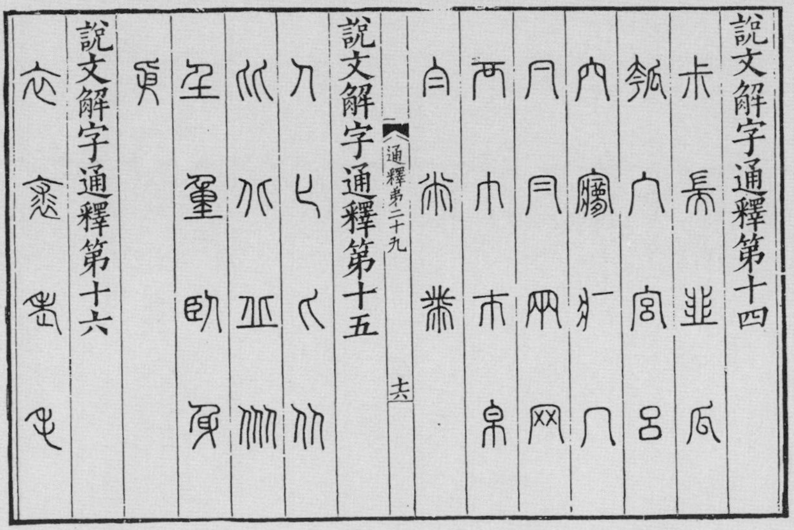

說文解字通釋第十四

說文解字通釋第十五

通釋弟二十九　十六

說文解字通釋第十六

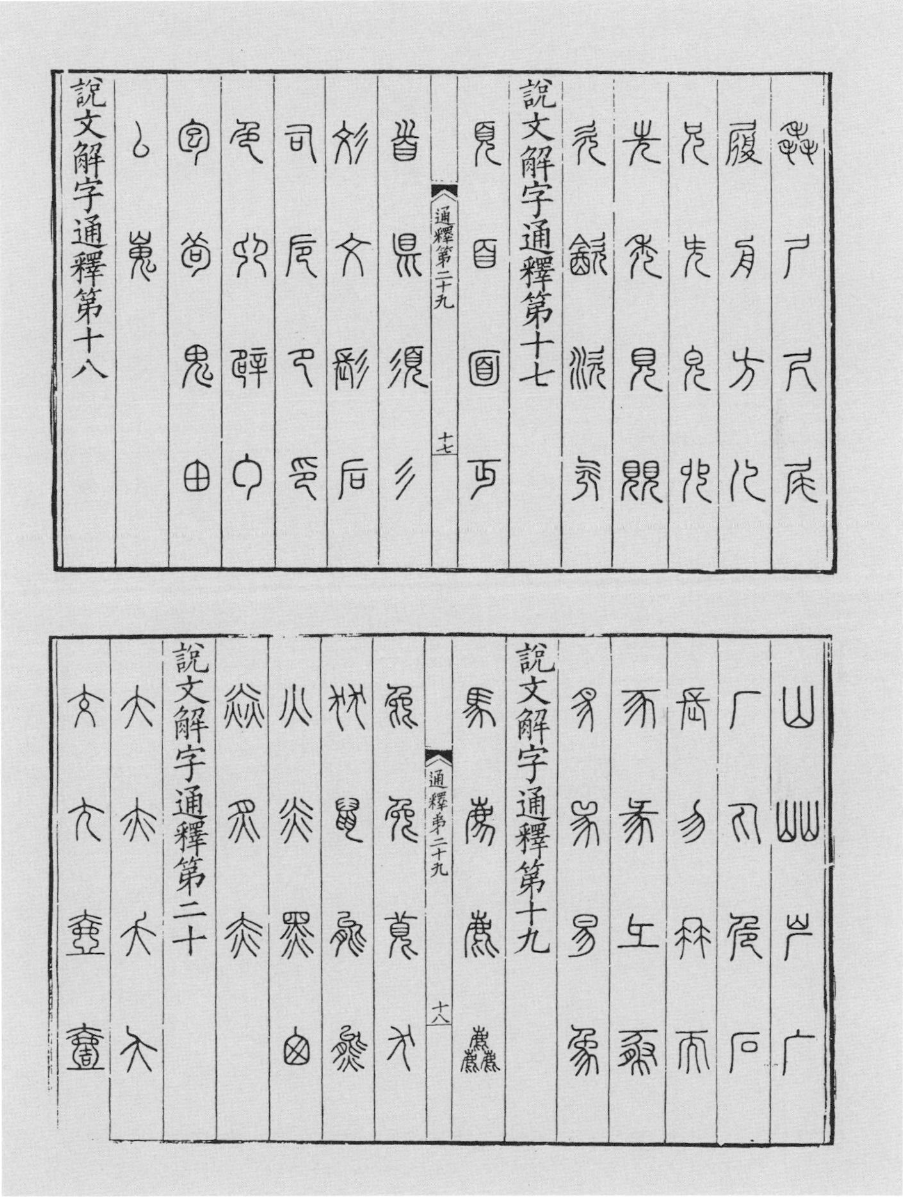
說文解字通釋第十七
通釋第二十九　十七
說文解字通釋第十八
說文解字通釋第十九
通釋第二十九　十八
說文解字通釋第二十

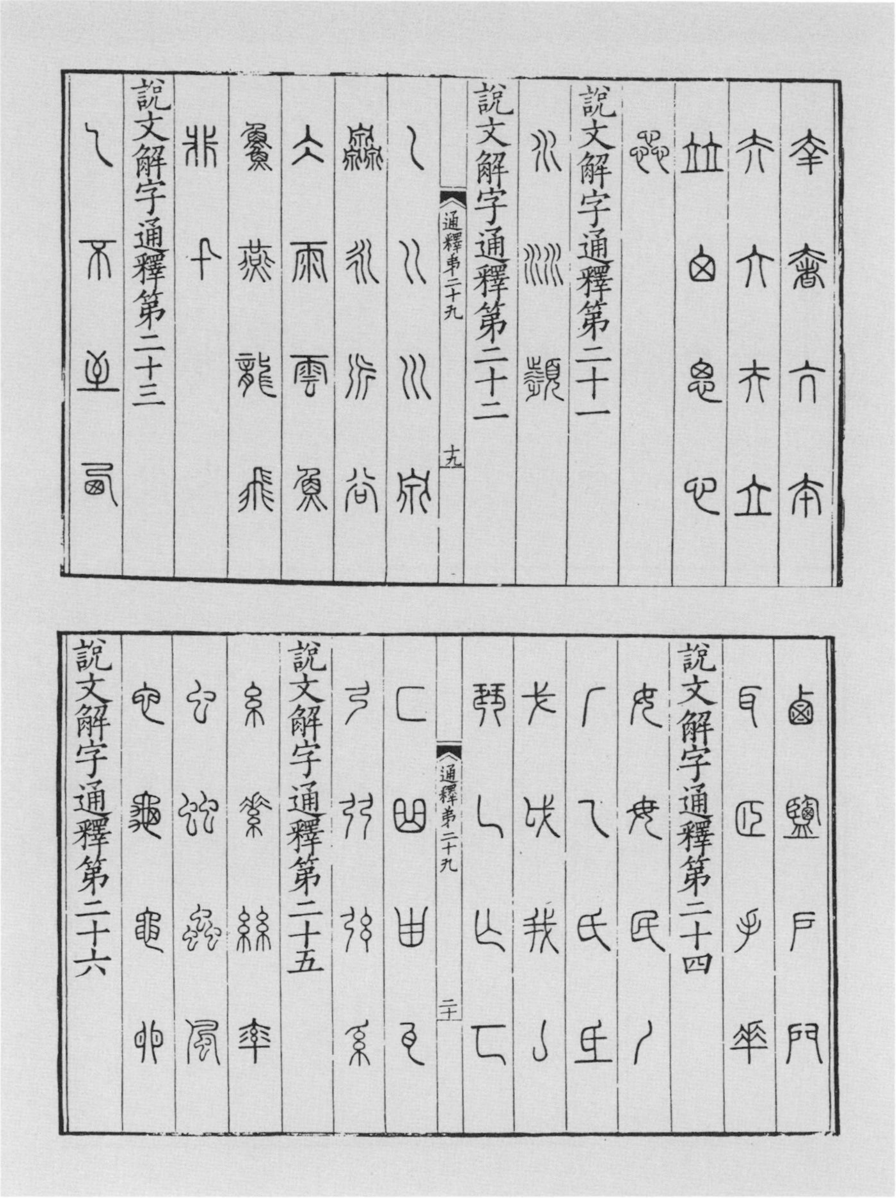
說文解字通釋第二十一

說文解字通釋第二十二

通釋第二十九　十九

說文解字通釋第二十三

說文解字通釋第二十四

通釋第二十九　二十

說文解字通釋第二十五

說文解字通釋第二十六

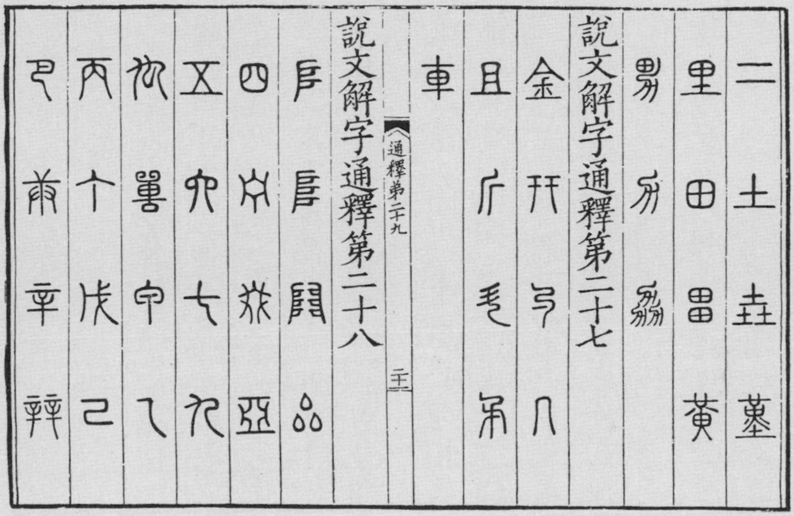

二土垚堇

里田畕黃

男力劦

說文解字通釋第二十七

金幵勺几

且斤斗矛

車

《通釋第二十九　三

說文解字通釋第二十八

𠂤阜𨸏厽

四宁叕亞

五六七九

禸嘼甲乙

丙丁戊己

巴庚辛辡

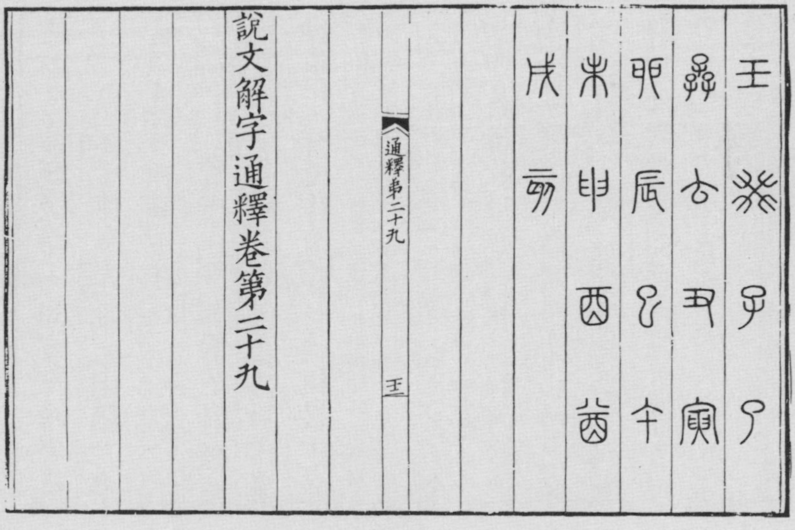

壬癸子了

孨𠫓丑寅

卯辰巳午

未申酉酋

戌亥

《通釋第二十九　三

說文解字通釋卷第二十九

說文解字通釋卷第三十

繫傳三十

文林郎守祕書省校書郎臣徐鍇傳釋

後敘曰此十四篇五百四十部也九千三百五十三文重一千一百六十三解說凡十三萬三千四百四十一字其建首也立一爲耑臣鍇曰耑音端方以類聚物以羣分同條牽屬共理相貫雜而不越臣鍇曰類聚爲水部水部相次同條共理謂中之類與中同從丨而貫之雖雜而各有部分不相踰越也據形聯系引而申之以究萬原臣鍇曰據形聯系謂之部因次以匕部從以究盡萬事之原也畢終於亥知化窮冥臣鍇謂亥生子終則復始故託於一寄終於亥亥則物之該盡故曰窮冥也于時大漢聖德熙明承天稽唐敷崇殷中臣鍇曰漢承堯後故稽考唐堯之道殷正也正中也遐邇被澤渥衍

沛滂廣業甄微學士知方探嘖索隱臣鍇曰索音索厥誼可傳粵在永元困頓之季孟陬之月朔日甲子臣鍇曰永漢和帝年號歲在子曰困頓永元十二年歲在庚子也正月爲陬曾曾小子祖自炎神縉雲相黃共承高辛太岳佐夏呂叔作藩俾侯于許世祚遺靈自彼徂召宅此汝瀕臣鍇按許出神農之後姜姓與齊同祖謂爲縉雲氏於黃帝時後三世至高辛世爲太岳亂侯爲禹心膂之臣故封於呂周武王封苗裔文叔於許以爲太岳亂在潁川許昌縣召謂汝南郡陵縣後世所居也切卬景行敢涉聖門其弘如何節彼南山欲罷不能既竭愚才惜道之味聞疑臣鍇曰言疑則闕之也載疑演贊其志次列微辭知此者稀儻昭所尤庶有達者理而董之臣鍇曰董正也召陵萬歲里公乘臣鍇曰漢因秦制二十等爵公乘第八也艸莽臣沖稽首再拜上書

皇帝陛下臣伏見陛下㠯神明盛德
承遵聖業上考度於天下流化於民
先天而天不違後天而奉天時萬國
咸寍神人以和猶復深惟五經之妙
皆爲漢制博采幽遠窮理盡性以至
於命先帝詔侍中騎都尉賈逵修理
舊文殊藝異術王教一耑苟有可㠯

加於國者靡不悉集易曰窮神之化
德之盛也書曰人之有能有爲使羞
其行而國其昌臣父故太尉南閣祭
酒愼本從逵受古學蓋聖人不空作
皆有依據今五經之道昭炳光明而
文字者其本所由生自周禮漢律皆
當學六書貫通其意恐巧說衺辭使

學者疑愼博問通人考之於逵作說
文解字六藝群書之詁皆訓其意而
天地鬼神山川艸木鳥獸蚰虫雜物
奇怪王制禮儀世閒人事莫不畢載
凡十五卷十二萬今說文作十三萬
三千四百四十一字愼前以詔書校
書東觀敎小黃門孟生李喜等㠯文

字未定未奏上今愼已病遣臣齎詣
闕愼又學孝經孔氏古文說古文孝
經者孝昭帝時魯國三老所獻建武
時給事中議郎衛宏所校皆口傳官
無其說謹譔具一篇幷上（臣鍇按後漢書杜林嘗得古文漆書尚書後㠯傳衛宏及徐巡愼又從宏受也）臣誠惶誠恐頓首頓
首死辠死辠稽首再拜㠯聞皇帝陛

下建光元年九月巳亥朔二十日戊午上臣鍇曰建光元年漢安帝之十五年歲在辛酉也召上書者汝南許沖詣左掖門外會令幷齎所上書十月十九日中黃門饒喜㠯詔書賜召陵公乘許沖布四十匹卽日受詔朱雀掖門敕勿謝

說文解字通釋卷第三十

第二節　敘文題解及白話譯注

（一）題解

《說文解字．敘》，指該書的序文，它包括前敘和後敘。現代人的觀念，序文是放在全書的前面，但古人不同。古代最初是把序文放在全書的後面。不但許慎的《說文解字》如此，司馬遷《史記》的〈太史公自序〉、班固《漢書》的〈敘傳〉、劉安《淮南子》的〈要略〉、王充《論衡》的〈自紀篇〉、劉勰《文心雕龍》的〈序志〉，也都是這樣。

序，是提綱挈領的意思，用來說明撰述寫作的宗旨。自序通常會提到寫作的動機、態度、方法、體例及內容，因而具有目錄的性質。序，也可以寫作「敘」。敘，有次第、排列的意思，兼具有目錄的含意。

要了解《說文解字》，前面說過，有人以為必先了解《說文解字．敘》，其次要學習五百四十個部首，最後才讀全書的正文。底下先白話直譯前後敘文，然後才注解分析。

（二）《說文解字．前敘》直譯

「古者庖犧氏之王天下也，

仰則觀象於天，
俯則觀法於地。
視鳥獸之文與地之宜，
近取諸身，遠取諸物，
於是始作易八卦，」❶
以垂憲象。

【直譯】

（《易經．繫辭下傳》說：）
「古代庖犧氏（伏羲氏）稱王天下的時候啊，
抬起頭來，就觀察在天空中的氣象，
低下頭來，就觀察在地面上的法則。
端詳鳥獸的紋彩，和適應各地的產物，
近的從身上選取，遠的從外物上選取，
於是開始創制《易經》中的八卦圖案，」

用來顯示宇宙間永恆不變的現象。

及神農氏結繩為治而統其事，
庶業其繁，飾偽萌生。
黃帝之史倉頡，見鳥獸蹏迒之迹，
知分理之，可相別異也，
初造書契。❷

【直譯】

等到神農氏用結繩的方式來治理天下，而且統一它們所代表的大小事情，
群眾的事務就趨於繁雜，增飾虛造的事情也就隨之而生了。
黃帝的史官倉頡，看見鳥獸蹄印的痕迹，
知道分別處理它們，可以互相比較，區別同異啊，
因而首先創造了寫刻在事物上的書契文字符號。

「百工以乂，萬品以察，
蓋取諸夬。」
「夬，揚于王庭。」
言文者宣教明化於王者朝廷，君子所以施祿及下，居德則忌也。❸

【直譯】

（《易經．繫辭上傳》於是說：）
「百官因而得以統御，萬物因而得以治理，
因為從中都可取得明白的決斷。」
（《易經．夬》卦辭也說：）
「決斷，發揚在王庭之上。」
意思是說文字符號這些東西，可以宣明教化在王者朝廷之上，（像《易經．夬》象辭說的）
「讓在上位的君子可以用來推行功名祿位給下屬臣民，修養品德，遵守禁令」啊！

倉頡之初作書，
蓋依類象形，故謂之文，
其後形聲相益，即謂之字。
（文者，物象之本，）❹
字者，孳乳而寖多也。
著于竹帛謂之書。
書者，如也。
以迄五帝三王之世，改易殊體，❺
封于泰山者，
七十有二代，
靡有同焉。

【直譯】

倉頡最初創造書契符號的時候，
大概是依照事類，各象其形，所以稱之為「文」，稱之為「文」的形狀，後來和聲音互相增益，就稱之為「字」。
（據《段注》引文補：所謂「文」者，是萬物形象的根本，）
所謂「字」者，是說孳生乳育而逐漸加多啊。
顯示寫刻在竹片布帛上，就稱之為「書」。
所謂「書」者，就是「如」，如其物狀的意思。
一直到五帝、三王的時代，文字改變轉換了不同的形體，
封禪在泰山、梁父山的石刻文字，
總共有七十又二代君王，
都沒有相同的呢。

周禮：
八歲入小學，
保氏教國子，先以六書。❻
一曰指事。指事者，視而可識，察而可見（《段注》作「見意」）。上下是也。
二曰象形。象形者，畫成其物，隨體詰詘。日月是也。

三曰形聲。形聲者，以事為名，取譬相成。江河是也。
四曰會意。會意者，比類合誼，以見指撝。武信是也。
五曰轉注。轉注者，建類一首，同意相受。考老是也。
六曰假借。假借者，本無其字，依聲託事。令長是也。

【直譯】

按照周朝的禮制：

學童八歲入小學，

保氏教養公卿大夫的子弟，先從認識「六書」六種書寫符號開始。

第一種叫「指事」。所謂「指事」者，這種文字符號，看了就可以認識辨別，察了就可以看出含意。像「上」、「下」二字就是呀。

第二種叫「象形」。所謂「象形」者，這種文字符號，是畫成那些原來事物的形狀，隨著形體而屈折彎曲。像「日」、「月」二字就是呀。

第三種叫「形聲」。所謂「形聲」者，是用相關事物來造字，做為共同的名稱，再取一個可以譬喻其聲的形體，配合而成新字。像「江」、「河」二字就是呀。

第四種叫「會意」。所謂「會意」者，是說比並兩個以上相關事物的字體類，會合它們所代表的意義，即可看出它們所要指示或發揮的道理。像「武」、「信」二字就是呀。

第五種叫「轉注」。所謂「轉注」者，是說設立兩個以上相關事物的字體類，在統屬同一部首之下，有同樣形體構造意義的字，就彼此可以互相轉用引申注釋授受。像「考」、「老」二字就是呀。

第六種叫「假借」。所謂「假借」者，是說本來沒有這個字，只是依照語言中有這個聲音，就借用別的同音字來代替使用，但它仍然具有語言中指示事物的功能。像「令」、「長」二字就是呀。

及宣王太史籀著大篆十五篇，與古文或同或異。至孔子書六經，左丘明述春秋傳，皆以古文，厥意可得而說。其後諸侯力政，不統于王，惡禮樂之害己，而皆去其典籍。分為七國，田疇異畮，車涂異軌，律法異令，衣冠異制，言語異聲，文字異形。秦始皇帝初兼天下，丞相李斯乃奏同之，罷其不與秦文合者。斯作《倉頡篇》，中車府令趙高作《爰歷篇》，太史令胡毋敬作《博學篇》。皆取史籀、大篆，或頗省改。

所謂小篆者也。

是時秦燒滅經書，滌除舊典，大發隸卒，興役戍。官獄職務繁，初有隸書，以趣約易，而古文由此絕矣。

自爾秦書有八體：一曰大篆，二曰小篆，三曰刻符，四曰蟲書，五曰摹印，六曰署書，七曰殳書，八曰隸書。❼

【直譯】

等到周宣王時，太史籀撰寫了大篆十五篇，與以前的古文字比較，有的字體又不一樣了。到了孔子編訂六經，左丘明撰述《春秋傳》，也都用古文字寫，但它們構成的意義，都還可以得到清楚的解釋。

此後，諸侯各國發展武力，互相征伐，不統攝於周王朝，他們厭惡禮樂制度會妨害自己的發展，就都廢棄了那些儒家的經典古籍。天下分為七個國家，田畝有不同的制度，車路有不同的軌道，法令有不同的規定，衣冠有不同的式樣，語言有不同的發音，文字有不同的形體。

秦始皇剛兼併天下的時候，丞相李斯於是上奏，建議把這些亂象統一起來，廢除那些不跟秦朝文字相合的部分。於是李斯編撰了《倉頡篇》，中車府令趙高編撰了《爰歷篇》，太史令胡毋敬編撰了《博學篇》。書體都採用太史籀的大篆，有的頗加簡化、改造。就是今天大家所說的「小篆」呀。

這時候，秦始皇燒光了儒家的經典書籍，清除了舊時的典章制度，大規模發動官吏士卒，紛紛起來衛戍邊防和從事勞役。官員獄吏職務非常繁重，開始出現了隸書，以便趨於省事簡單，於是古文字就因此逐漸失傳了。

從此秦朝的文字書寫，共有八種形體：第一種叫「大篆」，第二種叫「小篆」，第三種叫「刻符」，第四種叫「蟲書」，第五種叫「摹印」，第六種叫「署書」，第七種叫「殳書」，第八種叫「隸書」。

漢興，有草書。

尉律：學僮十七以上始試。諷籀書九千，乃得為吏。又以八體試之，郡移大史并課。最者以為尚書史。書或不正，輒舉劾之。

今雖有尉律不課，小學不修，莫達其說久矣。8

孝宣皇帝時，召通《倉頡》讀者，張敞從受之。涼州刺史杜業、沛人爰禮、講學大夫秦近，亦能言之。

孝平皇帝時，徵禮等百餘人令說文字未央庭中。以禮為小學元士。黃門侍郎揚雄采以作《訓纂篇》。凡《倉頡》以下十四篇，凡五千三百四十字。群書所載，略存之矣。

【直譯】

漢朝興起後，又有了「草書」。

漢朝廷尉的律令：學童十七歲以上，才能參加考試。能夠諷誦籀文大篆九千字，才能成為郡縣的文史。又用上述秦朝的八種書體來測試他們，通過後由郡縣舉薦移送朝中太史，同時課試考核。最傑出的錄用他當尚書史。如果文字書寫有不正確的，就會檢舉彈劾他。

現在雖然還有廷尉的律令規定，卻已不課試考核，因而學童對讀書識字的小學工夫不再講究，不能了解那些文字背後的意義，這種情形為時已經很久了。

孝宣皇帝在位時，曾經召集能通曉《倉頡篇》音讀斷句的人，派張敞去跟從學習。後來的涼州刺史杜業、沛縣人爰禮、講學大夫秦近，也都還能講解古文字。

孝平皇帝在位時，徵召爰禮等一百多人，命令他們在未央宮廷中講解文字。並且封爰禮為小學元士。黃門侍郎揚雄，採集了當時大家討論的結果，編撰成《訓纂篇》一書。合計《倉頡篇》以下，共十四篇，總共收有五千三百四十字。各種書籍所記載的文字，大概都收在裡面了。

及亡新居攝，使大司空甄豐等校文書之部。自以為應制作，頗改定古文。時有六書。一曰古文，孔子壁中書也。二曰奇字，即古文而異者也。三曰篆書，即小篆，秦始皇帝使下杜人程邈所作也。四曰左書，即秦隸書。五曰繆篆，所以摹印也。六曰鳥蟲書，所以書幡信也。

【直譯】

等到現已滅亡的新朝王莽在位攝政時，派遣大司空甄豐等人，校定宮中文書的部類。他們自己以為是應皇帝之命來做事，真的頗為改定了一些古文字。

當時又有所謂「六書」，六種不同的書寫形體。第一種叫「古文」，指的是孔子「壁中書」，即孔府舊宅破壁中所藏書籍的字體呀。第二種叫「奇字」，就是「古文」的異體字呀。第三種叫「篆書」，就是「小篆」，是秦始皇帝差遣下杜人程邈所發明的呀。第四種叫「左書」，就是秦時佐助篆書的隸書。第五種叫「繆篆」，是用來摹刻印章的。第六種叫「鳥蟲書」，是用來寫在旗幟和符節上的書體呀。

壁中書者，魯恭王壞孔子宅而得《禮》、《記》、《尚書》、《春秋》、《論語》、《孝經》。又北平侯張倉獻《春秋左氏傳》，郡國亦往往于山川得鼎彝，其銘即前代之古文。皆自相似。雖叵復見遠流，其詳可得略說也。

而世人大共非訾。以為好奇者也，故詭更正文，鄉壁虛造不可知之書，變亂常行，以耀於世。諸生競逐說字解經，諠稱秦之隸書為倉頡時書，云：父子相傳，何得改易？乃猥曰：馬頭人為長，人持十為斗，蟲者，屈中也。❾ 廷尉說律，至以字斷法，「苛人受錢」，苛之字止句也。❿ 若此者甚眾。皆不合孔氏古文，謬於史籀。俗儒鄙夫翫其所集，蔽所希聞，不見通學，未嘗覩字例之條，怪舊藝而善野言，以其所知為秘妙，究洞聖人之微旨。又見《倉頡篇》中「幼子承詔」，因曰古帝之所作也，其辭有神仙之術焉。⓫ 其迷誤不諭，豈不悖哉！

【直譯】

所謂「壁中書」者，是指漢初魯恭王拆毀孔子故宅，卻發現《禮》、《記》、《尚書》、《春秋》、《論語》和《孝經》等書。另外，北平侯張蒼也獻上《春秋左氏傳》，郡國各地也往往在山野川原之間發現鐘鼎彝器，那些器物上的銘文，就是以前歷代的古文字。它們本來就都很相似。雖然不能再從中看出遠古文字的流變及其詳情，但它們還是可以大致上說得清楚的。

然而社會上一般人卻對這些新的發現，非常普遍地加以批評訾議。認為這是標新立異的現象，說是有人故意詭辯改變正常的隸書，面向孔壁憑空造出這些不能了解的文字資料，來混亂改變了通行的字體，來炫耀迷惑世人。當時很多儒生竟也爭相追隨，在說字解經時，放言宣稱秦時的隸書，就是倉頡時的書體，並且說古今字體父子相傳，哪裡有改變的可能。竟然還胡說些什麼「馬頭人為長」、「人持十為斗」、「蟲者，屈中也」。掌管法律的廷尉，在解釋律令時，甚至按隸書的形體來判斷法案，例如把「苛人受錢」的「苛」這個字，解釋為「止句也」。像這類的事例還非常多。這些歪解，都不合乎孔子壁中的古文字，也有悖於太史籀的大篆，都錯了。可是一些庸俗的儒生、淺陋的人士，卻習慣於他們所熟知的事情，囿限於他們所罕聞的道理，沒有見過宏通博學的大儒，更從未曾親眼看過造字範例的條目，竟然怪罪傳統的古文經傳，而愛好俗濫的無稽之談，以為他們所知道的都是奧妙的知識學問，可以細究洞察聖人的微言深意。又看到了《倉頡篇》中有「幼子承詔」這句話，因而附會說那是遠古黃帝所撰著的書籍，書中的文辭蘊藏著修煉成神仙的法術。他們的執迷不悟，難道不悖亂事實嗎?!

《書》曰：「予欲觀古人之象。」言必遵修舊文而不穿鑿。⓬孔子曰：「吾猶及史之闕文，今亡矣夫！」⑬蓋非其不知而不問。人用己私，是非無正。巧說邪辭，使天下學者疑。

蓋文字者，經藝之本，王政之始，前人所以垂後，後人所以識古。故曰本立而道生，知天下之至嘖而不可亂也。⑭

【直譯】

《尚書．皋陶謨》說：「我想要觀察古人所畫的物象。」強調必須遵守繼承古代的傳統文化，卻不可穿鑿附會。《論語．衛靈公篇》孔子說：「我還來得及看到史書中那些闕疑的文字，……如今卻消失不見了呀。」大概是批評那些不知道卻不請教而隨意解字的人。人用一己的私心，是非就沒有準則了。他們的巧言邪辭，使天下學者都產生了疑惑。

因為所謂「文字」者，是經傳學藝的根本，王道政治的基礎，前人藉此將典範傳給後代，後人藉此來認識古代文化。所以（《論語．學而篇》說）根本樹立了，道理就會產生。（《周易．繫辭上傳》也說）要知道天下最深遠的道理，而且不可以違背啊。

今敘篆文，合以古、籀。博采通人，⑮至于小大，信而有證。稽撰其說，將以理群類，解謬誤，曉學者，達神恉。分別部居，不相雜厠。萬物咸覩，靡不兼載；厥誼不昭，爰明以諭。其稱《易》孟氏、《書》孔氏、《詩》毛氏，《禮》、《周官》、《春秋》、《左氏》、《論語》、《孝經》，皆古文也。其於所不知，蓋闕如也。

【直譯】

現在《說文解字》這本書論列篆文，還配合附上古文和籀文。曾經廣泛採取古今學識淵博的大儒的說法，甚至於大大小小的問題，都要求真實可靠而且要有證據。在稽考詮釋那些說法時，都預期可以整理眾多字類、破解各種錯誤，告知所有學者，通達六書妙旨。同時分別為若干部類，依序排列，使它們不會互相間雜錯亂。因此萬事萬物都可以在書中看得到，沒有不周全加以記載的；那些字的意義模糊不清楚，也都會詳細的加以說明。至於書中所稱引的，《周易》是孟喜本、《尚書》是孔安國本、《詩經》是毛亨傳，《禮經》、《周官》、《春秋》、《左氏》、《論語》、《孝經》等等，都是古文經的本子。對於那些不知道的，就暫時空著，存疑不論了。

〈三〉《說文解字・後敘》直譯

敘曰此十四篇，五百四十部。九千三百五十三文，重一千一百六十三，解說凡十三萬三千四百四十一字。其建首也，立一為耑。方以類聚，物以群分。同條牽屬，共理相貫。雜而不越，據形系聯（此據《段注》本）。引而申之，以究萬原。畢終於亥，知化窮冥。

【直譯】

敍文說：這本書十四篇，分為五百四十部。包括九千三百五十三個象形的「文」，附有重文一千一百六十三個，連解說的文字總共十三萬三千四百四十一個字。

它所設立的部首呀，標舉「一」字做為開端。按方法性質，相同的字以類相聚，歸為同部，按事物分類，不同的字加以區別，分屬各部。部與部之間，同條共理，互相牽連貫串，雖然間雜，卻不混亂，大體根據字形來系列聯繫。如果引伸來看它，可以推究萬物的本原。最後結束於「亥」這個字，用意在於體認自然造化，窮究萬物奧祕。

於時大漢，聖德熙明。
承天稽唐，敷崇殷中。
遐邇被澤，渥衍沛滂。
廣業甄微，學士知方。
探嘖索隱，厥誼可傳。
粵在永元，困頓之年，
孟陬之月，朔日甲申。⑯

【直譯】

時當大漢王朝，天子聖德光明。
承天命、繼唐堯，布尊崇、守正中。
遠近廣被恩澤，豐沛流衍無窮。
重經學，會諸儒，學者知道方向。
探幽深，索隱祕，此道將可永傳。
時間是在漢和帝永元庚子十二年、

春王正月初一元旦的甲申這一天。

曾曾小子，祖自炎神。⓱
縉雲相黃，共承高辛。⓲
太岳佐夏，呂叔作藩。⓳
俾侯于許，世祚遺靈。⓴
自彼徂召，宅此汝瀕。㉑
竊卬景行，敢涉聖門！㉒
其弘如何？節彼南山。㉓
欲罷不能，既竭愚才。㉔
惜道之味，聞疑載疑。㉕
演贊其志，次列微辭。
知此者稀，儻昭所尤。
庶有達者，理而董之。

【直譯】

曾孫的曾孫小子許慎，遠祖源自炎帝神農氏。
祖先縉雲輔佐過黃帝，祖先共工尊奉過高辛。
祖先太岳曾輔佐夏禹，祖先呂叔做過周藩鎮。
後來被派到許昌為侯，世世代代都承受遺蔭。
最後從許昌遷往召陵，就定居在此汝水之濱。
私下景仰崇高的德行，豈敢輕涉聖賢的門庭！
聖賢門庭高聳像什麼？高聳就像那終南山頂。
想要停止攀登卻不能，我已經用盡全部精神。
仍然珍重求道的意志，聽到疑問就記下疑問。
我願推廣所得的知識，依次列出淺薄的見聞。
了解這道理的不會多，倘若看到有什麼過錯，
希望有通達的大學者，能夠出來校訂改正它。

〈四〉《說文解字・敘》補注

❶《周易・繫辭下傳》云：

古者庖犧氏之王天下也，仰則觀象於天，俯則觀法於地，觀鳥獸之文與地之宜，近取諸身，遠取諸物，於是始作八卦，以通神明之德，以類萬物之情。

許慎略變其辭而全用其意。庖犧，一作伏羲。

❷《周易・繫辭下傳》：「上古結繩而治，後世聖人易之以書契。」結繩之制，神農氏之前，早已有之。許慎之意，蓋以為「結繩為治而統其事」，乃始自神農。

❸《周易・繫辭上傳》：「百官以治，萬民以察，蓋取諸夬。」《周易・夬卦》卦辭：「夬，揚于王庭。」又，夬卦象辭：「夬，君子以施祿及下，居德則忌。」

清人桂馥《說文解字義證》以為「則忌」當作「明忌」。

❹「文者物象之本」六字，段玉裁據《左傳注疏・宣公十五年》所引《說文・敘》補。

❺段玉裁《說文解字注》：

自黃帝而帝顓頊高陽、帝嚳高辛、帝堯、帝舜為五帝。夏禹、商湯、周文武為三王。其間文字之體，更改非一，不可枚舉。傳於世者，概謂之倉頡古文。

❻此「周禮」泛指周朝之禮制，非一書之專稱。故引文「八歲入小學」之語，見於《大戴禮記・保傳》篇及《漢書・藝文志》等書，而不見於《周禮・地官・保氏》。

❼請參閱拙著《漢字從頭說起》一書。啟功《古代字體論稿》云：

今據秦書不全面的實物，再結合文獻來作總的考察，「秦書八體」實有四大方面：一是小篆以前的古體，即大篆；二是同文以後的正體，即小篆；三是新興的「以趨約易」的俗體，即隸書；四是其他不同用途的字體。自上觀之，秦人對於文字既用法律手段進行「同」和「罷」，而秦文在不同用途上風格又不盡同，例如頌功刻石與權量詔版書寫風格不同等等，可知當時曾對於字體的書寫風格在用途上各劃出它們的範圍，不得相混，所以規定字體名稱，實有其客觀需要的。

❽同上注。馬敘倫《說文解字六書疏證》引《漢書．藝文志》言「漢興，蕭何草律，亦著其法，曰：大史試學童，能諷書九千字以上，乃得為吏」云：「則此律乃蕭何所艸，實即漢律。」

❾「馬頭人為長」一句，是說「長」字由「馬頭」和「人」構成。「長」字金文作「」，小篆作「」，隸書作「」，其形上則略似馬頭，下則略似人字。「人持十為斗」一句，是說「斗」字由「人」持「十」構成。「斗」字金文作「」，小篆作「」，隸書作「」，左形似人字，右側似十字。「蟲者，屈中也」一句，是說「虫」字只要寫時把「中」字的中間一筆寫得彎彎曲曲即可。「虫」字金文作「」，小篆作「」，隸書作「」。這些字的隸體寫得潦草隨便的話，確實容易予人錯誤的聯想。

❿「苛」是「訶」的假借字。「苛人受錢」就是訶人受錢。原是漢朝律令的規定，訶責威嚇人家而接受賄賂，是違法的。但有廷尉把「苛」解析為「止句」（因為字形近似），

而「句」古通「勾」，因而把「苛人受錢」解為「止勾人受錢」，據《段注》說，意思就是「止之而鉤取其錢」。「苛人受錢」三句，據《段注》：

> 訶，責。字見《說文》卷三上篇言部。俗作「呵」，古人多以「苛」字、「荷」字代之。〈漢令乙〉有所苛人受錢，謂有治人之責者，而受人錢。……苛，从艸可聲，假為「訶」字，並非「从止句」也。而隸書之尤俗者，乃偽為「⿱止可」。說律者曰：此字从止句，「句」讀同「鉤」，謂止之而鉤取其錢。其說無稽，於字意、律意皆大失。

意思是說：「苛人受錢」，原指呵責有人不法，接受賄賂，但解釋法令者卻因「苛」字隸書作「⿱止可」，遂解此字為「止句」。「句」讀同「鉤」，而把此句解為「止之而鉤取其錢」。

⓫「幼子承詔」，見居延漢簡《倉頡篇》首章：「倉頡作書，以教後嗣。幼子承詔，謹慎敬戒。」王筠《說文句讀》云：

> 蓋《倉頡篇》中之一句。「幼子」蓋指學僮，「承詔」蓋謂承師之教告。俗儒不知是篇為李斯作，因後世謂君命為詔，遂謂是篇為古帝作。既由倉頡而逐之黃帝，即生且戰且學仙之說矣。

《段注》則謂，黃帝乘龍上天，而少子嗣位為帝，「蓋指胡亥即位事」，稍嫌拘泥史實。

⓬「予欲觀古人之象」，見《尚書・皋陶謨》。

⓭「吾猶及史之闕文」二句，見《論語・衛靈公篇》：「子曰：吾猶及史之闕文也。有馬

者，借人乘之。今亡矣夫！」許慎引文略加省改。

⓮「本立而道生」一語，見《論語・學而篇》。「知天下之至嘖而不可亂也」一語，約取《周易・繫辭上傳》。嘖，一作「賾」。

⓯書中所引通人之說，計有伊尹、孔子、楚莊王、孟子、呂不韋、韓非、司馬相如、京房、淮南王、董仲舒、劉向、劉歆、揚雄、爰禮、尹彤、逯安、王育、莊都、歐陽喬、黃顥、譚長、周成、官溥、張徹、甯嚴、桑欽、杜林、衛宏、徐巡、班固、傅毅、賈侍中（賈逵）等三十餘人。

⓰粵，發語辭。永元，東漢和帝年號。困頓之年，歲星在子的年代，即永元十二年（庚子）。孟陬之月，正月。朔日，初一。「甲申」原作「甲子」，據《段注》本改。

⓱曾曾，層層，重重，猶言曾孫之曾，下一代子孫的下一代。小子，謙稱。古代通稱裔孫為曾孫。炎神，炎帝神農氏，居姜水，因以為姓。

⓲縉雲，即縉雲氏，炎帝的苗裔，在黃帝時曾輔佐為官。共工，亦炎帝之後，帝嚳時曾與高辛氏爭王，敗而受命為諸侯。諱其言，故曰「承」。

⓳太岳，一作太嶽；呂叔，一作文叔，俱指炎帝之後裔。太岳原為官名，此指遠祖在夏禹之時，曾為心呂之臣，封為呂侯。呂侯後裔至商季而國微，周武王乃封文叔於許，以為周朝藩屏。文叔，呂侯之後，故亦稱呂叔。許，一作「鄦」，時為國名。見《說文解字》邑部及《史記・鄭世家》。

⑳俾，使。世祚，世祿。是說呂叔受封為許侯，世世代代享受俸祿。遺靈，猶言餘蔭。

㉑彼，指許國。召，召陵，地名，今河南郾城縣東一帶。呂叔以下第二十四世，當戰國時代，因楚入侵，乃遷往汝水之濱的召陵。見《史記・鄭世家》及《漢書・地理志》。

㉒卬，同「仰」。《詩經・小雅・車舝》：「高山卬止，景行行止。」仰望高山，行於大道。聖門，聖賢門庭。「竊卬」與「敢涉」對，自謙之辭。

㉓節，高峻的樣子。《詩經・小雅・節南山》：「節彼南山，維石巖巖。」

㉔欲罷不能二句，用《論語・子罕篇》「欲罷不能，既竭吾才」語。

㉕聞疑載疑，用《穀梁傳・桓公五年》「信以傳信，疑以傳疑」語意。

第三節　內容分析及段落大意

許慎的《說文解字・敍》，闡述了漢字的起源，周、秦之間文字的演變，六書的觀念，以及西漢以降文字發展的概況。它不但使我們可以藉此了解《說文解字》撰寫的動機和產生的背景，而且也可以了解他寫作的態度和撰述的體例。

上文說過，「敍」，也叫做「序」，綜述著者寫作的宗旨，有提綱挈領的意思。它的作用，和「目錄」一樣，可以使讀者在短時間內一目了然。古人通常把序文或目錄放在全書的後面，據劉知幾《史通．因習篇》說，從南北朝劉宋時代的范曄開始，才將序文、目錄移到書的前面，以便讀者在讀全書之前，先認識著者的寫作背景、著述內容等等，可以預先得到閱讀的門徑。後來大家相沿成習，才將序文和目錄統統放在書前。

《說文解字．敍》分為前敍和後敍兩個部分，中間安插了五百四十部的部首目錄。底下依次分析其內容概要及段落大意。

一、先說前敍的段落大意及其相關問題。

前敍的部分，首先，第一大段自「古者庖犧氏之王天下也」至「靡有同焉」為止，闡述的是漢字的起源，及其早期的演進過程。

許慎認為文字的起源，固然起於先民生活的需要，但和古史傳說中的幾位聖王，關係更為密切。在他之前，像孔安國《尚書．序》（即《尚書．偽孔傳》）所說的：「古者伏犧氏之王天下也，始畫八卦，造書契，以代結繩之政。由是文籍生焉。」是把結繩、八卦、書契等等的發明，都籠統的歸屬於伏羲氏的時代，甚至還有一些「河出圖，洛出書」、「天雨粟，鬼夜哭」近乎荒誕的傳說，真是令人無法信從。相對而言，許慎就比較客觀。他從文字發展演進的過程，有源始有流，有流則有變，來討論漢字起源的問題，看起來層次比較分明。

他認為漢字的產生，有其前後演進的過程。先是庖犧（伏羲）氏發明了類似八卦的一些符號，也就是後來演化為《易經》八卦的圖象。那是伏羲氏觀察天文地理、鳥獸萬物的現象，「近取諸身，遠取諸物」而得來的。

上古之世，在文字尚未發明之前，先民基於生活的需要，為了幫助記憶，通常會結繩或做些記號，大事大其繩，小事小其繩，或用若干簡單的符號來紀事。卦，就是掛繩或掛物的符號。伏羲氏是上古聖王，傳說他教民結網，從事漁獵畜牧，並制八卦。所謂八卦，應該是指他把先民掛繩或掛物的符號圖象歸納整理，訂定八種固定通行的符號。那是他參考天文地理、鳥獸萬物的現象所制定的，為大家所共同使用。它們只是八卦的雛形，而非等同於後來《易經》的八卦。後來到了神農氏，使民復結繩而用之，時代逐漸進步，社會逐漸複雜，「庶業其繁，飾偽萌生」，簡單的符號已不敷使用，民智已開，所以就把八種固定通行的符號，應用到宇宙萬物上面去，從而印證了「變易」中有「不易」者在的《易經》的道理。

《周易．說卦傳》說的：「乾為首，坤為腹，震為足，巽為股，坎為耳，離為目，艮為手，兌為口。」即所謂「近取諸身」。《周易．說卦傳》說的：「乾為馬，坤為牛，震為龍，巽為雞，坎為豕，離為雉，艮為狗，兌為羊。」即所謂「遠取諸物」。進一步說，「遠取諸物」也可以是：「乾為天，坤為地，震為雷，巽為風，坎為水，離為火，艮為山，兌為澤。」

從最初的符號、圖象，到能用八卦來象徵天地萬物，占卜吉凶，推測事理，那必然要經過一段漫長而悠久的歷程。同樣的道理，從上古結繩紀事到黃帝時倉頡發明書契文字，那更要經過一段漫長而悠久的歷程。我在《漢字從頭說起》一書的第一章「漢字的創始」中，曾對漢字的起源和漢字的創造，作了比較詳細的分析和說明，讀者可以參考，這裡就不再重複了。

基本上，我的分析討論，就是根據許慎《說文解字．敘》第一大段闡述文字的起源而來的。從中我們可以發現：許慎對周代以前漢字的創始演進過程，能注意到歷史發展的階段性，不會將結繩、八卦、書契、文字等等的發明，歸於一人，混為一談，而且還能注意到文字的社會政教的功能，認為它的產生，可以導致「百工以乂，萬品以察」，可以「宣教明化於王者朝廷，君子所以施祿及下」。簡言之，它除了表達情意，傳遞信息之外，是還有其政教功能，可以輔佐「王政」的。

更值得注意的是，許慎除了注意到語言文字外在社會政教的功能之外，也注意到語言文字內在的構造形成的規律。他說：「倉頡之初作書，蓋依類象形，故謂之文，其後形聲相益，即謂之字。」他既能認識漢字依類象形的本質，形義相兼的表意特徵，又能認識漢字結合語言，既有形符又有聲符的、既表意又表音的特徵，這對古人而言，真是頗為難得的獨到見解。

接著他又說：「文者，物象之本，字者，孳乳而寖多也。著于竹帛謂之書。書者，如也。」更一語道破了文字做為語言傳播工具的事實。寫在竹帛上的文字，可以代表語言，把個人的思想情感騰之於口而筆之於書，廣為傳播，充分表達，所以說是「書者，如也」。據徐鍇說，「如」

就是「如其事」的意思。因為有人人各自不同的因素，也有時代各自不同的因素，所以文字所構成的「書」，會產生種種的紛歧、變化。也因此它的形體結構在不同時代的演進過程中，容易產生紛歧變化。

文中所謂「以迄五帝三王之世，改易殊體，封于泰山者，七十有二代，靡有同焉。」即此之謂也。這對古人而言，當然也是難能可貴的獨到見解。

前敘的第二大段，自「周禮：八歲入小學」至「秦書有八體」的「八曰隸書」為止，闡述周、秦之間文字演變的情況。重點有三：一是周代禮制所推行的六書之說；二是太史籀大篆十五篇與六經「古文」的問題；三是戰國群雄的紛立到秦始皇的一統，對文字演變發展的影響。

（一）對於六書之說，許慎所謂：「周禮：八歲入小學，保氏教國子，先以六書」，他所說的「周禮」，並非書名專稱的《周禮》，而是泛指周代的禮教制度而言。當然，書名專稱的《周禮》，書中的有關記載，也必然與此有相同處。《周禮．地官．保氏》就說掌管教育的官員保氏：「掌諫王惡，而養國子以道。乃教之六藝：一曰五禮，二曰六樂，三曰五射，四曰五馭，五曰六書，六曰九數。」可見保氏除了諫誡王惡、輔佐王政之外，還要教育貴族子弟，學習禮、樂、射、御、書、數等六藝。依年紀的長幼、學齡的高低，給予不同的訓練。書、數，指寫字、算術之類，是最先學習的基本技能；其次是射、御，指射箭、駕車之類，是古人生活中必需具備的體能訓練；最後才是禮、樂，指禮儀、音樂等等，這是古人為人處世必須了解的行為規範。可見「六書」是周代教導國子，即國家未來主人翁必備的知識技能。

據許慎的說法，六書包括：指事、象形、形聲、會意、轉注、假借。這個說法，和班固、鄭眾所傳的說法，在名目和次第上略有不同，但它們都傳自劉歆，則無疑問。班固的說法，見《漢書‧藝文志》，它是根據劉歆的《七略》刪訂而成的；鄭眾的說法，見《周禮‧保氏注》。鄭眾的父親鄭興，是劉歆的弟子；許慎雖然和劉歆沒有直接的關係，但他的古文經學師從賈逵，而賈逵的父親賈徽，也是劉歆的門下弟子。衡以漢代經學遵守家法師法的傳統，他們的六書之說，同樣源自劉歆，是毫無疑問的。

為討論的方便，茲將班固、鄭眾、許慎三家的「六書」次第名稱，臚列於下：

班固：象形　象事　象意　象聲　轉注　假借

鄭眾：象形　會意　轉注　處事　假借　諧聲

許慎：指事　象形　形聲　會意　轉注　假借

三家六書名目的差異，例如「指事」作「象事」或「處事」、「形聲」作「象聲」或「諧聲」等等，都還比較無關緊要，因為名稱的不同並未影響實際的內容，但三家對於六書次第的彼此間的差異，則會涉及對文字起源的認知問題。

其中最引起後人注意的是，許慎將「指事」置於「象形」之前，這和班固、鄭眾都列「象形」為「六書」之首，顯然不同。三家對於六書名目次第的安排，應該不是出於偶然無意，而是有其學理上的依據。所以許慎置指事於象形之前，一定有其道理。

一般人認為漢字依類象形，因其形可以知其意，因此視象形為六書之本，列為六書之首，乃理所當然。然而在許慎的觀念中，象形是「畫成其物，隨體詰詘」，在描摹物體形狀時，不會簡單，筆畫線條要隨著物體的輪廓而曲折，像日、月二字，甲骨文「日」作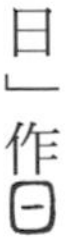，「月」作，除了畫出日月的輪廓外，中間都還另有指示性的筆畫線條，可以是一筆一畫，一豎一橫，甚至只是一點。那是一種符號，一種有書契文字作用的符號。如果只畫出日、月的輪廓，那麼一個圓圈或一個半圓的圖形，讀者未必能因其形而知其意，必須加上一個有指示性的符號，才能幫助讀者喚醒記憶，了解其意義之所在。

再舉個例子，像「刃」字，甲骨文作「」，在刀的象形上加一點或一筆，那是指示性的符號，也就是「指事」。又如「寸」字，甲、金文不見，篆文作「」，仍然可見在（手）的象形上加上一筆或一點，來表示那是人手的寸口動脈所在，那一筆一點的指示符號，「視而可識，察而見意」，當然就是「指事」。

因此，許慎列指事於象形之前，是有道理的。在還沒有發明文字之前，先民為了生活的需要，必然有所記事，記事時或用結繩，或用掛物，或用符號，或用圖畫，來提醒自己或示於人，後來才慢慢演進為書契文字，這是任何民族文字產生的必然過程。象形字固然是漢字造字的根本，但有指示作用的符號，即《易經》八卦的符號，應該比它更早。因此，許慎列指事於象形之前，有其道理。其他有關的一些問題，將併入下文「六書說」中一起討論，茲從略。

（二）其次，談周宣王太史籀大篆十五篇與六經皆用「古文」的問題。

這一部分，許慎說得非常簡略，也頗可商榷。原因可能是東漢時許慎所能看到的古文字資料，較之今日所見，尚不周全的緣故。徐鉉在《校定說文》中曾說：「和帝時，申命賈逵修理舊文。於是許慎采史籀、李斯、揚雄之書，博訪通人，考之於逵，作《說文解字》。」可見許慎之著作，深受古文經學大師賈逵的影響，確然採取了「史籀」及「李斯、揚雄之書」，做為參考的資料。「史籀」即指周宣王的史官太史籀所釐定整理的「大篆」十五篇，後來亦稱《史籀篇》，這是當時朝廷所頒布推行的童蒙讀本。《漢書．藝文志》就說：「《史籀篇》者，周時史官教學童書也。與孔子壁中古文異體。」它所採用的字體，因係太史籀所編纂，故稱為「籀文」；因受時局限制，流傳於西土周、秦所統治的地區，故稱為「大篆」，不但與「孔子壁中古文異體」，亦與秦始皇統一文字後所採行的「小篆」不完全相同。後來李斯所編的《倉頡篇》、揚雄所編的《訓纂篇》等等，包括西漢以來流行的「三倉」之書，無不採用其字體，沿襲其體例。有關的問題，我在《漢字從頭說起》一書中已有論述，這裡不想重複，但必須強調，在許慎編著《說文解字》時，《史籀篇》尚未亡佚，只是民間不流行而已，專家學者見到此書的，可謂不乏其人，上文所引賈逵即是一例。也可能因為如此，所以許慎談及此一問題時，只用「與古文或同或異」一語帶過。

「與古文或同或異」的「古文」，是就許慎時代的觀點來說的，自指古文字而言。它既與「籀文」大篆不同，所指應即比大篆更早的古文字。當時甲骨文尚未出土，金文所見亦頗有限，所以許慎用「或異」二字，表示或有不同，不敢肯定。當然，這也涉及下文「皆以古文」的問題。

許慎說的「至孔子書六經，左丘明述春秋傳，皆以古文，厥意可得而說」這一段話，表面上看，是說孔子編寫的六經，和左丘明撰述的春秋傳，都採用「古文」的字體，雖然與當時所通行的篆書、隸書不同，但書中的內容大意都還是可以理解的。但實際上，它的言下之意，仍然是這些事廣為當時學者專家所知悉，所以也不必多說。他要強調的，也只是它們「皆以古文」，都是用「古文」的字體抄寫的，和篆書、隸書的寫法真的不一樣而已。

這些「古文」經籍，指的應包括下列西漢初年新出土、新問世的古籍：

（1）漢文帝時任過丞相的北平侯張蒼，他呈獻了「古文」抄寫的《春秋左氏傳》，也就是上文所謂左丘明春秋傳。張蒼在秦朝曾任御史，這可能是他秦火焚書時所珍藏的古抄本。等到漢惠帝下令除挾書之禁，文帝徵求經籍舊典，他才捐獻出來。

（2）漢景帝、武帝之際，魯恭王為擴建宅院而拆除孔子的舊居，在其牆壁間發現了很多用「古文」字體抄寫的經書本子。此即所謂「壁中書」。包括《尚書》、《禮》、《記》、《春秋》、《論語》、《孝經》等等。

（3）漢武帝的弟弟，河間獻王劉德，他崇尚儒學，搜集到的「古文」經籍，有《毛詩故訓傳》、《周官》、《尚書》、《孟子》等等。

除此之外，還有魯國民間出土呈獻的《古孝經》和《禮古經》等等。關於這些，許慎下文另有說明。它們都是用「古文」寫的，和當時用隸書抄寫的本子，不但有字句上的差異，甚至卷數篇幅都不一樣。像河間獻王所獻的《毛詩》是用古文寫的，屬古文經，而浮丘伯所傳的《魯詩》、《韓詩》、《齊詩》三家詩，則屬今文學派。今古文之間，文字互有差異。像孔宅「壁中書」出土的古文《尚書》有四十五篇，而由伏生口授、用隸書抄錄的今文《尚書》則僅有二十九篇。

這裡所說的「古文」，清末民初以來，經過王國維等人的考證，我們已經知道它指的是戰國時代六國所使用的東土文字。這種文字，相對於漢代所通行的隸書而言，當然是古文字，加以它的字體又與上述的籀文、小篆不同，西漢以來出土的一些古代彝器銘文，數量少，更難以為據，所以許慎等漢儒只能籠統的稱之為「古文」。

這一部分文字雖然簡短，但和第一大段末尾所說的「改易殊體」、「靡有同焉」，卻兩相呼應，都在說明古今字體的紛歧變化。

（三）第三部分，承接上文，談的是從戰國群雄的紛立到秦始皇的一統，對文字演變發展的影響。敍述時，一因一果，一正一反，互為因緣。

「諸侯力政，不統于王」，這是說明戰國時代，群雄割據，分立為王，不聽從周天子的節制命令。「惡禮樂之害己，而皆去其典籍」，這是說明戰國群雄破壞了周王朝的典章制度，捨棄六藝六經，不講禮樂文化。結果是崇尚武力，各為己私，最後「分為七國，田疇易畮，車涂異軌，律法異令，衣冠異制，言語異聲，文字異形」。就本文而言，重點在於言語異聲、文字異形。

接著，許慎馬上用三小段文字，來敍述秦始皇統一天下後的文字政策、行政措施及所產生的流弊：

（1）採用李斯建議，統一文字。把六國通行的文字形體，不管是字體或書體，只要「不與秦文合」，就在擯棄之列。

（2）統一文字為「小篆」。這種字體，是由「史籀大篆或頗省改」而來的。史籀的大篆十五篇，本來就是周宣王時由周王朝頒布實施的，只是施行未久，王室衰微，群雄並起，「不統于王」，「皆去其典籍」，所以只流行於周、秦所統治的西土地區。秦始皇倡行的小篆，取史籀大篆為法，有宣告繼承法統之意。「或頗省改」者，則由於籀文大篆有的形體太繁，不便書寫，為了簡易方便，所以或省略形體，或改易形體，一併加以改革。當然，沿用不改的，也一定不少。

同時為了貫徹命令，由丞相李斯編定《倉頡篇》，由中車府令趙高編定《爰歷篇》，由太史令胡毋敬編定《博學篇》。三人職司不同，各自管轄範圍，以小篆為字體來編寫教材，以號召天下，積極推行。

（3）說明秦朝推行「小篆」的結果。因為秦始皇焚書坑儒，窮兵黷武，役戍頻繁，官獄忙碌不堪，吏氏貪求簡約方便，恰好有一種新興的書體叫做「隸書」的，相對於後來的漢隸，稱秦隸或古隸，正在流行，所以大家紛紛用它來做書寫工具。言下之意，暗指小篆的實施，推行未廣，為時不長，所以成效亦不彰。但連帶的，字體結構比小篆更繁雜的「古文」，民間罕人使用，也就「由此絕矣」。

在這三小段的敍述之後，許慎總結周、秦間文字演變的結果，說到秦朝滅亡之前，秦朝流行的文字，有八種不同的書體，即大篆、小篆、刻符、蟲書、摹印、署書、殳書、隸書。這秦書八體之中，除了大篆、小篆已見上述，是朝廷推行的字體，隸書（秦隸不同於漢隸）為一般吏民所樂用之外，其他的五種，應該都是大篆、小篆的變體，或用之於璽印，或用之於刻符，或用之於旛信，或用之於兵器，都是經過藝術化的字體，只是書寫或刻契時，受到不同器物的影響，作不同的藝術處理而已。關於這些，我在《漢字從頭說起》一書中，亦已多所論列，茲不贅述。

前敍的第三大段，自「漢興，有草書」至「其迷誤不諭，豈不悖哉」，敍述西漢以來文字發展的概況，以及一些學者是非混淆的見解。

前一部分，舉例說明西漢初年，君臣承秦之遺，尚能制定律令，以秦書八體來課試士子，後來在漢宣帝及漢平帝時，尤其能倡復古學，出現一些鴻儒名著，可是到了王莽攝政篡位期間，託古改制，「頗改定古文」，又把古文字的傳統破壞了。

先說「漢興，有草書」，承上啟下，有其道理。說明西漢初年一般吏民的書寫狀況，仍然沿襲秦書八體的寫法。秦書八體中，除了篆書和隸書之外，其他的幾種書體，都經過藝術化的處理，多少有「草書」的傾向。這裡的所謂「草書」，和後來所謂「章草」、「今草」等草書的性質不同，它指的是介乎篆、隸之間，一種既求快速又求美觀的書體，像「刻符」、「蟲書」之類，但求其速成，難免潦草。就因為如此，所以漢初廷尉制定的律令中，才對應試的學童有種種頗為嚴格的規定：限制十七歲才有應試資格；至少要能識讀當時有關律令條文通行的九千個漢字（應該包括籀、篆、古隸等不同字體），才可以做郡縣管理文書的小吏；還要認得秦書八體，通曉古今公私文字的形體，才可以到中央機構擔任秘書；萬一書法寫字不端正合格，動輒會被檢舉彈劾。許慎敍述這些，是用來說明漢初承秦之遺，對「統一文字」有相同的認識，認為文字是「經藝之本，王政之始」，不可輕忽。「今雖有尉律不課，小學不修，莫達其說久矣」，那是許氏著書時的感嘆之辭。

許慎特別提到漢宣帝時，對《倉頡》古字的提倡，還特別標舉了張敞、杜業、秦近等幾位著名學者；另外，在漢平帝時，也特別標舉爰禮、揚雄等人為例，並讚歎「倉頡以下十四篇」、「略存之矣」，用意都在於說明君臣相得，古道之復興可期。

可惜到了王莽攝政到自立為皇帝時，一切銳意更「新」，自言制禮作樂，托古改制，曾派大司空甄豐等人校定宮中文書。他們自以為受命應制而作，竟然亂改文字，妄增筆畫。例如「疊」字，據揚雄的說法，「以為古理官決罪三日，得其宜而行之」，所以「从晶，从宜」。可是王莽、甄豐他們卻「从三日太盛，改為三田」，這是違背了六書造字的原則，以為隨便增加一些筆畫就近乎「古文」。可以說這不但不是復興古學，反而是破壞古文字的傳承了。

雖然古文學派藉王莽之提倡託古改制而乘勢崛起，但在許慎看來，很多流弊亦隨之而生。因此，下文「時有六書」所提到「古文」、「奇字」、「篆書」、「左書」、「繆篆」、「鳥蟲書」，是否由秦書八體變化而來，雖然無法確定，但配合上面的「頗改定古文」、後面的「魯恭王壞孔子宅」等等文字來看，許慎以為它們多少帶有「草書」的性質，是可以理解的。許慎批評的重點，是在書體，而非字體本身，這也是可以理解的。文字發展到這時候，朝向兩個方向發展，一是正規標準化，一是別體多樣化。二者可以並行而不相悖。例如「奇字」的「奇」，意味著是「古文」的別體；「左書」（即秦隸）的「左」，意味著是「小篆」的別體；「繆篆」的「繆」，說明它是不合規範的篆書；「鳥蟲書」的「鳥」、「蟲」，說明它是動物圖形、不合規範的藝術字。這些情況說明了當時的六書之中，何以沒有包括當時正興起流行的「今隸」（即漢隸），同時也說明了漢字的今體、俗體，日益滋蔓，包括草書、楷書、行書等等，何以在此先後紛紛繼起的原因。

以下兩段文字，是許慎用來說明東漢以後一些學者誤解古文字的例子。

第一個例子，他舉魯恭王拆孔宅「壁中」所得古文《尚書》、《論語》、《孝經》等書、北平侯張蒼所獻的《春秋左氏傳》，以及郡國山川所得的古代鼎彝銘文，來說明那些都是真正的「古文」，決非造假，雖然不能確定產生及通行的年代，但「其詳可得略說也」。然而，卻有些不明所以的人「大共非訾」，亂加批評，說是好奇之士為了炫耀學問，故意攪亂常規，改變現行篆隸正字的寫法，假託出自孔子的舊宅，其實都是向壁虛構的假文字，沒有人看得懂的。此其一。

第二個例子，說的不是上述的「世人」，而是「諸生」和「廷尉」等知識份子。諸生，指讀經書的儒生而言。廷尉，指在朝居高位的職官。這和上文前敘第三大段的「尉律：學僮十七以上始試」和「今雖有尉律不課，小學不修」等等，是前後相呼應的。

許慎說有些儒生在解說經書的文字及大義時，將前秦通行的古隸稱為上古倉頡時代的文字，並且說文字乃父子相傳，哪裡有改變的可能，竟然還敢只據隸書的字形，私相妄稱：「馬頭人為長」、「人持十為斗」、「蟲者，屈中也」。把這幾個字當時流行的俗體或隸書的字形寫得潦草一點的話，「長」字確實有點上像「馬頭」下加「人」形；「斗」字確實有點像左旁是「人」形，右側是「十」字；「虫」字確實有點像「中」字的中間一筆寫得彎彎曲曲就是。所以這些儒生似乎可以說得頭頭是道，但其實全是錯誤的。不必用甲骨金文或「古文」籀文，只要拿小篆來對照就知道了。像篆文的「苛」作「𦬣」，从「草」頭，「可」是聲符，意義是「小草」，怎麼會是「止句」呢？

至於有些官員，像掌管法令的廷尉，竟然也有人不諳古文，曲解法令，根據隸書的字形，把法律條文中「苛人受錢」的「苛」字，誤解為「止句」，賣弄他懂得「句」字古通「勾」（鉤），因而望文生義，加以穿鑿附會。

據許慎所知，「若此者甚眾」。究其原因，自然都是因為不知古文字的條例，「謬於史籀」的緣故。然而，在這種風氣影響之下，不見通學大儒，俗儒野夫反而「怪舊藝而善野言」，甚至迷信神仙之說，附會到古書中來。像漢代通行的《倉頡篇》中，有「幼子承詔」一句，本來是說學童稟承師長的告示，俗儒野夫卻因後世解釋「君命」為「詔」，不知《倉頡篇》原為李斯所編，就附會漢代所改編的《倉頡篇》真乃黃帝時倉頡所作，而把「幼子承詔」解釋為「黃帝乘龍上天，而少子嗣位為帝」，更有人附會為胡亥二世即位之事。真是鬼話連篇，荒誕之至！所以許慎慨然言之。

其實，風氣之來，自西漢初年已肇其端。據《史記．儒林傳》及《漢書．五行志》記載，董仲舒好《公羊春秋》，又喜以陰陽五行說經，為儒者宗。由於今文經學受到帝王的崇尚，盛極一時，至東漢光武帝時，天人感應之說，更發展而成讖緯之學。明帝號稱尊崇儒術，不但親自主持讖緯書籍的編寫工作，還親自制作五行章句，以讖緯解經義。章帝號稱會集經學名儒於白虎觀，講論五經同異，後來還由班固等人整理而成《白虎通義》，實則是將儒學與陰陽五行、讖緯之說結合在一起。連當時的古文經學大師賈逵，也不得不寫《左氏傳解詁》，曲引讖緯，證明《左氏》與圖讖相合。范曄《後漢書．賈逵傳》中，曾經感嘆光武帝問鄭興郊祀之事，鄭興答以「臣不為讖」，因而惹怒光武帝，不受重用；又，光武帝問桓譚是否可以讖決事，桓譚答以「臣不讀讖」，竟亦因此獲罪，貶為六安縣丞。范曄因而感嘆道：「世主以此論學，悲矣哉！」明乎此，我們更可體會許慎當時寫作時的悲憤心情。

如果我們查查漢朝流行的緯書，它們所殘留下來的經說，更可明白漢代的所謂俗儒，他們在解釋文字時，是如何的牽強附會。例如《春穐（秋古字）元命苞》一書即云：

屈中挾一而起者為史，史之為言紀也。天文度法，以此起也。刑字，从刀从井。井以飲人，人入井爭水，陷於泉，以刀受之，割其情欲，人畏慎以全命也。故字从刀从井也。

王者置廷尉，讞疑刑，官之平、下之信也。廷者，信也。尉者，慰民心、撫其實也。故立字，士垂一人，詰屈折著為廷；「示」戴「尸」首以「寸」者，為言「寸」度治法數之分，示為尺稽于寸，舍則法有分，故為尉示以尺寸。

這些真是穿鑿附會，荒謬之至！段玉裁《說文解字注》說得好：

「而世人大共非訾」以下至此，皆言「尉律不課，小學不修，莫達其說」之害。蓋自不試以諷籀尉律九千字，不課以八體書，專由通一藝進身而不讀律，則不知今矣；所習皆隸書，而隸書之俗體又日以滋蔓，則不知古矣。以其滋蔓之俗體說經，有不為經害者哉！此許自言不得不為《說文解字》之故。

前敍的第四大段，自「《書》曰予欲觀古人之象」到「蓋闕如也」為止，說的就是編纂《說

文解字》的基本態度和寫作旨趣。

首先，他引用《尚書．臯陶謨》和《論語．衛靈公篇》的言論，來說明編纂該書的基本態度：一是遵修舊文而不穿鑿，表示言必有據；二是己所不知則闕其疑，表示言不虛發。他批評那些不知舊文、不問是非的人，存的是私心，說的是邪辭，會迷惑天下讀書人。所以他要說「文」解「字」，從學問的根本做起。以下的兩段文字，是這兩個基本態度的闡述。

就「遵修舊文而不穿鑿」而言，他所要遵循修治的「舊文」，不是民間流行的隸書，而是學問根本的篆文和「古文」、「籀文」。這些古文字，是「經藝之本，王政之始」，是讀書人治學從政的入門工夫。古代文化靠它延續，古代傳統靠它保存。《論語．學而篇》所說的「本立而道生」，就是這個道理。

「今敘篆文，合以古、籀，博采通人，至于小大，信而有證，稽撰其說」，是說《說文解字》這本書，將以小篆為說解的主要對象，同時參酌對照新出土的「古文」和籀文大篆。說解時，會博採古今通人達儒的見解，一切務求信而有據，絕不穿鑿附會。甚至會引當代的實際語言以為佐證。例如解釋「自」字，引用俗語，解釋「姐」、「娃」等字，引用蜀中吳越方言。真的是「至于小大」。目的在於「理群類，解謬誤，曉學者，達神恉」，已由寫作態度談到寫作目的。

就闕文存疑、不知不問而言，他強調書中所說解的文字，都分門別類，不相混雜，求其條理分明，可以兼攝萬物。並且聲明他所參考、引證的經籍，像《易經》的孟喜、《書經》的孔安國、《詩經》的毛亨，以及《周官》（即《周禮》）、《春秋左氏》（即《左傳》）、《論語》、《孝經》等等，都是古文經的版本。這也是「言必遵修舊文」的例證。最後，他再次強調：「其於所不知，蓋闕如也」，表示一切都信而有據，言不虛發，對於已所不知或知之未詳的事物，不作主觀的臆測。例如「旁」（旁）字中間的「冂」，代表什麼意義，他不清楚，就標一「闕」字。黃侃說：「許君說字，皆有徵信，經典之有徵者，則徵之經典；經典之無徵者，更訪之通人；其有心知其意，無可取徵者，則寧從蓋闕，以避不敏。」（據黃焯《文字聲韻學筆記》引）說的真有道理。

二、**接著，分析後敍的段落大意及其相關問題。**

《說文解字》的後敍，和前敍之間，有五百四十部的部首目錄。這些部首的先後次第，主要是「據形系聯」，根據形體相近的原則，來排列順序，例如卷一上篇的「一」部以下好幾個部首，就是如此。其次，才「以類相從」，以義為次，「類」指的就是義類。例如卷二下篇的「齒」部和「牙」部，雖然形不相近，卻以義相近而系聯在一起。如果形義都不相近，那就略按性質加以歸類。在同一部首內的屬字，基本上也是參考各字的意義及其性質，以類相從。通常是先名後事，用今天的白話來講，就是先列名詞，後列動詞和形容詞等。有時候也以聲音相近者為次，特別是形聲字特別多的部首，更是如此。關於這些相關的問題，在下面會另立專章討論，還會陸續補充說明，這裡就不再贅述了。

前敘、後敘之間，雖然隔著五百四十部的部首目錄，但它們語氣可以前後相接，意義也可以相貫。

後敘比較簡短，可以分為兩大段。第一大段，自「敘曰此十四篇，五百四十部」至「知化窮冥」為止，補敘該書的卷帙體例和著者的身世背景。

第一大段所說的：「此十四篇，五百四十部。九千三百五十三文，重一千一百六十三，解說凡十三萬三千四百四十一字」，應是該書的原貌，但後來展轉流傳時，已有變化。

文前的「敘曰」二字，有人認為是徐鉉所加；「十四篇」，也因後人將此許慎前後敘文及目錄，加上其子許沖所上的書表，合為一篇，因而變成全書十五篇。許沖上表時，以一篇為一卷，後來徐鉉校定時，又以篇帙繁重，將每卷又分上下，共三十卷。筆者撰文，以十五卷或三十卷，本為十五篇，故復原書「篇」名，卷數則依徐鉉分上下，故稱「卷一上篇」、「卷一下篇」云云。

至於全書「九千三百五十三文，重一千一百六十三」等等，據段玉裁《說文解字注》核對傳世的大徐本，已各有增刪，合計正文增加七十八字，重文（包括「古文」、籀文、奇字、俗體等）增加一百一十六字，而解說則減少一萬零七百四十二字。年代久遠，版本流傳情形，難以確考。篇帙字數的增刪，更難以說得清楚。

從「其建首也，立一為耑」到「畢終於亥，知化窮冥」，談的是部首的編排條例。這和上文所謂「將以理群類，解謬誤，曉學者，達神恉」，是互為因緣的。這些說法，顯然受到當時陰陽五行學說的影響。「立一為耑」的「一」，不是計數字的「一」，而是一種指事的符號，代表宇宙萬物的本原，即所謂「道」，而「畢終於亥」的「亥」，據《說文》說：「从二，二，古文上字。一人男，一人女也。从乙，象裹子咳咳之形」，它的古文寫法，與「豕」同，假借為干支的「亥」字。干支之數，周而復始，「亥」盡又繼之以「子」，所以說是：「亥而生子，復從一起。」許慎的部首編排，以此為起訖，自有取周而復始、往復無窮之意，所以也才說是：「方以類聚，物以群分……引而申之，以究萬原。」用來呼應上文的：「分別部居，不相雜廁。萬物咸覩，靡不兼載；厥誼不昭，爰明以喻。」在說明部首編排，根據「分別部居，不相雜廁」、「雜而不越，據形系聯」為體例的同時，也揭露了他編纂此書的旨趣。

第二大段，以辭賦銘頌之類的韻文形式，來總結全文。

先是歌頌大漢王朝，天子聖明。恭承天命，禮教成功。德澤廣被，皇恩浩蕩。學術昌盛，既深且廣。儒者士子，皆知方向。窮精極微，將可永傳。全是歌功頌德的習套，有些地方還與上文所論述者略有牴觸，不過，這畢竟是古人的習套，不必深責。

然後是署明寫作的年代，在東漢和帝的永元十二年（公元一〇〇）正月初一。這當然是「敍」文的寫作年代，但是不是《說文解字》的成書年代，就不得而知了。

最後是歷數其祖先世系，自遠古的炎帝神農氏說起，多涉神話傳說，因為上章已經譯介評析，這裡也就可以略而不提。

第四章　《說文解字》的部首

上文說過，要認識《說文解字》，必須先看《說文解字．敍》，敍分〈前敍〉和〈後敍〉；其次要看五百四十部的部首，這些部首就像目錄一般，出現在前敍和後敍之間，自有它特別的用意。上文第二章第三節談到許慎著作時，對於清代以前《說文解字》流傳的情形，和相關的重要學者及其論著，已作了概略的介紹；對於涉及部首部分的意見，也已作了簡單的評述。本章擬承接上文，對《說文解字》部首的相關問題，再作進一步的述論。

第一節　部首的意義與價值

部首，指每部的第一個字。據《說文解字．敍》，許慎把他所蒐集的九千三百五十三個古文字，包括古文、籀文和小篆等等，去其重複，大約從八千八百多個小篆字體中，依其形體結構分部歸類，總共分為五百四十部。每部設一部首，共有五百四十個部首；許慎就用它們來統攝全書。在每一個部首之下，通常都還統領著若干屬字，而且注明：「凡某之屬，皆從某。」一表示部首第一個字的形體，都會包含在底下統領的所有屬字當中。它代表這同一部裡的字「義」，換言之，同一部首的屬字，它的本義都必然與部首有關係。因此讀者認識了部首，也就等於同時認識了部首底下所有統攝的屬字。

〈後敍〉有云：

> 其建首也，立一為耑（端）。方以類聚，物以群分。同條牽屬，共理相貫，雜而不越，據形系聯。

所謂「立一為耑」、「據形系聯」，說的就是這一回事。耑與端，系與係、繫，都是古今字，意義相同。立一為端，是說在同一部裡，取第一字為部首。據形繫連，是說在每一部首之下，根據文字最初始最基本的形體，把形體相同、相近或相關的，依照次序排列在一起。部首的重要，由此可見。

在〈前敍〉中，許慎認為「倉頡之初作書，蓋依類象形」，在他觀念裡，從一開始，絕大多數的漢字，基本上就都是由象形字或所謂「形符」構成的。起先形多獨體，非常簡單，僅僅用以表意，所以稱之為「初文」；後來用途漸廣，日趨繁複，不但孳乳浸多而合體成字，而且逐漸可以用來表音、表義。另一方面，漢字形體受到不同的時代環境、政教體制種種的影響，隨之而起了變化。到了東漢時，除了當時通行的隸書之外，像許慎還可以見到一些古文字，包括古文、籀文、小篆等等，不管如何，漢字發展的結果，最後已經成為一種以象形為主的表意體系的文字；在字形和字義之間，一直存在著非常緊密的關係。因此，許慎的《說文解字》，按形體特徵來對文字進行分部歸類，可以說是正把握了漢字構成的基本特質，而其標舉部首，以五百四十部來「統攝天下古今之字」，更可說是前所未有的創舉。也因此後人紛紛加以推崇，肯定其價值。

像段玉裁的《說文解字注》，對許慎這樣的分部歸類，即曾如此「稱許」：

許君以為音生於義，義著於形。聖人之造字，有義以有音，有音以有形。學者之識字，必審形以知音，審音以知義。聖人造字，實自象形始。故合所有之字，分別其部為五百四十，每部各建一首。而同首者則曰凡某之屬皆從某，於是形立而音義益明。凡字必有所屬之音，五百四十字可以統攝天下古今之字。此前古未有之書，許君之所獨刱。若網在綱，如裘挈領；討原以納流，執要以說詳。

並且說許慎所立之部首，「與《史籀篇》、《倉頡篇》、《凡將篇》雜亂無章之體例」相比較，相差真「不可以道里計」。

第二節　對後世字書的影響

許慎把他當時的「天下古今之字」，統攝為五百四十個部首，應該如段玉裁所言，是前所未曾有的創舉。《史籀篇》今已亡佚，不敢說，就目前尚存可見者論，像秦、漢之際的《爾雅》一書，雖然也是一部訓解字義的著作，但其編撰體例，純是以義分類，釋義時也僅僅以直陳語義的「義訓」為主；像漢代史游的《急就篇》，雖然也具有字典、詞典的性質，雖然開頭也曾標榜「分別部居不雜廁」，已按內容分類，把同類的字，例如把木類的桐、梓、椿、樗等編列在一起，其他像水類、鳥類的字也都各別分類加以編列，而且這種編列方式應該亦曾影響了許慎的《說文解字》，但是，它還只是按內容來作籠統的分類而已，仍然未能像《說文解字》一樣，不但能通過文字形體結構作比較明確的分析，即所謂形訓來探求字義，同時還能通過一些語音相同或相近的字，即所謂聲訓來探求語義。所以對後來字書、詞典之類學術著作的影響，都無法與許慎的《說文解字》相比。

五百四十個部首，出現在〈前敍〉和〈後敍〉之間，是有它們特別的意義的。許慎標舉它們，不是像秦、漢「三倉」那樣，僅為後學兒童教習而作；他說得很清楚，他是為了輔佐王政，「宣教明化於王者朝廷」，懷抱著漢代經學家的政治理想；他編次這些部首時，「立一為耑」、「畢終於亥」，想要「知化窮冥」，「理群類」，「達神恉」，也都明顯可以看出他在古文學派的重視訓詁之外，同時兼具有今文學派已言陰陽五行的王道精神。他要編撰的不僅僅是一本字書，教人明白六書之說、古人造字之法，而是一部可以傳之久遠、經世濟物的經學大著作。所以，從魏晉以後，很多學者把《說文解字》只視為字書，把部首只視為目錄檢索之用，是忽略了它的學術價值以及對後世學術的貢獻。

不幸的是魏晉以後，真的很多文字學者把《說文解字》僅僅視為一本字書，因而常將全書的重點放在下列三個方面來討論：

一、為了便於讀者應用，增加字數。像晉代呂忱的《字林》、梁代顧野王的《玉篇》，他們的分部歸類雖仿自《說文解字》，仍然分為五百四十部或略為增加（《玉篇》的分部是五百四十二），但重點都放在如何便於讀者應用而以義類聚，增收了字數。比起許慎《說文解字》的九千三、四百字，前者《字林》增收了三千四百多字，後者《玉篇》則增收了一萬三千二百多字。

二、提出「偏旁」、「字原」之說。像唐代李騰的《說文字原》、宋代林罕的《說文字原偏旁小說》、釋夢英的《偏旁字原》、元代周伯琦的《說文字原》，一直到清代吳照的《說文偏旁考》等等，他們都從「據形系聯」和「以類相從」的觀點來重新審視五百四十部的意義，提出了「偏旁」、「字原」之說。吳照的《說文偏旁考．自敍》就說：「凡五百四十部，本於倉頡。……其中八千八百一十又三文，皆從是焉出。則偏旁者，字之原也。」他們以為所謂部首者，從文字的形體結構言，可稱為「偏旁」；從文字的孳乳衍生言，可稱為「字原」。

三、檢討部首的性質，重新分部歸類。從宋代以後，受到鄭樵《六書略．論子母》的影響，他以為文字有母有子，能用來組成新字的基本形體，稱為字母，不能組成新字的，稱為字子。雖然母子可以相生，但「許氏作《說文》，定五百四十類為字之母」，其中「誤以子為母者二百十類。」鄭樵在全面分析文字形體結構之後，認為「六書」之中，象類書總共是三百三十母，因而重新分部歸類。在他之後，像元代戴侗的《六書故》、元明之際趙古則（撝謙）的《六書本義》等等，都曾對許氏《說文》的分部歸類，或增或減。清代吳玉搢《六書述部敍考》說得好：「戴、趙二書，更變為多。分合增減，移易改並。有母部以領子，而又有子部以領孫。……顧其中有實解匡弼前失、改正訛誤者，亦有好為異同、肆意更張者。」明清以後的字書，一般而言，部首通常都縮減了，只剩下兩百多個。

紛紛擾擾之中，也可說是不幸中的大幸，魏晉以後的很多文字學者，雖然只把《說文解字》當作字書看待，有意或無意間忽略了許慎原來編撰此書的宗旨，但就文字學本身及字書詞典的發展而言，他們仍然為許慎的部首及「六書」之說，直接或間接做了不少推闡的工作。

從梁代顧野王的《玉篇》開始，一直到清代《康熙字典》的編成為止，雖然對《說文》的部首有所增刪，但幾乎都還沿用《說文》部首編排漢字的方法。像《玉篇》就是完全採用《說文》部首編排的方式，只易篆體為楷書而增加總字數。清代以後的字書詞典，一直到目前都還一樣，有的為了檢字索引的方便，雖然改用筆畫、四角號碼或音序（國語拼音、漢語拼音）等等檢索的編排方法，但通常都還會附有部首檢字表。由此可見：《說文》的部首，對後世學術的影響是多麼的深遠。

第三節　在文字學上的地位

許慎《說文解字．後敍》自稱：「此十四篇，五百四十部。九千三百五十三文，重一千一百六十三，解說凡十三萬三千四百四十一字。」如今傳世的本子，如徐鉉校定本、徐鍇繫傳本，以及清代段玉裁的注本等等，字數都各有出入。段玉裁就曾這樣說：

今依大徐本所載字數覈之，正文九千四百卅一，增多者七十八文。重文千二百七十九，增多者百一十六字。說解字數凡十二萬二千六百九十九，較少萬七百四十二字。

可見從許慎撰稿、許沖上表獻書，到唐五代之際，此書已經有所增刪，字數已經有所變動。至於實際詳情，早已無從考究了。

許慎編撰《說文解字》，如上所述，自有他的經學背景和政治理想，但不必諱言，想做為教學識字的字書之用，必然也是著書的目的之一。因為他明白漢字是以象形為主的表意體系的文字，字形與字義之間關係非常緊密，所以為了教讀者識字，必須因形以知義，要注重字形的分析，才能幫助讀者了解漢字的本義。也因此他先把他所蒐集到的古文字，按字的形體歸類分部，立了五百四十個部首，從「分」不從「合」，特別注重字形的分析，以象形字為主，盡量採用初文，並且以小篆做為書寫的主幹。

許慎生當東漢時代的中葉，當時隸書業已盛行，為什麼他在創立的部首中，還要採用小篆而捨棄隸書呢？趙伯義在〈說文解字部首新論〉一文（見河南人民出版社一九九一年出版的《許慎與說文研究論集》），分析其原因，認為可以歸納為下列三點：

（1）小篆脫胎於大篆，形體接近上古文字，以小篆為部首，有利於分析漢字的結構及造字的本義。反之，隸書始於秦而盛於漢，形體與上古文字相差很遠，因而不便於分析漢字的結構、了解造字的本義。

（2）秦代曾頒布天下「書同文」，以小篆做為統一的文字，流行很廣，知曉的人較多。同時許慎曾受業於古文學派大師賈逵，尊師、崇古的心理，也促使他以小篆為部首。

（3）當時隸書已被廣泛應用，有些人根據隸書的形體來分析漢字的結構，隨便發表意見，鬧了不少笑話。對此，許慎很不滿意。

趙伯義的分析，很值得參考。

除此之外，趙伯義對於《說文》部首編排的次序，以及《說文》部首的學術價值，也還有一些值得商榷討論的意見，因為篇幅有限，而且後面的章節還會有很多地方談到相關的問題，這裡就不一一評述了。

前面說過，《說文》五百四十個部首雖然都以小篆為主幹，可是在說解中偶而會列出其他的先秦古文字，包括古文、籀文、奇字等等。這是表示：有特別標出古文、籀文等等的部首，和當時小篆的形體不一樣，是以前大篆、籀文、古文所見的字體，包括漢代先後出土的先秦銘刻資料在內，所以許慎才要特別標舉出來。至於大多數部首的說解中，沒有列出也未曾提及，那是表示：該部首小篆的形體，與古文、籀文等等以前的古文字相同，因而就略而不提了。

這種把小篆部首和古文、籀文等其他古文字形體並列互見以推求字原的工作，從清代以後，關注的學者逐漸多了起來。許慎的時代能見到的古文字是有限的，像甲骨文和很多金文資料，他就沒見過。所以這方面的研究工作，特別引人注目。其中像蔣和的《說文字原集注》、《說文字原表》，就曾引起中外學者的注意。國內如王筠的《說文句讀》，就對蔣和的《說文字原表》作了校正，更名為《說文部首表》，而且引為該書的附錄；國外如日本學者高田忠周的《說文字原譜》，也採用蔣和的方法，參考宋代鄭樵六書母子相生的理論，析出母文，把先秦文字分為一百四十七部；島邦男的《殷墟卜辭綜類》，更把他所見的甲骨文字，依其基本形體分為一百六十四部。對照來看，從這些著作中可以發現小篆的形體雖與甲骨文有所不同，但也多有可繫聯處。這也足可證明許慎當年的苦心孤詣，沒有白花氣力。

為了方便讀者參考、比較，茲據姚孝遂《許慎與說文解字》一書所附三者對照表，引錄於下。表中所列，①指許慎《說文》部首；②指高田忠周《說文字原譜》；③指島邦男《邦墟卜辭綜類》。簡注則出於姚孝遂之手。

③ ② ①
③ ② ①
③ ② ①
③ ② ①

③ ② ①
③ ② ①
③ ② ①
③ ② ①
（覽）

③ ② ①
③ ② ①
③ ② ①
③ ② ①

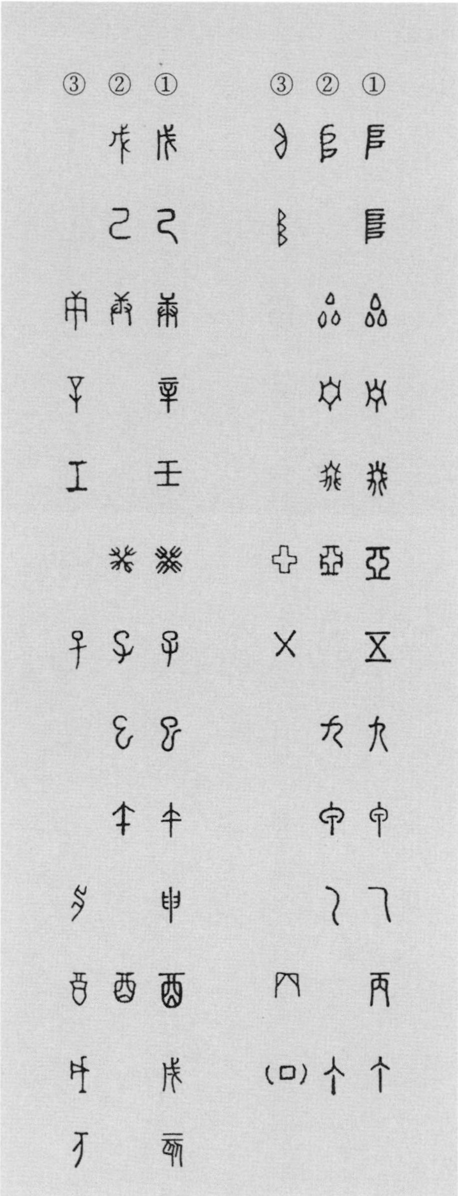

簡注：

一、《說文字原譜》或《殷墟卜辭綜類》所無之《說文》部首，均略而未錄。

二、甲骨文「山」「火」難以區分；「丁」「口」只是形體大小之不同。

第五章　《說文解字》的編撰體例及詮釋方法

第一節　編排原則

許慎運用他的「六書」理論，把書中所收錄的九千多個漢字，歸納出它們形、音、義之間的關係，從而建立了漢字在形體結構上的形義體系。大致都是以形為主，因形而說音、說義，但形音義三者之間並非孤立，而是緊密結合，融為一體。

許慎所建立的形義系統，據《說文解字．敍》云：

> 分別部居，不相雜廁。（前敍）
>
> 方以類聚，物以群分。同條牽屬，共理相貫，雜而不越，據形系聯。（後敍）

可見其編排體例，基本原則在於「分別部居」、「據形系聯」。就「分別部居」言，他將所收錄的九千多個漢字，分為五百四十個部首，依其偏旁相同、形體相關的或近似的，順序排列。每部之中，確立一字為部首，就排在一部之首。同時他受到當時學風的影響，配合讖緯思想及陰陽五行的說法，「立一為耑」而「畢終於亥」，把「一」部列為部首之首，而最後的一個部首則名為「亥」部。底下分為「部次」、「字次」二項，來說明其編排原則。

（一）部次

部首排列的順序，即所謂「部次」者，許慎先是根據「據形系聯」的原則，把不同的部首，依形體相關或相近的程度，加以繫聯。例如卷一上篇，「一」部之下為「丄」部，即「二」（上）部，「二」（上）部之下為「示」部，「示」部之下為「三」部，「三」部之下為「王」部、「王（玉）」部、「玨」部，等等。它們之間，由「上」而「下」而「示」，由「三」而「王」而「玉」而「玨」，都有形體相承或近似的關係。我們下文就先以此為例，對「部首」和「部次」的意義加以說明。

這裡的「一」、「二」、「三」，並不是僅指計數之名，而是別有其文化涵義。老子《道德經》的：「有物混成，先天地生。寂兮寥兮，獨立而不改，周行而不殆，可以為天下母。吾不知其名，字之曰道。」又說：「道生一，一生二，二生三，三生萬物」，以及《周易・繫辭上傳》所說的：「易有太極，是生兩儀。兩儀生四象，四象生八卦。」這才是它們的意義所在。

《說文解字・敍》曾說：「古者庖犧氏之王天下也，仰則觀象於天，俯則觀法於地。視鳥獸之文與地之宜，近取諸身，遠取諸物，於是始作《易》八卦，以垂憲象。……黃帝之史倉頡，見鳥獸蹏迒之迹，知分理之，可相別異也，初造書契。」這「一」、「二」、「三」等字，正是倉頡參考《易》八卦垂示的憲象，所初造的書契符號。它們都還不是描摹具體的事物或形象，而只是抽象的事物或概念而已。揆之六書，它們都是「指事」，而非「象形」。在許慎的觀念中，庖犧氏或《易經》八卦所垂示的憲象，比倉頡見鳥獸蹏迒之迹，依類象形所造的書契，時代要早一些，也因此在六書的次第上，他才列「指事」於「象形」之前。卷一上開頭這裡所列的「一」、「二」、「三」，就是取義於此。它們代表的是天、地、人等古代先民的文化觀念。

所以他解釋「一」說是：「惟初太始，道立於一。造分天地，化成萬物。」它代表的不是「數之始」，不只是數目字的「一」，而是可生兩儀的「道」。它可以畫成一橫，用來象徵某一事物，例如「夫」字：「从大，一以象簪」；「旦」字：「从日，見一上。一，地也」；「木」字：「从木，一在其下」，表示根部所在；「末」字一在其上，表示樹木末梢所在，等等。亦可在此代表某事物的一橫之上，再增加一筆畫，例如增加一點或一豎等符號，用來強調是在該事物的上方，代表高處的「天」或頭、頂之類的事物。例如「一」部的「元」、「天」等字，就是如此取義而來。

同樣的道理，許慎解釋「二」（上）字，說是：「丄，高也。此古文上，指事也。」可見他所解釋的不是數目字的「二」，而是代表高低上下的「上」字。「古文」的「上」字，原來作「二」，下面的一長橫，代表某一事物，上面的短畫，可以是一豎、一點或一橫，是一種有指示作用的抽象符號，用來代表上方或高處所在。因為「上」、「下」無形可象，所以用一畫作辨識，加於上即為「上」，綴於下即為「下」。「二」（上）部的屬字「丅」（下），許氏所以解釋為：「底也。指事。」底即「低」，也就是這樣來的。它與「丄」字的形體正好相反，所以分別代表一高一底（低）。

然後，許慎在卷一上篇解釋第四部「三」部之前，先列「示」字，也自有他的道理。他解釋「示」字時說：

> 示，天垂象，見吉凶，所以示人也。从二。三垂，日、月、星也。觀乎天文，以察時變。示，神事也。

《周易・繫辭上傳》曾云：「天垂象，見吉凶，聖人則之。河出圖，洛出書，聖人則之。《易》有四象，所以示也。」天既可垂象，示人吉凶，董仲舒《春秋繁露》因而演化為「天人感應」之說，以為帝王之將興，美祥先見，其將亡也，妖孽亦先見。許慎這裡沒有再說它是「指事」，是因為它還要讀者在指事之外，因其形以窺其意。「从二」，「二」者，上也，此指上天而言。「三垂」，即古人所謂日、月、星三光。日月星辰的是否按時運轉，古人以為從中可以觀測上天所垂示的吉凶現象。所以，許慎就把「示」部的字，因形繫聯於「一」、「二」（上）部之後，而在「三」部之前。

許慎解說「三」字時說：

> 三，天、地、人之道也。从三數。

「从三數」，是說由三個筆畫構成。雖然已有「三」的數字觀念在其中，但許慎的重點仍在闡述「三」的文化意涵，也就是其下第五部「王」部部首的涵義：

> 王，天下所歸往也。董仲舒曰：「古之造文者，三畫而連其中，謂之王。三者，天、地、人也，而參通之者，王也。孔子曰：「一貫三為王。」

可見許氏之解說「三」字，是連繫下面的「王」字來說的，重在文化意涵，而非數字觀念。《說文解字》的「三」部，有部首而無屬字，或許與此有關。而許氏的編次體例，亦由此可見，在「據形系聯」的同時，已有據義歸類的趨向。

「據形系聯」比較明顯的例子，例如卷二上篇的「走」部，至卷二下篇的「辵」部，字形都有「止」旁，與足有關；而「辵」字「从彳，从止」，所以底下以「彳」相次，然後以形體與「彳」部相近的「廴」部相次。「延」字本來可歸在「廴」部之中，但是因有以「延」為形旁的字，所以將「延」獨立為一部。後面的「行」部，前承「彳」部；齒、足、疋三部，又前承「止」部。又如卷八上篇的前六部即是。首列人形的「儿」（人）部，以下是倒人形的「匕」（化）部，反人形的「匕」（匕）部，二人相從的「从」（從）部，反从而成的「比」（比）部，以及二人相背的「北」（北，即背）部。「據形系聯」的關係，都非常直接明顯。以下的三十個部首，除了「毛」、「毳」等部，與人形沒有直接的關係之外，也還是全由「人」形的變化，連類而及之。其至卷九的「頁」部，卷十的「大」部等等，也都還「連類而及」，與「人」形有關係。

如果部首之間，無形可以系聯，許慎就「以類相從」或據義歸類。例如上述卷二下篇的「齒」部，从止得聲，因形體相近，便次於「止」部系列之後。又因字義相同，所以又以「牙」部次於後。同樣的道理，上述卷八上篇的「毛」、「毳」等部，雖與「人」形沒有直接關係，但卻都是人身所穿，所以也就編次在「身」部之後。

卷十上篇的「馬」、「廌」、「鹿」、「麤」、「㲋」、「兔」、「萈」、「犬」、「㹜」、「鼠」、「能」、「熊」等等部首，雖然沒有形體上必然繫聯的關係，但由於都屬獸類，所以就編次在一起。又如卷十四下篇的天干「甲、乙、丙、丁、戊、己、庚、辛、壬、癸」，和地支「子、丑、寅、卯、辰、巳、午、未、申、酉、戌、亥」，除了中間偶而插入少數形體相似的部首之外，也都由於同屬干支之類，因而都編次在一起了。

因此，可以看出來，許慎的五百四十部首，固然是就九千多個古籀、篆文，從字體結構分析而得，但它們都各自代表某一事物的分類。此亦即所謂「方以類聚，物以群分」。也因此，同一部首的屬字，應該都屬於同一事類。

對於《說文解字．後敘》「方以類聚，物以群分」以下數語的理解，歷代學者不盡相同。徐鍇據此認定部首的排列原則是「據義相連」。他是這樣說的：

> 一，天地之始也，一气之化也。天先成而地後定。天者，上也，故次之以上。在上者莫若天。二，古文上也，垂三光以示人，故次之以示。示者，三光也，故次之以三。通三才而後為王，故次之以王。玉者，君子所以比德也，天地之精也，王者所服用也，故次之以玉。玉雙為珏，故次之以珏。
>
> 山澤以出气，山澤之精，玉石以出也，故次之以气。气象陶蒸，人事以成，故次之以士。士，事也，不可不一，道心惟微，故次之以丨。丨，一也，自丨而起者屮，故次之以屮。屮，艸之初也，故次之以艸。艸之深為蓐，故次之以蓐。蓐之廣博為茻，故次之以茻。三者皆屮之屬也。

——初分為小，小才可分也，故次之以小。八實分之，故次之以八。釆，分之明也，故次之以釆。分者，半也，故次之以半。牲之大而分者，莫若牛，故次之以牛。犛，牛之屬也，故次之以犛。牛勞則善仰而告人，故次之以告。告必以口，故次之以口。

這些話都說得頭頭是道，把《說文解字》部首的編排原則，都說成是「據義相連」了。但我們尋繹其中相連的因素，其實仍然是離不開「據形系聯」的影子。所以，段玉裁《說文解字注》對此有所辨解：

類聚，謂同部也。群分，謂異部也。

屬，連也。同條、共理，謂五百四十部相連綴也。

系者，懸也。聯者，連也。謂五百四十部次弟，大略以形相連次，使人記憶易檢尋。如八篇起人部，則全篇三十六部皆由人而及之是也。雖或有以義相次者，但十之一而已。

可見段玉裁認為《說文》一書的部次，是「大略以形相連次」為原則。

表面上看，徐鍇、段玉裁他們的看法似有矛盾，但其實英雄所見略同。因為，古代的漢字本來就是形義相兼的文字，形義二者的關係緊密結合，常常是分不開的，同部之中的屬字，常從部首得義。《說文》一書，正是據「立象以盡意」的原則，採「據形系聯」的方式，以形說義。形、義二者是互為表裡的。所以後來王筠《說文釋例》談此問題，說二者「兼而有之」，並非故作調和之論。

（二）字次

以上談「部次」即不同部首的編排原則，以下談「字次」，即同一部首之中所屬之字的編列原則。

在介紹同一部首的屬字「字次」之前，我想應該先說明書中對部首字的撰述體例。上文說，同一部首的字，應該都屬於同一事類，因此許慎在立部首字時，也有他的原則。他雖以指事字或象形字的初文為基礎，但也常用合體字來作部首，例如「言」字「从口，辛聲」，不入「口」部而自成部首；有些初文的反體，只隸屬於其正體，例如「亍」从反「彳」，即依附「彳」部，而不另立部首。這些例子，都可以說明他考慮的是事物的分類而非僅僅字形。茲以今傳大徐本（徐鉉等人校定）卷一上篇前二部首「一」及「丄」（上）字為例。

一部：

一（一），惟初太始，道立於一，造分天地，化成萬物。凡一之屬，皆从一。（於悉切）

弌，古文一。

元（元），始也。从一，从兀。（徐鍇曰：元者，善之長也。故从一。愚袁切）

天（天），顛也，至高無上。从一、大。（他前切）

丕（丕），大也。从一，不聲。

吏（吏），治人者也。从一，从史，史亦聲。（徐鍇曰：吏之治人，心主於一，故从一。力置切）

文五　重一

丄（上）部：

丄（上），高也。此古文上，指事也。凡丄之屬，皆从丄。（時掌切）上，篆文丄。

帝（帝），諦也。王天下之號也。从丄，朿聲。（都計切）帝，古文帝。古文諸丄字，皆从一，篆文皆从二。二，古文上字，辛、示、辰、龍、童、音、章，皆从古文丄。

旁（旁），溥也。从二，闕。方聲。（步光切）旁，古文旁，旁，亦古文旁。旁，籀文。

丅（下），底也。指事。（胡雅切）下，篆文丅。

文四　重七

上列「一」、「丄」二部的部首及所有的屬字，都與天地的初文有關，易言之，都與萬物生成的事類有關。「一」及「丄」為部首，所以釋文中都有「凡某之屬，皆从某」的字樣。「从」即「從」，「從」是「从」加義符「辵」而成的，屬古今字。「凡一之屬，皆从一」，說明「一」

部的屬字，「元」、「天」、「丕」、「吏」等字的形體構造，都和「一」字有關，字義亦有相通處。同樣的，「凡丄之屬，皆从丄」，也說明「帝」、「旁」、「丅」（下）等屬字的形體構造，和部首的「丄」字有關係。當然，字義也必有可相通處。

因此每一個字的解說，都包含了字體和釋文兩個部分。《說文解字．敍》說：「今敍篆文，合以古、籀」，篆文就是每字開頭先列的字體，通常是小篆，如果該字有異體，像「古文」、「奇字」、「籀文」等等，就列在文中或文末，供讀者參考。這是通例。例如「二」、「帝」、「旁」等字即是。如果開頭所列的字體，不是篆文，那就先列該字的古體，然後在釋文中標出篆體，並作說明。這是變例。例如「丄」、「丅」、「帝」等字皆是。許慎以小篆為正體，蓋因它是「書同文」的產物，是籀文、古文等古文字，經過系統整理的字體，正如段玉裁所說：「小篆因古籀而不變者多，故先篆文，正所以說古、籀也。」因此，這個體例是符合歷史演進的條件的。至於釋文部分則全用當時通行的隸書，以便於讀者閱讀。

釋文的解說，大致以釋義、析形、標音為序。先用簡要的單字或短語，來解說文字的意義，其次才用「从某」、「从某某」或「从某从某」等等，分析它的形體結構，最後才標出它的讀音。原則上都是透過字形結構的分析，來確定該字的意義，進而闡明該字義、形、音三者之間的關係。如果有不能確定或知之未詳的地方，就用「闕」來標識。像「旁」字「从二」的「冂」，不知代表什麼意義，就注明「闕」。

漢字用「反切」切音，是從隋、唐以後才發展成功的，東漢時還未出現，所以許慎在書中只能直接標同音字。如「丕」標「不聲」，「吏」標「从一，从史，史亦聲」，「帝」標「朿聲」，「旁」標「方聲」等等；或則用聲訓的方法，說是「天，顛也」，「丅，底（低）也」，讓讀者可以取其彷彿。上述諸字的引文中，所列的切音，是根據徐鉉等人校定的所謂「大徐本」，轉引唐代孫愐的《唐韻》而來，並非許慎原書所有。至於徐鍇的《說文繫傳》，所謂「小徐本」的反切，則是南唐朱翺所加的。

書中每個部首所有屬字的最後，通常會注明「文若干」、「重若干」。前者指該部篆文正體的字數，後者則指部中異體字的字數，包括書中所提到的古文、奇字、籀文、篆文別體、或體、俗體、秦刻石及通人之說等等。因為異體字與正體篆文重複，所以簡稱為「重文」或「重」。

現在開始談同部屬字的編次問題。

同部之中屬字的編次，謂之「字次」。大致上是「以義相貫」，按照字義的類別來編列。如果是部首字，會注明「凡某之屬，皆从某」，即其〈前敍〉所謂「分別部居，不相雜厠」。意思是同一部首的屬字，它們之間必然有形體相同的關係。如果部中屬字，有漢朝皇帝名諱的，一定排列在前，緊隨部首之後，而且因「上諱」而不作說解。例如卷一上篇的「示」部，屬字原有五十九字（清陳昌治刻本列六十二字），第一個屬字就列「祜」字，那是漢安帝的名號，許氏注明「上諱」，即不作任何解說。其後的「禮、禧、禛、祿、禠、祥、祉、福、祐、祺、祗、禔」等十三字，皆从「示」旁，全有福祥之義；再其後的「神、祇、祕、齋、禋、祭、祀、祡、禷……祴、禡、禂、社、禓」等四十一字，亦皆从「示」旁，全為神鬼先祖祭祀之類；再其次，則為「祲、禍、祟、祅」等四字，亦皆从「示」旁，而有禍害之義。這也就是所謂「以類相從」。大體上論其長幼本末尊卑，以定次序。先「實」後「虛」，先「美」後「惡」。例如：卷二上篇「牛」部，「牡」為「畜父」，「牝」為「畜母」，「犢」為「牛子」，故依次排列。「㸬」為「二歲牛」，「犙」為「三歲牛」，「牭」為「四歲牛」，故依次排列。卷六上篇「木」部，「橘」、「棃」、「梅」、「杏」皆果名，列於前，「榛」、「楛」、「枋」、「楊」皆木名，列於後。「根」、「末」、「枝」、「條」皆局部名，又其後；「牀」、「枕」、「杵」、「案」皆木製品，更其後。卷十一上篇「水」部，「河」、「江」、「淮」、「海」皆名詞，列於前，「滔」、「渙」、「浮」、「涌」皆謂詞，列於後。大抵都有一定的規律。

最後，如果屬字之中，有形體與部首字複疊或相反的，就排在該部的末尾。例如「示」部的「祘」字，即是「示」形複疊而成。

關於同部「字次」的問題，前人早有論議。例如王筠《說文釋例》即云：同部首之字，「先實後虛，先近後遠」，「無虛實遠近之可言，則以訓義之美者列於前，惡者列於後」，「與部首反對者必在部末」，「疊部首為字者，必在部末」，「若有上諱，則皆在首，以尊君也。」

黃侃《說文略說》亦云：「許君列字之次第，大氏先名後事」，「又或以聲音為次」，「又或以義同異為次」，「大氏次字之法，不外此三者也。」

他們的說法，都很寶貴，也都很有參考的價值。但是語言文字本來就有其不確定性，部首與部首之間，屬字與屬字之間，也並無必然的確定的關係，加上許氏之編著《說文解字》，原是為了說明造字的規則，而非編字典供人查檢，因此，這些歸納的原則，都只是供大家參考而已，若有例外或不相契合者，例如「桑」字不收入「木」部而收入「叒」部，「牧」字不收入「牛」部而收入「攴」部，等等皆是。讀者固不必苛責，亦無需強為說解。

例如下列有兩個比較特別的問題：

一是在五百四十部首中，有五十五個重體部首，都獨立成部，分別列在相關的獨體部首之後。例如「木、林」、「言、誩」、「糸、絲」、「虫、䖵、蟲」、「人、从、㐺」、「火、炎、焱」，等等。這些部首在形體上是重疊的關係，意義上也大致相同，只是程度上的加深擴大而已。為什麼不一起歸入獨體部首呢？許慎想必自有其道理。

另外，還有三十五個部首沒有統領的屬字。例如凵、久、才、克、耑、丏、冄、易、能、燕、四、五、六、七、甲、丙、丁、庚、壬、癸、寅、卯、未、戌、亥等等。這些部首雖然沒有屬字，但它們卻可做為其他部首統屬漢字的聲符。例如「耑」是立部「端」的聲符，「丁」是戊部「成」字的聲符。

這是比較容易引起讀者疑問和爭論的。附錄於此，供讀者參考。

第二節　著述體例

許慎編撰《說文解字》，據形系聯，據義歸類，在漢字學發展史上，有其獨創先發的意義。在他之前，周、秦的字書，原貌多已不詳，就漢代尚存的文獻資料看，像《史籀》十五篇、秦代的「三倉」或漢代的《訓纂篇》、《滂喜篇》，基本上都是每章十五句，每句四個字，而《凡將篇》與《急就篇》則每句七個字。這些字書大類都是雜取實用之字，編成有韻之句，便於誦讀，與後世童蒙所學之韻書無異，談不上有什麼體例。史游的《急就篇》，雖然自稱「分別部居不雜廁」，亦不過是將姓名之類歸為一部，衣服之類歸為一部，飲食、器用、木、水、鳥、獸等等之類，也各歸為一部而已。這些都與許慎的《說文解字》的據形系聯、據義歸類，無法相比，不可同日而語。所以段玉裁在《說文解字注》中，才如此推許道：「凡字必有所屬之首，五百四十字可以統攝天下古今之字。此前古未有之書，許君之所獨創。若網在綱，如裘挈領；討原以納流，執要以說詳。與《史籀篇》、《倉頡篇》、《凡將篇》雜亂無章之體例，不可以道里計。」

從以上所介紹的「部次」、「字次」的原則看，我們可以明白許慎編書的體例：他據形繫聯，因此雜而不越；據義歸類，因而條理通貫。在編排順序的過程中，他堅守據形釋義的原則，同時注意「義傳于音」以及音同義近的現象，故合形、音、義三者交錯互求，以「六書」來解釋每個篆字的意義。正如《段注》所云：「許君之書，主就形而為之說解，其篆文則形也」，「其說解則先釋其義」，「次釋其形」，「次說其音」，從而構成他的著述體例。也就是上文所說的，「以形為主，因形而說音、說義」，而且他解字形、說字音的目的，則完全是為了闡釋字義。

例如解釋卷一上篇的「丕」、「吏」二字：

（丕），大也。从一，不聲。

（吏），治人者也。从一，从史，史亦聲。

首列篆文之形，通常是小篆，蓋以小篆為正體，而以「古文」或「籀文」為附錄。這是全書的通例。例如卷一上篇的「一」字下，即列出「古文」「一」字的別體，而卷二上篇的「登」字下，即列出籀文「登」字的別體。如果首列「古文」或「籀文」，則附小篆於後。例如卷一上篇的「上」字，即是如此。其次是訓解的正文，「大也」、「治人者也」，先是釋其義。再其次是分析字體結構，「从一」、「从一，从史」，這是釋其形。最後才標音讀，「不聲」、「史亦聲」，這是說其音。

這就是他訓解「六書」中形聲字最主要的詮釋方式。對於象形、指事、會意字，許慎則通常不另標音。例如上文提過的卷一上篇的「元」、「天」、「下」、「气」等字：

（元），始也。从一，从兀。

（天），顛也，至高無上。从一，大。

丅（下），底也。指事。𠄟，篆文下。

（气），雲氣也。象形。

這些字都沒有「說其音」，表示它們不是形聲字。首先，列出它們篆文的字形，其中「丅」（下）字，特別於文末標出「𠄟，篆文下」，那是比照上文的「丄」（上）字，說所列者是「古文」，所以特別於文末加以注明。這是變例。其次，說解字義；再其次，解析字形。「从一，从儿」，是說「元」字由「一」、由「儿」（《說文》卷八下篇：「儿，古文奇字人也，象形。」）會意。表示人的頭部，就是「元」的本義。「从一、大」，是說由「一」「大」（《說文》卷十下篇：「大，象人形。」）會合起來，可以推知「天」的本義。「天」和「元」都是會意字，差別在於「从一、大」為「相連成文」，「从一，从兀」，與「吏」之「从一，从史」一樣，為「對峙為義」（說見王筠《說文繫傳校錄》）。另外，特別標出「下」是指事，「气」是象形，那是因為擔心讀者不能因形而求義，體會篆文等古字的原始構造。

第三節　詮釋方式

底下，我們就《說文》的著述體例，配合「六書」的次第，進一步來說明其詮釋的方式和一些常用的術語。一般人談這個問題，多分為形訓、聲訓、義訓三種方式。形訓是通過文字形體結構的分析，來探索字義；聲訓是通過一些音同或音近的字，來探索語義；義訓則是直陳語義，不借助字訓或字音，例如「元，始也」、「姊，女兄也」等等即是。為了更求詳明，故這裡配合「六書」次第來析論。

依照後代學者的研究，對「六書」大約有下列的共識：象形與指事乃字之初體。一般學者以為「象形」比「指事」早，而許慎則以為「指事」先於「象形」。「指事」指的是抽象的事物或概念，「象形」指的是具體的事物或形象，二者皆為獨體之「文」。「會意」與「形聲」則為合體之「字」，合二「文」以上之形體來「說音、說義」。「會意」純為表意，「形聲」

則兼為表音。至於「轉注」與「假借」，乃「字」之用，在上述「文」「字」創造的基礎上，或孳生繁衍，或加以節制。許氏把這些「六書」的理論用來詮釋文字，或以類聚，或以群分，尋其條理，得其通貫，於是就產生了種種不同的詮釋方式。歸納起來，約如下列所述：

一、對於「指事」字，許氏常明標「指事」或以「象某某之形」、「象某某有某某之形」、「从某，从某」、「从某某，象形」來說明。例如上文引用過的「丄」（上）、「丅」（下）等字，即直接標「指事」。另外，如：

（刃），刀堅也。象刀有刃之形。（卷四下篇）

（寸），十分也。人手卻一寸，動脈，謂之寸口。从又，从一。（卷三下篇）

（夨），傾頭也。从大，象形。（卷十下篇）

刀刃的「刃」，和尺寸的「寸」，都是「指事」字。因為「刃」是刀上加一點，只是表示刀口鋒利的符號；「寸」是手掌下十分的動脈所在，即寸口處加一點，表示寸口所在的符號；「夨」是象人形的「大」字上，加上一個頭部傾斜的符號。它們都不是隨體畫物，也不能單獨存在，所以既非「象形」，亦非「會意」。同樣的道理，卷二上篇的「八」字，「象分別相背之形」，卷六下篇的「口」字，「象回帀之形」，都因為是抽象的符號，而非事物的圖象，所以也被視

為「指事」字。

二、對於「象形」字，許氏有的直接標出「象形」，有的則以「象某某形」、「象某某之形」或「從某，象某某」來表示。例如上文引述的「气」，即標明「雲气也。象形」。另外，如：

（口），人所以言、食也。象形。（卷二上篇）

（屮），艸木初生也。象丨出形，有枝莖也。（卷一下篇）

（牛），大牲也。牛，件也。件，事理也。象角頭三、封、尾之形。（卷二上篇）

（牙），牡齒也。象上下相錯之形。（卷二下篇）

（眉），目上毛也。从目，象眉之形，上象頟理也。（卷四上篇）

這些「象形」字都是依類象形，隨體畫物。「口」、「牙」、「眉」等字，皆人體器官；「屮」、「牛」等字，皆動、植物之類，這些字除了字體各肖其狀之外，許氏通常都還在形義上略作補充說明。因為字體隨時代而變化，小篆已與「古文」、「籀文」有所不同，跟金文以前近乎圖畫的古象形字更有差距，所以為了便於讀者理解分辨，不能不作說明。「口」、「屮」筆畫比較簡單，特別強調「口」是象人用來說話飲食的嘴巴，「屮」是象初生草木所冒出的枝莖，表示與「指事」的抽象符號有虛實之分，並不相同。「牙」字特別強調是象上下相錯的牡

齒，表示兩側的壯牙與中間的門齒，蓋有不同。「眉」字特別強調眉毛在眼睛的上方，「︽」那是象額上的紋理，以明其部位形狀。「牙」、「眉」二字所作的補充說明，都是一樣的道理。「牛」字除畫出它象「角頭三、封、尾之形」，說明此字的初文，本是前有兩角和頭三樣東西、中間肩胛隆起、後有尾巴的形狀。小篆的「牛」，雖然線條化了，但依稀可見原來的形象。以上牛、眉、牙等字，都不是單體象形，有人稱之為合體象形。但也有人（像姚孝遂）認為「象形」字應該都是一個完整的形體，不可分割，所以不應有獨體、合體之分。

最值得注意的是，許慎在析形之外，還指出它們的文化意涵。這裡說：「牛，大牲也。」一是就牛的德性來說的。《穀梁傳．哀公元年》：「全曰牲，傷曰牛，未牲曰牛。其牛一也，其所以為牛者異。」意思是說：全牛叫做牲，分割的牛叫傷，二者都可供祭祀用。未宰的牛才叫做牛。以作用不同，故名稱亦隨之而異。牲者，原指供祭祀用的牛、羊、豕而言。牛為六畜之一，最為大物，故可為代表。大牲，即指供祭祀用的全牛而言。古代祭祀時，可用全牛，亦可不用全牛，僅用分件，這裡解釋牛為大牲，顯然有意突顯牠的文化意涵。有人稱此為《說文》中的「旁見說解」。先說牛是大牲全牛，然後再說牛亦可為分件。《說文．人部》訓解「件」字時說：「件，分也。」可見所謂「件，事理也」，也就是從「分」字的形義引申而得。亦由此可見，許氏因形而說音、說義的目的，真的是為了闡釋字義。

三、對於「會意」字，許慎通常用的詮釋方式，除了標明「會意」之外，通常是用「从某，从某」、「从某某」、「从某，从某省」、「从某，从某，某亦聲」、「从某某，某亦聲」，等等，會合兩個或幾個文字的形體，來組成這個新造字的意義。例如：

（分），別也。从八，从刀。刀以分別物也。（卷二上篇）

（走），趨也。从夭、止。夭、止者，屈也。（卷二上篇）

（保），養也。从人，从采省。采，古文孚。（卷八上篇）

（琥），發兵瑞玉，為虎文。从玉，从虎，虎亦聲。（卷一上篇）

（珥），瑱也。从玉、耳，耳亦聲。（卷一上篇）

（伐），擊也。从人持戈，一曰敗也。（卷八上篇）

（爨），齊謂之炊爨。臼象持甑，冂為竈口，廾推林內火。（卷三上篇）

這些字之中，像「分」由「从八，从刀」會意，跟上文所舉例子：「元」由「从一，从兀」會意、「天」由「从一、大」會意一樣，都是一個具體事物的形體（「兀」、「大」皆為「人」字之象形，與「刀」同為象形字），配合一個抽象的符號（「八」、「一」俱為指事字）而成。「走」由「夭」「止」二字會意，《說文》卷十下篇：「夭，屈也。从大，象形。」《說文》卷二上篇：「止，象艸木出有址，故以止為足。」可見「走」的本義即人彎身曲腿快步在跑，它是由兩個具體事物的「象形」組合而成。「保」由「人」由「采省」二字會意。所謂「采省」，意思就是為了書寫的方便，把「采」省形為「呆」。據唐蘭考證，「保」甲骨文作「[illegible]」，象人背負幼子，引而申之，自有保、養之意。許慎說「保」的右旁，是「古文」的「𤓽」（孚）省形而來，象覆手護子，猶得古意。可見「保」的本義，即指對幼兒的養護而言。它是由兩個代表具體事物的文字所組成，但其中一個是「象形」字，另一個是「會意」字，而且形體已經省略了若干筆畫。但取其意而不採其全形。

「琥」和「珥」是「會意」字的另一類。它們不但是形體和形體的組合，從其形體組合中可得其義，而且也取其讀音以為聲，所以稱為「亦聲」。上文舉過的「吏」字，「从一，从史，史亦聲」，就是例子。這類的字，也因此稱為「會意兼形聲」或「形聲兼會意」。說是會意字固然可以，說是形聲字亦無不可。

「琥」字由「玉」由「虎」會意，玉是形符，也是義符；虎是形符，也是聲符。因為以「玉」旁為形符的字很多，所以用不同聲符的字來配合，組成不同的新字，代表不同的語言和意義。形聲字就是因此而衍生的。如果所取的聲符字，同時也可以是義符的話，那麼，這類的字就是「亦聲」字了。

玉的種類很多，所刻的紋彩也各有不同。例如瑞玉之中，刻上老虎花紋的，就稱它為「琥」；刻上龍紋的，就稱它為「瓏」，用以區別。因為老虎有威，所以古人就用為發兵的信物；因為龍能降雨，所以古人就用為祈雨的玉器。字，就是這樣孳乳衍生出來的。

「珥」字也一樣。可以做為裝飾的瑞玉很多，衣上帽上，連刀劍車蓋上，也都可以佩玉為飾物；因形狀功用的不同，就用形聲字或亦聲字的方法，來造不同的新字。像古人在冠冕兩旁垂下絲繩，用以充耳所繫的珠玉，就叫做「珥」，也叫做「瑱」。《說文》卷一上篇「珥」字下就說：「瑱，以玉充耳也。从玉，真聲。」可見「珥」、「瑱」意義相同，但「瑱」是形聲字，它是「从玉，真聲」，左形右聲，而「珥」則是「从玉耳」。珥既是「形」兼「義」符，同時也是「亦聲」。這是它們的差別所在。

「會意」字的詮釋方式中，還有一些比較特殊的例子。像「伐」字，「从人持戈」會意。人持戈矛，通常是為了征伐作戰，自有擊殺之意，但擊殺有勝有敗，勝則擊殺別人，敗則被人擊殺，所以甲骨文的「伐」作「[illegible]」或「[illegible]」，象人荷戈矛，亦象戈加人頸，怎麼解釋，恐怕見仁見智。而且「从人持戈」這樣的句型，和上述「从某，从某」或「从某某」的詮釋方式也不一樣，是一種比較特別的方式。像卷十下篇的「夾」字，「从大，俠二人」，由「大」（象人形）夾持二人會意，也屬於這一類。

「爨」字由「臼」「𠕁」（食器省形）、「冂」、「𠬞」、「林」、「火」等幾個形體組合而成，當然也是「會意」字。它象雙手將甑類食器端放在竈門之上，同時雙手從竈口放進木柴，並引火點燃，會合起來，自是燒火煮飯的意思。它的詮釋方式，亦與上文所述略為不同，而且，注文說解首句「齊謂之炊爨」，亦即「齊謂炊為爨」之意。許慎所以加此一句，應該是想在因形釋義的同時，多給讀者一些文化的常識。

四、對於「形聲」字，除了上述「亦聲」字之外，通常用來說明的，還有「从某，某聲」、「从某省，某聲」、「从某，某省聲」、「从某省，某省聲」等等。和「會意」字一樣，「形聲」字同樣是會合兩個文字以上的形體，來組成這個新造字的意義，但其中的形體，必然有的作形符用，有的作聲符用。例如：

（禧），禮吉也。从示，喜聲。（卷一上篇）

（帝），諦也。王天下之號也。从上，朿聲。（卷一上篇）

（夸），奢也。从大，于（亐）聲。（卷十下篇）

（寐），臥也。从㝱省，未聲。（卷七下篇）

（考），老也。从老省，丂聲。（卷八上篇）

（梓），楸也。从木，宰省聲。榟，或不省。（卷六上篇）

（薅），拔去田艸也。从蓐，好省聲。（卷一下篇）

（羔），羊子也。从羊，照省聲。（卷四上篇）

（囊），橐也。从橐省，襄省聲。（卷六下篇）

這些字中，「禧」、「帝」、「夸」都是「从某，某聲」半形半聲的形式，此在「形聲」字中，最為常見。但其間在形符和聲符的組合上，又稍有不同。「禧」和上文舉過的「丕」一樣，都是最常見的模式，而且形符、聲符的組合，也沒有什麼變化。「丕」由「一」與「不」組成，「禧」由「示」與「喜」組成，皆上為形符，下為聲符。始終如一。「帝」、「夸」則略有不同。

「帝」字，《說文》全文如下：

，諦也。王天下之號也。从上，朿聲。

，古文帝。古文諸丄字，皆从一，篆文皆从二。二，古文上字。辛、示、辰、龍、童、音、章，皆从古文丄。

「帝」者任德設刑，代天行道，所以舉措必須審慎。它的字形，原由形符「上」與聲符「朿」組合而成，但如今篆文的「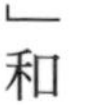」和「古文」的「」，在形體上已起變化。形符「上」字，「古文」作「一」，而篆文作「二」，古今字形已有了歧異。

「夸」字也一樣。《說文》說「夸」是「从大，于聲」，「大」是「人」的象形，「于聲」

的「于」，則是「亏」的訛變。《說文》卷五上篇：「亏，於也。象氣之舒。亏，从丂，从一。一者，其气平之也。」由於隸變的關係，不少的漢字在形體結構上已起了變化，有些表意的形體已變成了單純的書寫符號。「亏」部的「亏」，就是其中之一。所以從隸書、楷書以後，「凡亏之屬」，未必「皆从亏」。像「虧」、「粵」雖都保存「亏」的形體，但「吁」已變成「吁」，而「夸」的聲符「亏」聲也變成「于」聲了。

「寐」和「考」則代表另一種「形聲」字的組合方式。它們都是形符的部分，不取其全形，而僅取其局部。形符「寐」字省略了「㝱」的「夢」，「老」字省略了「匕」（人），都可能是因為形體太繁、書寫不便才改變的。尤其是「㝱」字，由「从宀，从爿，夢聲」構成，本身就是形聲字，再加上「未聲」來造新字，實在不能不省改重組。但就在這改變重組的過程中，古人也似乎創造或發現了轉注字。

「薅」、「羔」、「梓」等所謂「省聲」字，則又代表「形聲」字的另一種組合。與上面「寐」、「考」的組合恰好相反，此一組合，是在兩個形體以上的形符與聲符的組合中，做為聲符的字體，不採其全形而僅取其局部。「薅」是「从蓐，好省聲」，雖由「好」得聲，卻形符不變，省略的反而是聲符，把「好」省改為「女」了。其實，此字的形符「蓐」：「从艸，辱聲」（見《說文》卷二），本身就是形聲字。在此形聲字上再加「好」的聲符來構造新字，形體太過繁雜，不便書寫，也不美觀，最好的辦法自是加以改變重組。這種情形和「寐」字一樣。「寐」字省去的，是形符「㝱」的局部「夢」，而此「⿱艹⿰女辱」字省去的，則是聲符「好」的局部「子」，差別在此。徐灝《說文解字注箋》說：

陳艸復生曰蓐，因之除艸曰⿱艹⿰女辱，除艸之器謂之耨，義相因、聲相轉也。

這話說得不錯。我以為所謂「轉注」者，即起源於此。

「羔」、「梓」形符、聲符的組合，是「省聲」字常見的形式。「羔」字：「从羊，照省聲」，由「照」得聲，卻省略了聲符中上半的「昭」。「梓」字：「从木，宰省聲」，由「宰」得聲，卻省去了聲符中的上半「宀」。如果讀者不明白這些字原來聲符的全形，只以為形聲字是半形半聲，來取其音讀的話，就難免貽笑大方了。

「省聲」和「省形」都使形聲字更便於書寫，更為實用，也更美觀，所以發展得很快。形聲字在甲骨文中早已出現，據清人王筠《文字蒙求》的統計，《說文解字》全書九千三百五十三字，象形字二百六十四字，指事字一百二十九字，會意字一千二百五十四字，而形聲字則有七千六百九十七字。朱駿聲《說文通訓定聲》在〈六書爻列〉中統計則說，《說文解字》全書九千三百五十三字，形聲字八千五十七字。二人的估計皆佔八成多，可見「形聲」字的數量之大。它們在漢字的發展上越來越多，也越來越快。在發展的過程中，可以判斷古人一定在形相同、聲相轉的字與字之間，發現它們有可以互相轉注、「義相因」的道理，而且亦可依此原則來創造新字。所謂「建類一首，同意相受」，「轉注」字應該是如此發展起來的。

除了上述的詮釋方式之外，許慎還常用一種叫「讀若」的術語，來說明「形聲」字。據統計，全書約有八百三十例。「讀若」是用另外一個漢字來說明本字的讀音，所以也稱「讀與某同」或「讀同某」。這是許慎注音的方法。因為當時尚未發明以反切來注音，現在我們看到的《說文》字下的切音，是徐鉉根據唐代孫愐的《唐韻》加上去的。它通常是遇到冷僻難讀的字，才用來直接注音。像下列這些字就是：

（唪），大笑也。从口，奉聲。讀若《詩》曰：「瓜瓞菶菶」。（卷二上篇）

（喌），呼雞，重言之。从吅，州聲。讀若祝。（卷二上篇）

（𢾊），閉也。从攴，度聲。讀若杜。（卷三下篇）

（辛），辠也。从干、二。二，古文上字。……讀若愆。張林說。（卷三上篇）

（雀），依人小鳥也。从小、隹。讀與爵同。（卷四上篇）

（亼），三合也。从入、一，象三合之形。……讀若集。（卷五下篇）

這些字大多冷僻難讀，像「唪」字，「从口，奉聲」，其聲符「奉」字，「从手，从廾，丯（丰）聲」，本身已是形聲字，而且形符「从手，从廾」，蓋以手之多喻事物之繁盛。因此，從「奉」得音的「唪」、「菶」、「捀」等字，其意義自可通假。許氏還特別借用古人所熟讀的《詩經·大雅·生民》句子「瓜瓞菶菶」來標讀音，讓人可以聯想到「唪腹大笑」成語中「唪」與「捧」的關係。「喌」字，「从吅，州聲」，其形符「吅」字「从二口」、「讀若讙」，本身就是「形聲」字。「讙」與「喧」、「囂」音讀相近，意義可通。所以呼喚雞來時重複的叫聲，可以寫成「喌喌」，也可以寫成「祝祝」或「朱朱」，因為它們都是一聲之轉。「𢾍」字，「从攴，度聲」，其聲符「度」字，《說文》卷三下篇：「法制也。从又，庶省聲。」可見「度」有以手取法、知所限制之意，本身也是「形聲」字。「𢾍」既由「攴」「度」會意取音，因而亦有閉塞、防閑之義。所以後人所用「杜門不出」、「杜絕」的「杜」，本字應該是這個「𢾍」字才對。「杜」字，據《說文》卷六上篇：「甘棠也。从木，土聲。」可見「杜」原只是樹名，與「𢾍」的本義無關。然而後人卻慣於以「杜」代「𢾍」。由此可見，「杜」乃「𢾍」之借字。

由此亦可見，「讀若」不只可注字音，有時也兼且說明了若干文字之間的通假關係。我也以為這些現象，可以說明六書中「假借」字的起源。許慎說「假借」是「本無其字，依聲託事」，用上述「杜門」、「杜絕」的「杜」為例，語言中是有「𢾍」這個聲音，但因為它冷僻不常用，所以就借用同音字「杜」來代替它。「本無其字」的「字」，不是說原來沒有「杜」這個字，而是說「杜」這個字，原來在其「會意」或「形聲」上沒這個用法。上文說過的，象形、指事，謂之文；會意、形聲，謂之字。轉注、假借，是字之用。

所以「辛」、「雀」、「亼」等字的「讀若」，它們和所注明的對象「愆」、「爵」、「集」等字的關係，只是語言或音義上的借代，並無文字形體上直接的聯繫。「辛」字由「干、二」會意，「二」者上也，干犯上級自然有辠（今「罪」字），它和「愆」字（《說文》：「過也。从心，衍聲。」）音同義近，但字形卻迥然不同。「雀」字由「小、隹」會意，因為牠的叫聲節節促促，有一種禮器「象之曰爵」，所以許慎說它音讀與「爵」相同，可以借用，並非說字形相同。「亼」字「从入、一，象三合之形」，音義雖像「集合」的「集」字，但形體仍然大相逕庭。這些字雖然都說是「讀若某」、「讀與某同」，但它們和上述的「𢿌」、「䍐」等例不完全一樣。至於在標注音讀之外，或明二字音義可以相通，或釋二字可以假借，道理則是一致的。

姚孝遂的《許慎與說文解字》一書，則從另一個角度來看這些問題。他說：《說文》的音讀體例，除「亦聲」、「省聲」之外，尚有直接注明讀音的，一是「讀若」（或作「讀如」），一是「讀同」。

他說「讀若」可分三種形式：

（1）用常見字注明音讀。例如：㫃（）：「讀若偃。」

（2）用大家熟悉的經典詞語注音，有時也兼申其義。例如：⿺走戴（⿺走戴）：「讀若《詩》：『威儀秩秩』。」⿺走戴訓「走」，「秩」僅注其音，與義無關。又如：

𠬪（𠬪）：「物落，上下相付也。从爪，从又。凡𠬪之屬，皆从𠬪。讀若《詩》：『摽有梅』。」林義光《文源》：「本義為付，引伸為落，落猶從上付於下也。」摽訓「擊」，𠬪與「摽」不僅音同，義亦可通。

（3）用人皆習熟的方言俗語注音，是「以耳中之語識目中之字」。例如：⿰飠尼（⿰飠尼）：「饑也。从食，尼聲。讀若楚人言恚人。」

他說「讀同」也有兩種不同的形式：

（1）「讀與某同」，表示其音相同。例如：⿰也攵（⿰也攵）：「敷也。从攴，也聲。讀與施同。」施訓「旗貌」，亦从「也」得聲。也、⿰也攵與「施」古代同音不同字，可惜現在讀音差很遠，已讀不出來了。

（2）「讀若某同」，王筠《說文釋例》以為當斷句讀作「讀若某，同」。音相同，而字則分隸兩部。例如：

丌（丌）：「下基也。薦物之丌。象形。凡丌之屬皆从丌。讀若箕，同。」從原始形態來說，「丌」與象箕之形的「⊠」不同字，但戰國時代的古文「丌」、「其」二字已通用無別。所以《說文》也以為它是象簸之形。

他的這些意見，可供我們作形聲字分類時的參考，自有其一定的意義。但同樣的例證，我們在下文裡也可以作不同的分析。

這裡要特別附帶說明一件事，許慎對形聲字，一般都以「从某某聲」、「某省聲」、「某亦聲」等等的方式來注明讀音。這對了解古音的人當然沒問題，但語音是會演變的，古今音常有不同的變化，所以許慎的注音，今天的讀者已經不能憑借他所標明的聲符讀出正確的讀音了。例如「祥」字，許慎《說文解字》：「从示，羊聲。」今天「祥」和「羊」的讀音已經差很遠了，這是讀者必須明白的事。

第四節　引證條例

許沖上書云：「先帝詔侍中騎都尉賈逵修理舊文，臣父故太尉南閣祭酒慎，本從逵受古學。」又說：「慎博問通人，考之於逵，作《說文解字》，六藝群書之詁，皆訓其意。」許慎既從賈逵受古學，又「博問通人」，所以他的《說文解字》，廣引群書，博采通人之說，要求做到「信有而證」。

上文說過，許慎被時人譽為「五經無雙」，他在書中引用古代的經典，包括今古文的《詩》、《書》、《易》、《禮》、《春秋》五經之外，還引用了《孝經》、《論語》、《孟子》、《老子》、《墨子》、《韓非子》、《國語》、《爾雅》、《呂氏春秋》、《山海經》、秦刻石、《漢書》、漢律令等等，據後人統計，多達一千三百多條。

在這些引證的例子之中，有的是為了解析字形，例如卷一下篇的「葬」字：

葬（葬），藏也。从死在茻中。一，其中，所以荐之。《易》曰：「古之葬者，厚衣之以薪。」

引文見《易經．繫辭下傳》。段玉裁《說文解字注》：「此引《易．繫辭》說從死在茻中之意也。上古厚衣以薪，故其字上下皆艸。」王國維則以為「死」借為「屍」。李孝定師《甲骨文字集釋》：「王說是也。」

又如卷六下篇的「買」字：

買（買），市也。从网、貝。《孟子》曰：「登隴斷而网市利。」

引文見《孟子．公孫丑下》篇。原文作：「有賤丈夫焉，必求隴斷而登之，以左右望，而罔市利。」可見許慎在引用時，已撮其語意而改變其原文，並非照書全抄。

有的引證是為了闡釋字義。例如卷一上篇的「祡」字：

祡（祡），燒柴燎以祭天神。从示，止聲。《虞書》：「至于岱宗，祡。」䄍，古文祡，从䄍省。

桂馥《說文解字義證》：「《虞書》曰者，〈舜典〉文。彼作柴，釋文引馬注。祡者，祭時積柴加牲其上而燔之。本書隋，裂肉也。裂當為烈，謂加牲燔柴之上。」看了桂馥的解釋，可以明白《說文》對此字的解說，確是為了闡釋字義。

又如卷一下篇的「苢」字：

苢（苢），芣苢。一名馬舃。其實如李，令人宜子。从艸，㠯聲。《周書》所說。

據段玉裁《說文解字注》：「示部曰《逸周書》，此不言逸。〈王會篇〉曰：桴苡者，其實如李，食之宜子。」可見此處所引之《周書》，指《逸周書》。所引亦為了闡釋字義。

有的引證則為了印證讀音。例如上文引用過的卷四下篇的「𠬪」字：

𠬪（𠬪）：物落，上下相付也。从爪，从又。凡𠬪之屬，皆从𠬪。讀若《詩》：「摽有梅」。〈摽有梅〉一詩，見《詩經．召南》。王筠《說文句讀》：「《孟子》野有餓莩，趙注引《詩》莩有梅，……〈食貨志〉引《孟子》作芆」，可證𠬪、莩、摽音讀相近。

又如卷三下篇的「𩏁」字：

𩏁（𩏁），車衡三束也。曲轅𩏁縛，直轅𦥛縛。从革，爨聲。讀若《論語》：「鑽燧」之「鑽」。

鑽燧，見《論語．陽貨篇》：「舊穀既沒，新穀既升，鑽燧改火，期可已矣。」這是宰我請教孔子有關為父母服喪三年是否可改為一年所提問的話，是古代儒生無人不知的一段經文，所以許慎借以說明「𩏁」這個罕見字的讀音。

漢代一般讀書人對儒家經典都非常熟悉，可謂讀得滾瓜爛熟，所以引用經典之文，可以幫助他們了解字的音讀。不但如此，許慎在書中還會引用方言、俗語來注音讀。例如卷五下篇的「飽」字：

𩛘（𩛘），飢也。从食，戹聲。讀若楚人言恚人。

又如卷九上篇的「卸」字：

卸（卸），舍車解馬也。从卩止午。讀若汝南人寫書之寫。

這是引用方言注音的例子，應該有些是參考了揚雄的《方言》。另外，像卷一上篇的「𥛱」字：

𥛱（𥛱），數祭也。从示，毳聲。讀若春麥為𥛱之𥛱。

像卷二上篇的「哽」字：

哽（哽），語為舌所介也。从口，更聲。讀若井汲綆。

這是引用俗語的例子。王筠《說文釋例》有云：「夫以俗語正讀，而不易本字者，所以曉同世之人也。人皆習熟此語，則以耳中之語識目中之字，其音必不誤矣。」俗語如此，方言乃至引用經典中語，亦當如此。

許慎書中所引證的例子，有時會出現文字上的歧異。例如卷六上篇的「枖」字：

（枖），木少盛貌。《詩》曰：「桃之枖枖」。

和卷十二下篇的「媄」字：

（媄），巧也。一曰：女子笑貌。《詩》曰：「桃之媄媄」。

一樣引用《詩經．周南》的〈桃夭〉篇，文字竟有歧異。據段玉裁注：「木部已稱桃之枖枖矣，此作媄媄，蓋《三家詩》也。」這兩個字例都出自三家詩，所以和今傳《毛詩》本子作「桃之夭夭」皆有所不同。

同樣的情況，也出現在卷八上篇的「袾」字和卷十二下篇的「㚷」字的引文中，它們一樣引用《詩經．邶風》的〈靜女〉一詩，卻一作「袾」，一作「㚷」。段玉裁注：「今《毛詩》作姝。傳云：姝，美色也。豈許所見《毛詩》異與？抑取諸《三家》與？」段玉裁認為是出自今古文「三家詩」和《毛詩》的不同。

我們知道漢朝《詩經》本子有「三家詩」和《毛詩》的不同，此關係到今文經和古文經傳本的問題。今文經多由經師口授，口耳相傳，難免讀音稍有不同，記錄的文字即隨之而異。即使出自同一家法師法，也難以避免。何況展轉傳抄，魯魚亥豕的無心之失，就更容易產生了。所以《說文解字》書中出現引文字句歧異的情形，並不足怪，反而可以說明許慎雖是古文經學派，卻不廢今文經。所謂「不廢今人愛古人」也。

即使同樣引用古文經本子，文字也有可能不盡相同。例如卷七上篇的「䵒」字，引用《春秋傳》的「不義不䵒」，也與今本《左傳·隱公元年》「鄭伯克段于鄢」的「不義不暱」，有所差異。

另外，還有一種情況，是所引例證與詞頭的本義不相應的。例如卷四下篇的「利」字：

（利），銛也。从刀。和然後利，从和省。《易》曰：「利者，義之和也。」

利的本義是鋒利，可是引文出自《易經·乾·文言》，講的原是利益。

又如卷十二上篇的「耽」字：

（耽），耳大垂也。《詩》曰：「士之耽兮」。

耽的本義是耳大垂，可是引文出自《詩經．衛風》的〈氓〉篇，講的原是享樂。

這種不相應的情況，有人以為舉例不當。但是否許慎把與該字有關的引申義或其他存疑的解釋，附供讀者參考，就有待讀者明鑑了。

至於「博采通人之說」的例子，除孔子外，依序有董仲舒、尹彤、淮南子、司馬相如、杜林、劉向、譚長、賈侍中、傅毅、張林、揚雄、黃顥、王育、京房、衛宏、官溥、莊都、爰禮、周盛、徐巡、鄭司農、甯嚴、桑欽、楚莊王、逯安、劉歆、張徹、班固、歐陽喬、宋宏等人。另外還有「一云」、「一曰」、「舊云」、「或說」、「復說」、「或以為」、「或云」、「博士說」等等，據統計，共三十家，說字一百多則。可見所謂通人，乃指漢朝學識淹博的學者專家。賈侍中就是賈逵，是許慎的老師，故稱其職而不名，以示尊敬。

和上述引證群書一樣，書中引用通人之說時，通常都列於文末。例如：

羊（羊），祥也。从丫，象頭角足尾之形。孔子曰：「牛羊之字，以形舉也。」凡羊之屬，皆从羊。（卷四上篇）

豫（豫），象之大者。賈侍中說，不害於物。从象，予聲。（卷九下篇）

斡（斡），蠡柄也。从斗，倝聲。揚雄、杜林說，皆以為軺車輪斡。（卷十四上篇）

如果對於所引的通人之說，許慎自己尚有疑問，也會特別注明。例如卷八下篇的「禿」字。

> （禿），無髮也。从人，上象禾粟之形，取其聲。凡禿之屬，皆从禿。王育說，倉頡出，見禿人伏禾中，因以制字。未知其審。

「未知其審」，正可證明其「信而有證」、求真務實的寫作態度。

潘重規《中國文字學》中有一段話說得好：

> 許氏博引群書，廣徵通人之說，凡以求說明文字之本義而已。每一文字之義，皆以造字之義為歸，不以群書習用之義而淆其本義也。故「也」為女陰，「臣」為牽引，皆互古不行（刊）之義，而許君不問也。其故者何？則以文字之形與義，有其獨立性；施用文字者，有其習慣性。許君認清文字之獨立性，不使用字之習慣性淆亂字之獨立性，使文字成為一獨立專門之學，故其書之編製，既分別部居，而又字字獨立，自來字書皆綴句聯章以成文，未有如許書之以單字為經，以本義為準者也。故真正嚴格之字書，當推《說文》為創始之作，而文字成為一獨立專門之學，亦當自許君始也。

第五節　常用術語

上文曾經說過，許慎《說文解字》的著述體例，原則上以形為主，因形而說音、說義，而其最終目的，則仍在於闡釋字義。以上所欲闡述者，就是這些道理。不過，在闡述時，對於形、音、義三者，析論有關形、音體例的部分較多，闡述有關字義體例的則較少，有時候他還會用一些術語來作補充的說明，以提醒讀者。常用的有「一曰」、「又曰」、「同意」、「以為」等。下文先就此引例略作說明。

首先，談「一曰」的問題。

「一曰」有時也作「或（曰）」、「又曰」。許慎《說文》書中，通常一字只收一個意義，用到「一曰」者，有兩種狀況：一是有另外的名稱，一是有另外的意義。同樣以卷六上篇的「木」部為例，前者如桔（桔）字：「桔，桔梗，藥名。从木，吉聲。一曰直木。」如梂（梂）字：「梂，櫟實。一曰鑿首。从木，求聲。」如梧（梧）字：「梧桐也。从木，吾聲。一名櫬。」如檻（檻）字：「檻，櫳也。从木，監聲。一曰圈。」後者是指兼採別說，或採別形，或採別音，或採別義，表示一字多義，異說並存，然而卻又全與字義有關。例如：

榛（榛），木也。从木，秦聲。一曰菆也。

梅（梅），枏也，可食。从木，每聲。楳，或从某。

梓（梓），楸也。从木，宰省聲。榟，或不省。

橪（橪），酸小棗。从木，然聲。一曰染也。

橿（橿），枋也。从木，畺聲。一曰鉏柄名。

權（權），黃華木。从木，雚聲。一曰反常。

楮（楮），穀也。从木，者聲。柠，楮或从宁。（段注：宁聲。）

榮（榮），桐木也。从木，熒省聲。一曰屋梠之兩頭起者為榮。

櫝（櫝），匱也。从木，賣聲。一曰木名。又曰大梡也。

椯（椯），箠也。从木，耑聲。一曰椯，度也。一曰剟也。

欑（欑），積竹杖也。从木，贊聲。一曰穿也。一曰叢木。

析（析），破木也。一曰折也。从木，从斤。

這些字都是形聲字，左形右聲。形旁即義符，代表字的含意，聲旁代表字的讀音。在這些形聲字中，兼採別形的，像「梓」字也可以寫作「榟」，「梅」字也可以寫作「楳」；兼採別聲的，像「楮」字「者聲」，據《段注》，此字也可以讀作「宁聲」。同樣的，「榛」是「从木，秦聲」，可是「一曰」的「菆」字，據羅振玉說，乃「叢」之別體，音同「叢」。它們雖然不像卷五上篇「𥁑」：「小甌也。从皿，有聲。讀若灰。一曰若賄。𥁑，或从右。」那麼確定兼採別形別聲，但視為兼採別聲，應無問題。其他的例子，都是兼採別義。「橪」的本義，是樹名，它在「一曰」底下的別義「染」字，卻是動詞。「酸小棗」樹的皮，可以染綠，所以它們之間在意義上有必然的聯繫。「析」字的本義是「析木」，指用斤（斧頭）劈開木頭；別義是「折」，指樹木從中間折斷。一個是直劈，一個是橫斷，它們之間在意義上仍有必然的關聯。

「櫝」、「椯」、「欑」的別義都不止一種，所謂一字多義，但它們的本義和別義之間，尋繹之，也都有直接或間接的關係。「櫝」本義是「匱」，即木櫃，別義是「木名」和「大梡」。木櫃當然是某一樹木（《玉篇》說「櫝」同「樚」）裁製而成；如果木頭裁成一大塊，那就叫做「梡」。沒有劈開的大塊木頭，才能用來製櫃。

「椯」的本義是「从木，耑聲」的「箠」，即打馬的鞭子，用以催促、策勵，有揣度、刊削，求其合度之意。別義的「度」和「剟」，不但和它音讀相近，而且在意義上，也是由它引申而得。

「欑」字「从木，贊聲」，本義為「積竹杖」，指積合青竹製成的杖。別義之一為「穿」，即鑽穿，聲與「欑」字相同，另一個別義是「叢木」。對照來看，積合叢竹製杖時，必有鑽穿的動作，竹木的數量也不只一二，必為「叢木」而後可。所以本義和別義之間，仍然有必然的聯繫關係。

綜合以上的說明，可以明白所謂「一曰」、「又曰」，不但有一字數讀的現象，而且也有一字多義的現象。甚至會將各種不同的別義，寄託於所徵引的文獻之中。《說文解字・敘》有云：「今敘篆文，合以古、籀。博采通人，至于小大，信而有證。」例如同部的：

欒（欒）木，似欄。从木，䜌聲。《禮》：天子樹松，諸侯柏，大夫欒，士楊。

「欄」，指木蘭。「禮」，指《周禮・冢人》。文中所注，是說明古人在墳前所種的樹木，因身分等級的不同而有所差異。大夫等級的，種欒樹。它和天子種松、諸侯種柏以及士人只能種楊樹，各自不同。但書中徵引時，卻有時連類而及。又如解釋「槌」字時說：「關東謂之槌，關西謂之㭙。」表示「槌」、「㭙」都是指用來架蠶箔的木柱，只是因地域的不同而有異名別稱。這也是連類而及。

除此之外，許慎《說文解字》在字義的詮釋方式上，還有幾種特殊的體例。其中最特殊的一種，是清末大學者錢大昕在《十駕齋養新錄》中所提出的，叫做「連篆為句」。所謂「連篆為句」，是說《說文》在訓解字義時，雖以訓解之前的篆文為對象，但有時卻「釋文連篆字為句」。例如卷七上篇「日」部的「昧」字：

（昧）爽，旦（且）明也。从日，未聲。一曰闇也。

還有「晶」部的「參」字：

（參）商，星也。从晶，㐱聲。，曑或省。

訓解時，「昧爽」、「參商」都是聯綿詞，不可頓開而解作「昧，爽旦明也」或「參，商星也」。顧炎武《日知錄》曾經批評許慎不知天文，訓「參」為「商」，應該就是不知《說文》有此「連篆為句」特例的緣故。

這種「連上篆讀」的特例，為我們讀者解決了一些疑惑，但也同時衍生了一些問題。例如「木」部的「柍」字：

（柍）梅也。从木，央聲。一曰江南橦材，其實謂之柍。

意思是說：柍是梅樹的一種，另外一義是指江南橦樹的果實。「柍梅」是不是應該「連篆為句」，就有疑義。同樣的，錢大昕所謂「諸山水名，云山在某郡、水出某郡者，皆當連上篆讀」，

核以「水」部的「湫」字：「湫隘，下也。」不能讀作「湫，隘下也」是有道理，但也不能一概而論。就有人以為錢大昕牽連太廣，不足為訓。

另外一種，叫做「合釋聯綿詞」。所謂聯綿詞，用今天的話說，是漢語複音詞中的一種，主要由同音假借字或同音通假字所組成，包括雙聲、疊韻和重字等等。對於聯綿詞，許慎在書中往往將構成聯綿詞的個別單字，合在一起解釋。例如：「璵璠」、「蹢躅」（躑躅、躊躅）、「蝦蟆」等等：

璠（璠），璵璠。魯之寶玉。从玉，番聲。孔子曰：美哉璵璠，遠而望之，奐若也；近而視之，瑟若也。一則理勝，一則孚勝。

璵（璵），璵璠也。从玉，與聲。（以上卷一上篇）

蹢（蹢），住足也。从足，適省聲。或曰蹢躅。賈侍中說，足垢也。

躅（躅），蹢躅也。从足，蜀聲。（以上卷二下篇）

蝦（蝦），蝦蟆也。从虫，叚聲。

蟆（蟆），蝦蟆也。从虫，莫聲。（以上卷十三上篇）

可見許慎在說「文」解「字」時，不但對文字個別予解說，而且已經有了「詞」的觀念。

還有一種，和「連篆為句」比較近似，叫做「復句為釋」。通常在書中釋文時，許慎只用一個字、一個詞或一些短語，但有時候他也用兩個字、兩個詞或兩個短語。這就叫做「復句為釋」。例如：

（禔），安福也。从示，是聲。（卷一上篇）

（標），木杪末也。从木，㶾聲。（卷一上篇）

（杪），木標末也。从木，少聲。（卷六上篇）

據桂馥《說文義證》說，安、福二義，像《玉篇》即作「安也，福也」，所以「禔」字的釋文原來應作「安也，福也」。同樣的道理，「標」和「杪」二字是互訓，按照《玉篇》的斷法，也應作「木杪也，末也」、「木標也，末也」。它們都為了省文，把上句的「也」字省略了。這種例子，就叫「復句為釋」。

不過，也有的例子，上句的「也」字是不能省略的，像「示」部的「禍」字：「害也，神不福也。」上句的「也」字是不宜省的。

除了上述三種之外，許慎《說文》還有一些特例，也常被人所忽略。分別介紹如下。

許慎在訓解字義時，有時會用「同意」一詞，說是「此字與某字同意」。他所說的「同意」，並非表示二字意義相同，而是指二字之間的形體構造，有相似之處。例如「木」部的「朵」字：

朵（朵），樹木垂朵朵也。从木，象形。此與采同意。

說「朵」是「从木，象形」，重點在「木」上方的「几」，是表意的符號，象枝葉花實下垂的樣子，此與《說文》卷七上篇「禾」部的「采」字：「禾成秀也，人所以收。从爪、禾。采或从禾，惠聲。」指人們收穗的成穗穀物，「禾」上方的「爫」，本指用手採，如照許慎所說，這裡應是表意的符號，象禾穗下垂的樣子。二字的形體構造，有相似之處，所以稱為「同意」。許氏訓解篆文，特別重視其形義關係，「同意」之說，重在說明此字與他字二字之間的形義關係。其字形的構造皆相似，其字義亦必相通。這也是轉注字二字可以「同意相受」的起源之一。

例如皿與豆二字：

皿（皿），飯食之用器也。象形，與豆同意。凡皿之屬，皆从皿。

豆（豆），古食肉器也。从口，象形。凡豆之屬，皆从豆。

皿、豆二字都是飲食用器，在造字結構上，皆取器具側視之形，故字形構意相同。

這樣的例子，最有名的，如卷五上篇的：「工，巧飾也。象人有規榘也。與巫同意。」如卷七下篇的：「韭，菜名。一種而久者，故謂之韭。象形，在一之上。一，地也。此與耑同意。」工字「古文」作「𢒄」，象巧飾，有規矩，此與「巫」：「能事無形，以舞降神」、「象人兩褎（袖）舞形」，其形必有規矩。構形相似，真有異曲同工之妙。韭，韭象韭菜之形，底下的一横，代表地面，這與「耑」字的「上象生形，下象其根」，指植物初生的形狀，中間的一横，也代表地面，可謂都是巧構形似之言。而且，它們都與象形、指事所構成的「會意」有關，所以叫做「同意」。

六書之中的前四項，指事、象形、會意、形聲，所謂「文」「字」者，許慎的訓解，都針對個別的單字而言，在《說文解字》書中也都有較為明確的詮釋方式和訓解文字，但對於後二項的轉注和假借，除了《說文解字．敍》中略有舉例說明之外，似乎在訓文中未曾提及。事實上，轉注和假借所涉及的，都是字與字之間的關係，不是個別單字的訓解，而且它們都是在形聲字的基礎上發展起來的。形聲字「以事為名，取譬相成」的結果，把二字之間的形音義三者的關係，據形系聯，分部歸類，作繁衍擴張的聯繫，必須「建類一首，同意相受」，才會轉注生焉；至於「本無其字，依聲託事」的假借字，也必須在音同則義通的原則之下，才能「依聲託事」，展轉運用，因而使漢字的發展有所節制，不至於數量太多。

《說文》中的「以為」、「因以為」或「借以為」，說明「假借」之法，也是段玉裁《說文解字注》所揭示出來的。像卷十二上篇的「西」字：

西（西），鳥在巢上。象形。日在西方而鳥棲，故因以為東西之西。……棲，西，或从木妻。卤，古文西。卥，籀文西。

語言中有東方、西方這些概念，也有「西」這個語音。古人造字時，於是借大家所熟悉的日暮則鳥歸棲之事，畫出鳥棲巢上之形，來表示它的含義。這個假借字和本字之間，沒有形體的聯繫，只有音、義的關係。像「烏乎」（嗚呼）的「烏」，借自「烏鴉」的「烏」，「取其助氣，故以為烏呼」。另外，像「然而」的「然」，借自「然（燃）燒」的「然」，「而」借自頰毛的「而」，等等，也都與「以為」的用法相同。

至於許慎在《說文解字》中，凡是訓解中有注明「闕」字的，都表示對該字的形或音或義有所不知，以闕其疑，來表示他「信而有證」的負責態度。

例如卷一上篇的「旁」字：

旁（旁），溥也。从二，闕。方聲。

這裡所謂「闕」，是許慎表示他不知道小篆的「旁」字為什麼形體如此，他不肯強作解人，所以讓它空著不說。據劉盼遂《王國維說文練習筆記》說，王國維以為《尚書》中旁字有四面八方之意，此字上體應即古凡字，而周法高《金文詁林》更引楊樹達之說，證實王氏推論，上體象四方之形，下則加聲旁也。不過，許慎不知為不知的治學態度，仍然令人敬佩。

黃侃曾說：「許君說字，皆有徵信，經典之有徵者，則徵之經典；經典之無徵者，更訪之通人；其有心知其意，無可取徵者，則寧從蓋闕。」斯為的論。

葉德輝《說文解字闕義釋例》曾作過統計，二徐本注有「闕」字的，共五十三處。固然有人以為這是許慎自己注上的，但也有人（像嚴可均）以為此非許氏原書之所有，而是後世傳抄時有所脫落，由校勘者加上去的。詳情究竟如何，已難考查了。

第六章　六書說

第一節　六書的名目與次第

漢字既然是以象形為基礎發展起來的兼表音意的文字，它的字形和音義之間，自有密切的關係。能夠明白字形的原始結構，有助於了解字音字義的來歷。反過來說，能夠確定本音本義，也有助於認識字形的原始構造。因此自古以來，想要學習漢字的人，往往先要從認識它們形體的原始結構開始。

討論這個問題，早從西漢的經學家就開始了。他們認為從漢字的形體結構看，歸納起來，古代漢字造字的方式應該有六種，此即所謂「六書」。過去有些人以為這種說法始自東漢許慎，其實不然。漢代經學家多恪守家法師法，在許慎之前，早就有了「六書」名稱的記錄。

（一）六書名稱出自《周禮》

「六書」這個名稱，最早出現在《周禮．地官．保氏》中。原文如下：

> 保氏掌諫王惡，養國子以道，乃教之六藝：一曰五禮，二曰六樂，三曰五射，四曰五馭，五曰六書，六曰九數。

意思是說：周代「保氏」這種職位的官員，和其他古代的史官一樣，除了要勸諫君王改正過失之外，還要按規矩用六藝來教導國家未來的主人翁，即貴族子弟，以期他們將來能蔚為國用。《周禮》有「八歲入小學」的說法，可見這裡所說的「國子」，真指幼小或年輕的學生而言。《禮記．內則》也說：「六年教之數與方名，十年出就外傅，學書計」，可見後來又要學「書計」。有人說就是出外向老師學習六書和計數之學。《後漢書．楊終傳》說的：「禮制：人君之子，八歲為置少傅，教之書計，以開其明。」可知指稱的對象，仍以皇親、貴族子弟為主。

六藝，指禮、樂、射、馭（御）、書、數等六種才藝訓練和行為能力。每一種才藝都包含五、六項以上的名目。例如「五禮」指：吉禮、凶禮、賓禮、軍禮、嘉禮等五種古禮，「六樂」指：雲門、大咸、大韶、大夏、大濩、大武等六種古樂，等等。這些才藝能力的訓練和要求，猶如現在初級教育有音樂、體育、寫字、算術等等課程一樣。其實就是古代所重視的文武合一的全人教育。

《周禮》一書，相傳是周公「致太平之書」，但一直到漢代的劉歆，才在宮中典校藏書時發現它，或者說，才公開它的存在。它在漢代以前，怎麼流傳下來的，無人知曉；究竟是不是周公所作，與周代的禮俗符合不符合，也沒人知道。因此，有人（像康有為《新學偽經考》）就以為它是劉歆所偽造，用來幫助王莽託古改制，做為篡奪天下的藉口；有人則以為是周公原有之作，只是經過後人的竄改。現在根據專家的推斷，認為該書中有些古字，有的與《說文解字》的「籀文」、「古文」相合，有的與後世出土的甲骨文、金文相契，所以不可能是劉歆所偽造；而且所謂「致太平之書」，那也只是表示政治的理想，未必要合於周代的史實。至於內容文字的部分有沒有經過後人或劉歆的竄改，則不得而知。

如此說來，《周禮》的「六書」名稱，必然是在漢代學者劉歆之前，即已存在。即使是劉歆所竄入，它也必然意味著有所依據，不會是他憑空虛構。但是《周禮》只有「六書」這個名稱，其意義究竟如何，書中卻未有進一步的說明。我們核對原文中其他的「五禮」、「六樂」等等，再參考漢代鄭眾、鄭玄等人的注解，大概可以推論出來：五種古禮和六種古樂的學習是一組，應與文事禮儀有關；五種射箭（白矢、參連、剡注、襄尺、進儀）和五種駕車（鳴和鸞、逐水曲、過君表、舞交衢、逐禽左）的方法是一組，應與武事技術有關；而「六書」（象形、會意、轉注、處事、假借、諧聲）和「九數」（方田、粟米、差分、少廣、商功、均輸、方程、贏不足、旁腰）是一組，應該與「書」學、「數」學有關，自然也與計數之學有關。但「六書」的「書」該作何解，究竟是指書法，或指書體？所謂「六書」，是不是指古人的造字之法？為什麼漢代經學家所傳的名目和次序，會有所不同？對於這些問題，則後人頗有不同的看法。

〈二〉六書的名目次第

關於「六書」的名目和次第，古今學者有很多不同的說法，為了討論的方便，我們先把漢代有關「六書」最早也是最主要的三家說法，臚列如後：

（1）班固（西元三二～九二）《漢書．藝文志》：

古者八歲入小學，故周官保氏掌養國子，教之六書。謂象形、象事、象意、象聲、轉注、假借，造字之本也。

（2）鄭眾（西元？～八三）（鄭玄〔西元一二七～二〇〇〕《周禮．保氏．注》所引）云：

六書：象形、會意、轉注、處事、假借、諧聲也。

（3）許慎（西元五八？～一四八？）《說文解字．敘》：

周禮：八歲入小學，保氏教國子，先以六書。一曰指事。指事者，視而可識，察而見意。上下是也。二曰象形。象形者，畫成其物，隨體詰詘。日月是也。三曰形聲。形聲者，以事為名，取譬相成。江河是也。四曰會意。會意者，比類合誼，以見指撝。武信是也。五曰轉注。轉注者，建類一首，同意相受。考老是也。六曰假借。假借者，本無其字，依聲託事。令長是也。

除了這三家之外，東漢荀悅《漢紀》卷二十五在漢成帝本紀中，也節錄了《七略》的文字，說：「書有六本，謂象形、象事、象意、象聲、轉注、假借也。」蓋與第一種班固之說同。班固《漢書．藝文志》本來就是節錄劉歆《七略》而成，所以不另列討論。許慎以後，顧野王《玉篇》、徐鍇《說文解字繫傳》、陳彭年《廣韻》、張有《復古編》、戴侗《六書故》、楊桓《六書溯源》、王應電《同文備考》等等，也各有著錄，但都不出此三家的範圍，因此也就不一一贅舉了。

我們對照以上三家說法，可以看出來：

（一）三家的「六書」之說，「六書」的名稱和次序上雖有不同，但他們都是為《周禮》所謂的「六書」作注解，提供了六種具體的名目，並且都認為它們即周代教導貴族子弟識字用的六種「造字之本」。這裡所說的「造字之本」，是指歸納古代流傳的若干書體，推究古人造字的法則，供初學者識字之用，而不是說教人如何創造文字。孫海波《中國文字學》有云：「六書者，因已有之字，推求其類別先後，科為六類，而類各為例，以為造字之原則者也。」對漢代的學者來說，這是援古以證今，要初學者見賢而思齊，由此認識古文字構造的原則和體例，而不是要教他們如何創造文字。

（二）在六書的名稱方面，三家之說並未統一。除了象形、轉注和假借三者完全相同，會意一類，鄭眾、許慎相同之外，其餘三類的名稱則皆各有差異：

班固：象事‧ 象意‧ 象聲‧

鄭眾：處事‧ 會意‧ 諧聲‧

許慎：指事‧ 會意‧ 形聲‧

相同者在於：三家都強調要識字，必須在原有的象形之外，注意到文字中是否有「事」、「意」、「聲」的部分。可見「事」「意」「聲」三者與古文字形體的構成，有極為密切的關係。陳夢家在《中國文字學》論漢字的結構時，曾說：中國文字起源於象形字，而象形字最初是圖畫，圖畫主要目的在傳述一個事物，而同一個事物有許多看法，例如在金文中，何（荷）、伐、戍三個字，都象人荷戈遠戍出伐之形。因為這是一件事的三面，所以聲音也就不同了。陳夢家的說法，說明了象形字因所傳述的事物不同，即可有不同的意義和聲音。這是值得我們注意的。

至於三家名稱不同的地方則在於：班固在「象形」之外，對「事」「意」「聲」三者皆冠上「象」字，特別強調了象形在古文字創造過程中的重要性，可以理解為：有「事」「意」「聲」成分的古文字，都是以象形為基本發展出來的。鄭眾和許慎雖然分別以「處事」、「指事」、「會意」、「諧聲」、「形聲」等等稱之，似乎在修辭中求其變化，但也都有以象形為基本，來處其「事」、指其「事」，來會其「意」，來調諧其「聲」、形容其「聲」，而另造新字的意思。

另外還有一種新解，說班固的四象，象形、象事、象聲、象意的「象」，同是一個他動詞，所以象形的「象」，意思與《禮記‧樂記》「感于物而動，故形于聲」相同，而「形聲」亦非半形半聲，而是「象」其聲，即依聲表音之意。這是另一個可供參考的意見。至於轉注、假借二者，則三家名稱都已固定，沒有異議。

（三）在六書的次序方面，從表面上看，三家各有不同，就此而論，我們當然可以解釋為三家只是隨手標列，並無固定的次序，但如果我們仔細看，卻又似乎可以發現，它們自有其秩序。例如我們以班固的「六書」次序為準，依序標上號碼，並分列成兩行三組來看：

1象形　　3象意（會意）　　5轉注
2象事（處事、指事）　　4象聲（諧聲、形聲）　　6假借

那麼就可以發現：班固以「象形」為中心，象事、象意、象聲字中也都強調有象形的成分，只不過象形的成分依次遞減了，轉注和假借則自成一組；鄭眾把班固奇數和偶數的左右兩行分開，4、6二項上下調整，這體現了漢字形音義的特點，「象形」是形，「會意」、「轉注」、「處事」是義，係依表義的強弱依序排列，「假借」、「諧聲」則依表音的程度依序排列；而許慎則是把班固奇數和偶數的前兩項左右對調，說明「文」「字」有別，但最後的5、6二項轉注與假借，則保留不動。

因此，我們可以了解：從橫向的次序看，象形和象事（處事、指事）是一組，是所謂獨體的「文」，象意（會意）和象聲（諧聲、形聲）是一組，是所謂合體的「字」，轉注和假借是

一組，是在前二組之上，牽涉到兩個字以上，它們之間的音義關係。從縱向的次序看，奇數1、3、5和偶數2、4、6的兩行，也可以各成一個系列，但許慎似乎又把第5、6二項的轉注、假借，獨立為一組，與前四項分開。因此，至少象形和象意是一組，象事和象聲是一組。這樣的分析，對於了解下文所要分類說明的「六書」定義及其內容，是有幫助的。南唐徐鍇在《說文解字繫傳》卷一把六書分析為「六書三耦」，戴震在〈答江慎修先生論小學書〉中將六書分為「四體二用」，也可以從這裡去理解。

六書三耦之說，始於南唐徐鍇的《說文解字繫傳》。他以為六書之中，象形、指事相類，形聲、會意相類，轉注、假借相類，故為三耦。耦者，偶也。六書正好可以分為三組，用它們來解釋古人造字之本、用字之法及其次第，也很合適，所以為後代學者所樂用。

四體二用之說，則見於清代戴震〈答江慎修先生論小學書〉。江慎修即江永，清代經學皖派領導人，戴震為其弟子。戴震受了徐鍇、楊慎等人的影響，以為六書可分為體、用二類：象形、指事、會意、形聲四者，是字之體；轉注、假借二者，是字之用。到了他的弟子段玉裁，更進一步明確主張六書就是「四體二用」。這種說法和「六書三耦」之說，都是近代以來文字學界幾乎無人不知的理論。因為下面談到假借時，還會有進一步的說明，這裡就不贅論了。

從南唐徐鍇的六書三耦之說，到清代戴震、段玉裁的四體二用之說中間，還有不少學者提出商榷補充的意見。這說明了古代文字學者對於六書的分類，不斷有更新的看法。

例如宋代鄭樵在《六書略．六書序》中說：「象形、指事，文也；會意、諧聲、轉注，字也；假借，文字俱也。」這是把假借獨立出來，視為對文字的運用。

又如元代周伯琦在《說文字原．敍》中說：「象形、指事者，文也；會意、諧聲者，字也；轉注、假借者，文字之變也。」

明代趙撝謙（古則）在《六書本義．六書總論》中也說：「象形、指事，文也。象形，文之純；指事，文之加也。會意、諧聲，字也。諧聲，字之純；會意，字之變也。假借、轉注，則文、字之俱也。肇於象形，滋於指事，廣於會意，備於諧聲，至於聲則無不協矣。四書不足，然後假借以通其聲；聲有未合，而又轉注以演其聲。」雖然還沒有正式提出體用之說，但皆已指出轉注、假借二者，與前四者有明顯的不同。

明代中葉以後，由六書三耦演變為四體二用的痕跡，就越來越明顯了。楊慎《六書索隱》採班固象形、象事、象意、象聲四「象」之說而曰：「假借者，借此四者也；轉注者，注此四者也。四象以為經，假借、轉注以為緯。」彼所謂經緯，已有體用之意。

到了明末被焦竑《筆乘》推為新安「博雅士也」的吳元滿，他不但在《六書總要》中闡述趙撝謙的觀點，說：「象形，文之純；指事，文之加也。會意，字之純；諧聲，字之變也。假借、轉注，則字之用也。」而且在《諧聲指南》一書中還特別指出：「六書形事意聲，四者為體；假借、轉注，二者為用。」無疑為戴震的四體二用之說，發了先聲。

第二節　三家舊說的檢討

後世談論六書，多遵從班固、許慎之說。唐代顏師古、宋代鄭樵等人，從班固之說，清代戴震、段玉裁等人，從許慎之說。南唐徐鍇則兼採班、許，名稱從許慎，次第則從班固。後來採用徐鍇之說的人很多。

鄭眾之說，後人罕用。但清代黃以周《禮書通故》卻頗主其說。近代顧實《中國文字學》更以為鄭眾將六書分為兩個系統：「象形」、「會意」、「轉注」三者，蓋以「類」言，依許慎說解，象形是依類象形，會意是「比類合誼」，轉注是「建類一首」，均與物類有關；「處事」、「假借」、「諧聲」三者，蓋以「事」言，假借是「依聲託事」，形聲是「以事為名」，與指事（象事、處事）皆與事物有關。他認為鄭眾這種分法，自有其道理，不應輕言捨棄。

學術研究，貴在求真責實。因此對於三家舊說，應有重作檢討的必要。

〈一〉論名目從許慎、次第從班固

班固、鄭眾二家，雖然曾標出「六書」名目，列其次第，但也僅僅如此而已，並未提出例證或作進一步的闡釋。許慎的特別之處，在於：不僅僅能注意到語意及修辭，給「六書」最適當的不同名稱，不會像班固用「象事」、「象意」、「象聲」那麼多「象」字的單調，也不會像鄭眾用「處事」、「諧聲」那麼語意不清，容易與「做事」、「和聲」等等相混淆；同時也能注意到文字發展的規律，先結繩掛物而後圖象書契，先符號而後文字，因而列「指事」於「象形」之前；更特別的是他還為「六書」下了界說，並各提出兩個例字。他所下的界說，各為四言兩句，言簡而意賅，而且諧韻，便於記誦。他所舉的例字，以篆文為主，亦足與其界說理論相發明。雖然一直以來，學者論「六書」之說，名目多採許氏，次第多採班固，但多不否認許慎的《說文解字》，是一部析形解義、體系完整的鉅著。

許慎《說文解字》所收的字體，大抵以小篆為正文，兼採「古文」、籀文，所謂「今錄篆文，合以古、籀」者是。據《段注》說，這是「法後王，遵漢制」。許慎與班固、鄭眾三家的「六書」之說，雖然其源皆出自劉歆，他們亦必皆習讀「古文」，但當時所能見到的古文字資料畢竟有限，連劉歆也未必確知《周禮》的來歷，更不用說能接觸到甲骨文等古文字資料了。所以他們的「六書」之說，只能代表漢代古文經學派的看法。許慎所能接觸到的「古文」、籀文，一定也離不開當時學者的範圍，也因此，許慎書中對於「六書」的分類，只能大抵根據篆文構造的原理，來探求古文字的造字原則，而不能順著古文字的歷史發展和演變，作系統的整理歸納和縝密的探索分析。換言之，《說文解字》的五百四十部，能統攝篆文九千三百五十三字，而不能統攝甲骨文、金文等古文字；書中對「文」「字」形義的解說，也只能以篆文為主，兼採「古文」、籀文而已。

許慎對文字形體結構的解析，是不是前有所承，也值得探討。我們試看《左傳》所記載的「止戈為武」、「反正為乏」、「皿蟲為蠱」，以及後來《韓非子》所說的「自環者謂之私，背私謂之公」，等等，都可以看出這些解釋字形字義的方法，與許氏「六書」之說的造字原則相符合。可見從形義的分析去建立造字的理論，從周朝已經開始了。我們再看《說文解字》引證群書、博采通人之說，在分析字形結構時，也常常自己注明採自何人之說，其中頗有一些是漢代的學者。例如：

「王」字，引用「董仲舒曰：古之造文者，三畫而連其中，謂之王。」（卷一上篇）

「為」字，釋為母猴。並引用王育之說，以為「爪，象形也。」（卷三下篇）

「用」字，訓釋為「可施行也。从卜，从中。衛宏說。」（卷三下篇）

「東」字，訓解為「動也。从木。官溥說，从日在木中。」（卷六上篇）

「豫」字，則解作「象之大者。賈侍中說，不害於物。从象，予聲。」（卷九下篇）

「㠯」字，訓為「用也。从反巳。賈侍中說，巳，意巳實也。象形。」（卷十四下篇）

這些例子，都足以說明在許慎之前，已有漢代學者通人從形體結構來分析字形，並已有「象形」與「六書」相關的理論。可見用「六書」來分析字形，並非許慎所創始，在他以前，包含上述的很多漢代學者，早已開始了。所以說許慎的《說文解字》，是推衍前人之說，彙集周朝以來的「六書」之說，貫通其條例，歸結其原理，似乎更符合事實。

〈二〉三家舊說溯源

上文曾經說過，班固、鄭眾、許慎三人的學術思想，都源自劉歆，他們對六書的名目和次第的解釋，也理當本之於劉歆才對。至於劉歆是否另有所本，目前文獻不足，已無從得知。

班固的六書，抄自劉歆的《七略》，名目次第相同，自可不論，但為什麼鄭眾、許慎的說法，同樣源自劉歆，名目次第會有所不同呢？

筆者以為原因可能有二：一是鄭眾、許慎雖然得自劉歆的傳承，但已有所修改；二是鄭眾和許慎都另有所本。

對於第一點來說，鄭眾的父親鄭興，是劉歆的弟子；許慎受教於賈逵，而賈逵的父親賈徽也出自劉歆的門下，要說是鄭眾、許慎或他們的父親師傅修改了劉歆的傳承說法，按之漢代經師恪守家法師法的傳統，可能性不大。

那麼，比較可能的是，鄭眾和許慎都另有所本。

劉歆（西元？～二三）和他的父親劉向（西元前七七～六），是西漢晚期著名的經學家和目錄學家。漢成帝時他們在宮中校閱群書，劉向撰成《別錄》，劉歆繼承父業，撰成《七略》，他們理當可以看到民間罕見的各種「中秘藏書」。《周禮》應即其中之一。《周禮》的六書之說，就是到了劉歆領校秘書時，才發現它並且公開它的。班固在漢章帝建初年間，繼劉歆之後，也曾「典校秘書」，與賈逵諸儒議論五經異同，並因此而撰成《漢書》。他既得覩「中秘藏書」，因此他的六書之說，固然可能直接抄自劉歆《七略》，但也可以是他親自覆按校閱時的個人所得。

鄭眾的父親鄭興，生卒年不詳。據《後漢書．鄭范賈張列傳》，知道他好古學，曾受教於劉歆，「尤明《左氏》、《周官》，長於曆數。」《左氏》即《左氏春秋》，《周官》即《周禮》，這些都是劉歆之後古文學派經學家重視的典籍。鄭眾十二歲時，即從父鄭興受古文學，他對「六書」的解釋，應該來自他的父親的傳授，換言之，也是來自劉歆。既然傳承相同，為什麼對《周禮》六書的名目次第，會和班固傳述者有所出入，實在令人百思不得其解。鄭眾在明帝永平初年，曾以明經任給事中，是有機會接觸到宮中藏書的，只不知道他是否看到了什麼不同的資料。

許慎的老師賈逵（西元三〇～一〇一），與班固（西元三二～九二）年輩相仿，也同是扶風平陵（今陝西咸陽附近）人。賈逵的父親賈徽，是西漢末年著名的經學家，曾從劉歆受《左氏春秋》、《周禮》。賈逵少承父業，弱冠能誦《左氏》及五經本義。治經雖以古文經學為主，卻兼治《穀梁》等今文經。著有《周官解故》、《左氏傳解故》等書。據《後漢書．鄭范賈張列傳》說，賈逵與鄭興當時並稱「鄭賈之學」。在章帝建初元年及八年（西元七六、八三），他曾兩次入講宮中。在北宮白虎觀、南宮雲臺，並詔選諸生高才二十人受其學。有人以為許慎即在其中。

許慎的兒子許沖，在〈上說文解字表〉中有云：

臣父故太尉南閣祭酒慎，本從逵受古學。蓋聖人不空作，皆有依據。今五經之道，昭炳光明，而文字者，其本所由生。自周《禮》漢《律》皆當學六書，貫通其意。恐巧說邪辭，使學者疑，慎博問通人，考之於逵，作《說文解字》。

可見許慎之著《說文解字》，得之賈逵者不少。而其任太尉南閣祭酒，按當時通例，應在舉孝廉之後，年紀大概在三四十歲之間。上文已有論述，此不贅。

許慎本人後來也曾經「校書東觀」。東漢安帝永初四年，朝廷詔令馬融等人總校中秘藏書，許慎亦曾參與整理的工作。博通經籍，「五經無雙」的許慎，還曾得到馬融（西元七九～一六六）特別的推崇。

許慎既受教於古文經學大師賈逵，又適逢古文經學逐漸抬頭的時代，因此他在講解經書時，特別重視文字訓詁的考證和分析，尋其源，探其本，異中求同，同中求異。為了昭炳五經之道，駁正俗儒之說，他參考了《史籀篇》以來的秦漢字書，因而編纂了《說文解字》一書。

北宋初徐鉉〈校定許慎說文序〉說：

和帝時，申命賈逵修理舊文。於是許慎采史籀、李斯、揚雄之書，博訪通人，考之於逵，作《說文解字》。

清代桂馥《說文解字義證》在「附說」中更特別指出：

《說文》非許氏創作，蓋總集《蒼頡》、《訓纂》、班氏十三章三書而成。

桂馥的說法雖然未知所據，但許慎總集前代字書，而成其《說文解字》，則無疑問。

〈三〉許慎六書名目次第的再檢討

上文說過，漢代以來，討論六書的學者，在六書的名稱方面，多依許慎，至於六書的次第，則多依班固。岳森《六書次第說》有云：「指事、形聲、會意之名，必以許為定；六者之次，必以班為優。」斯言得之。

許慎在六書的名稱底下，對六書分別下了二句八字的定義，並各舉二字為例，較之班固、鄭眾要詳細具體，而且在《說文解字》書中，除了轉注、假借之外，也都注明了哪一個字屬於哪一書例。

為什麼這樣呢？有人以為象形、指事、會意、形聲前四種書例，講的是造字的方法，轉注和假借講的則是用字的原則。上文引述過，清代戴震〈答江慎修先生論小學書〉說：「指事、象形、形聲、會意四者，字之體也；轉注、假借二者，字之用也。」繼之而起者，段玉裁《說文解字注》云：「蓋有指事、象形，而後有會意、形聲，有是四者為體；而後有轉注、假借二者為用。」王筠《說文釋例》也說：「象形、指事、會意、形聲四者為經，造字之本也；轉注、假借為緯，用字之本也。」先後闡述，足為代表。

也有人以為：轉注和假借仍然是造字的方法。轉注是多字同義，假借是多字同音，它們都是形聲字的來源。更有人以為：前四書講的是創造單字的方法，而轉注、假借講的是創造複合字詞的法則。

許慎的前四書名稱，較之班固的象形、象事、象意、象聲，在修辭技巧上較富於變化，較之鄭眾的象形、會意、處事、諧聲，在造字方法上也較符合實際，所以被廣為採納。否則，班固的「象」，只是虛指的動詞，非實指的名詞，試問象意字、象聲字的「意」「聲」要如何象？「處事」字借象表意，確實不如「指事」能夠「視而可視，察而見意」，可以明確「指」出來；

「諧聲」字是合體字，通常由聲符與形符（也叫義符），或者說由一個形旁與一個聲旁組合而成，因此，稱之為「形聲」也果然比較明確合理。楊樹達《中國文字學概要》說：「事本無象，象事不如指事之洽也。會意字本緣會合而成，且意無可象，象意不如會意之確也。形聲二事兼舉，象聲則單隻不該，則象聲又不如形聲之備也。」可謂言之成理。

至於六書的次第，許慎比班固、鄭眾晚出，照道理說，後出轉精，後來居上，為什麼他不採用班固或鄭眾之說呢？確是啟人疑竇。除了別有師承或信手排列的可能之外，最有可能的是，他對文字創始起源的看法，與別人不同。我們不要忘記許慎的「六書」之說原來就出現在〈前敍〉、〈後敍〉之間，有承先啟後的作用，也不要忘記許慎雖是古文學派，但也兼有今文學派的思想。

上文曾經一再引用許氏《說文解字．敍》，該文開頭就說：「古者庖犧氏之王天下也，仰則觀象於天，俯則觀法於地。視鳥獸之文與地之宜，近取諸身，遠取諸物，於是始作《易》八卦，以垂憲象。」然後才說神農氏結繩記事，然後才說倉頡「見鳥獸蹏迒之迹」，「初造書契」。顯然許慎是受了《周易．繫辭下傳》思想的影響，認為八卦是文字產生的本源。《周易．繫辭下傳》說：「《易》之為書也，廣大悉備，有天道焉，有人道焉，有地道焉。兼三才而兩之，故六。六者，非它也，三才之道也。」又說：「是故易有太極，是生兩儀，兩儀生四象，四象生八卦。」又說：「易者，象也。」漢代的《易學》，基本上是朝象數方面來發展的。象是天象，數是曆數，基本上都是抽象的符號。八卦就是一些抽象的符號，而指事字是藉一些抽象的符號來指明某些具體事物的存在，像「上」、「下」的初文，或一、二、三的數字初文即是。這和班固、鄭眾認為先有描寫具體事物的象形字，然後再加符號來標示而成為指事字，觀念是不一樣的。許慎既認為抽象的符號在前，所以他將指事列於象形之前，也就不足為怪了。即使到現在仍然有學者是這樣主張的，像于省吾《甲骨文字釋林·釋一至十之記數字》也說：「原始記數字一與二、三、三積畫之出現，自當先於象形字，以其簡便易為也。」

許慎列形聲於會意之前，也與他對語言文字的觀念有關。他在《說文解字·敍》中又說：「倉頡之初作書，蓋依類象形，故謂之文。其後形聲相益，即謂之字。字者，孳乳而寖多也。著于竹帛謂之書。書者，如也。」意思是說：最初的文字依照物類的形象去描摹，獨體的叫做文，合體的叫做字，用之寫在竹帛上，才叫做書。可見文、字、書原來都是文字的泛稱，用以記敍語言，起先它們的意義並無差別。《儀禮》注：「名，書文也，今謂之字。」《周禮·外史》注：「古曰名，今曰字。」足可為證。但到了許慎的時代，覺得它們有分別的必要，於是認為象形字的獨體為「文」，合體為「字」，意思是獨體字，在形體上已不能再分析，再分析下去，線條和筆畫已無意義可言；合體字則由兩個或兩個以上有意義的形體組合而成。名者就動態言，側重於聲音，據發聲傳於口耳者，皆可稱為「名」，書者就靜態言，側重於形體，凡書寫著於竹帛的，皆可稱為「書」。段玉裁《說文解字注》說的：「名者，自其有音言之；文者，自其有形言之；字者，自其滋生言之」，又說：「（書者）謂每一字皆如其形狀」，也就是這個意思。

因為許慎有這樣的觀念，認為符號圖畫在文字之前，語言聲音在文字之前，因此他把以符號為主的指事字列於象形字之前，把以類為形、配以聲音的形聲字，列於合象表意的會意字之前，也就可以理解了。

顧實在民國十三年（一九二四）所撰《中國文字學》中說：「依據歷史，河圖流而為八卦，他國亦由象形文字流而為拼音之符號，是象形始也；然觀兒童無意識之舉筆，及圖畫之初步，皆先有點線，則又指事始矣。……故吾前謂班、鄭首象形者，歷史意也，許慎首指事者，哲學家意也。」

楊樹達在一九四三年修定本《中國文字學概要》中說：「論次第則班優於許，論名稱則許勝於班。」他以為論六書次第，三家之中，鄭眾最不足取：「造文之次，似當先文而後字。鄭眾糅合字文，又混淆體用，最為難解」，又以為論象形指事先後的問題，須衡量造字的難易：「象形以圖畫表具體之形，其事於初民為易。指事以符號表抽象之事，非術智大進，殆不易為」，所以他認定「班優於許」。不過，他後來在一九五五年定本的《文字形義學》一書中，卻又加上一段文字：

或曰：文字從結繩演變，結繩固符號，非圖畫也。仍當如許君為說，首指事也。

這說明了他後來又以為許慎之說也有道理，兩說蓋可並存不廢。

以上所說，旨在簡述六書的名目與次第。至於六書的界說及例證，自唐宋以下，還有很多紛歧的說法，至今尚未有定論。底下將依上文「六書三耦」、「四體二用」所述，分為三節，就象形與指事、會意與形聲、轉注與假借，分別逐項解說。

第三節　分論之一：象形與指事

在分別論列「六書」之前，我覺得應該先對「文」與「字」、「初文」與「準初文」再作一次分辨與說明，讓讀者明白文字的解讀常有不同，文字的歸類也常有爭議。以下的析論如果與讀者的理解不同，幸勿見怪。

許慎在《說文解字．敍》中，曾說倉頡之初作書，依類象形，謂之「文」，其後形聲相益，謂之「字」。「字者，孳乳而浸多也。」古人像鄭樵因此以子母相生的道理，來比喻文字的產生和衍化。《六書略》一書中即有「論子母」的專章。現代有人把它們解釋為：「文」指文字中的單體（一稱獨體），就是那些最先造出的、結構不可分解的指事字和象形字；「字」指文字中的合體，就是用指事字和象形字拼合而成的會意字和形聲字等等。現在有人（像章太炎）稱前者為「初文」，後者為「合體字」。宋代鄭樵則稱「初文」為「母」，稱「合體字」為「子」。但合體字中的會意字，是「二母合」，二體俱主「義」，形聲字則是「一子一母」，一體主「義」，一體主「聲」。用今天的話說：「母」是形符，也是義符，「子」是聲符。「母」是造字的基本部件，孳乳而成「子」。形符加形符即會意字，形符加聲符即形聲字。他們所說都頗有道理，但分析起來，從「文」到「字」，從「初文」到「合體字」之間，似乎還有些文字夾在二者之間。

例如「刀」字，籀文作「」，原象兵器中的刀形，是象形字，「女」字篆文作「」，原像古代婦人屈身跪跽交手操作的形狀，也是象形字。它們都是所謂「初文」，或所謂獨體象形字。如果在象形字「刀」上，加一個抽象的指事符號，指示鋒利的刀面所在，它就變成了「刃」字。同樣的，如果在象形字「女」上，加兩個抽象的指事符號，表示那是哺育嬰兒的乳頭，它就變成了「母」字。這時候，「刃」和「母」究竟算是象形的「初文」，或算是拼合指事、象形而成的「合體字」呢？就會有爭論。像「刃」字，唐代李陽冰就認為是合體的會意字，而徐鍇卻認為它還是指事字。像元代戴侗受了鄭樵「立類為母，从類為子。母主形，子主聲」的影

響，把《說文》部首分為九大類，而將各部首下的屬字，按指事、會意、轉注、諧聲、假借順序，作「父以聯子，子以聯孫」之排列。例如將「刀」部六十八字，分指事、會意、諧聲和「疑」排列各字，例如「刀」為「父」，孳乳為四子：刃為刀之指事；則分判、別等為刀之會意；剛、剡、切、割等為刀之諧聲；利、罰為刀之「疑」。刃為子，然亦可孳乳出刅、劒。「母」字也一樣，一般學者都認為它是合體的象形字或指事字，但也有人就認為它是會意字。

因此，像「刃」、「母」這類夾在「初文」和「合體字」之間的文字，有人就稱之為「準初文」。

其實，稱之為「準初文」，也不完全合乎邏輯，不過它卻說明了一個事實：「文」與「字」是容易混同的，「初文」與「合體字」之間的組合關係也是複雜的。易言之，在象形、指事與會意、形聲之間，有些字很難以定其歸屬，即使在象形與指事之間，在會意與形聲之間，有些字也同樣難以歸類。

事實如此，所以一切請高明的讀者善自擇之。

〈一〉象形

一、象形界說及其字例

許慎對象形所下的定義是「畫成其物，隨體詰詘」，例字是「日」、「月」。

象形，即象物之形，指所造的字能夠客觀地描摹實物的形體，把握形體的特徵，畫出它的形象。強調的是物，而且是實體。詰詘，就是折屈、屈曲的意思。隨體詰詘，是說隨著物體的形狀來運筆，該平直的地方就平直，該折屈的地方就折屈。方圓橫豎，完全順其自然，依照實物的形狀。強調的是實體的常態。例如日、月二字，畫成、等等的形狀，就把握了它們的形狀特徵。日、月的輪廓是圓形的，月有圓缺，為了顯示與「日」有別，所以把「月」畫成半圓形。中間畫有一點或一筆，那是表示其中有物，中實無缺。關於這些，上文已經交代過了，這裡從略，不贅。

漢字的創造，雖由圖畫發展而來，但所謂隨物象形，畫成其物，並不是說要把實物的整體形狀完全畫出來，而是指把握其形狀特徵即可。象形字畢竟有異於圖畫，它只是語言的一種符號，不需要畫得逼真細緻。由於最初造字的人，觀察物體的角度不同，因此造出來的象形字，形狀不盡相同，線條筆畫也可以不一樣。有的人描畫實物的全體或大體，如「日」、「月」；有的人只畫實物的某些部分，如「艸」（草）、「竹」只畫葉子上揚或下垂的不同，「牛」、「羊」只畫頭角上彎或下鈎的不同部分，即可示其不同，知其全貌。有的只略畫輪廓，如「山」、「川」；有的則加畫骨架，如「瓜」、「果」。或刪繁成簡、或舉偏眩全，不管如何取象，主要的目的，就是要使人能夠因其象而知其意，觀其畫而知其物。

許氏《說文》一書，象形字依其所象之形，大概可分為三類：一是直接標明的，謂之純象

形，如：目，人眼。象形。／女，婦人也。象形。二是用「象某某」、「象某某之形」來略加說明的，如：自，鼻也。象鼻形。／牙，牡齒也。象上下相錯之形。三是必須指出依附之物才能說明所象之形，或謂之合體象形。如：眉，目上毛也。从目，象眉之形，上象額理也。／果，木實也。从木，象果形在木之上。

如果用許慎《說文解字．敍》所說的：「仰則觀象於天，俯則觀法於地，視鳥獸之文與地之宜，近取諸身，遠取諸物」，來觀察象形字的造字方法，更能推知造字之本。如果以小篆所說的象形字為基礎，從其形體結構一個一個向上追溯，追溯到金文、甲骨文，即可發現許多字在甲骨文、金文中，更像實物的原狀。換句話說，漢字形體的演變，大致上越發展到後來，象形的成分越減少了。像「齒」字小篆作「」，上面的「止」是聲旁，下面是形旁，象牙齒排列的形狀。

象形字因為要描寫實物的形狀，所以它所能創造的字是有限，實在無法因應時代的進步、人事的紛繁和社會的需要，一些抽象的事物既無可取象，複雜的事物又難以區別，所以在六書之中，它雖然最為根本，但所佔的比率不大。據清代王筠《文字蒙求》的統計，《說文解字》所收的九千三百五十三個字之中，象形字只有二百六十四個字。

二、象形字的分類

從宋代以後，頗多學者喜歡將六書中各體的字加以分類。分類的觀念頗不一致，方法也多有可議。南宋鄭樵的《通志·六書略》即分象形字為三「類」十八「形」：

（1）正生之類：①天地之形、②山川之形、③井邑之形、④艸木之形、⑤人物之形、⑥鳥獸之形、⑦蟲魚之形、⑧鬼物之形、⑨器用之形、⑩服飾之形。共十種。

（2）側生之類：①象貌（如爻、文、非、小）、②象數（如一、二、三、四）、③象位（如東、西、南、北）、④象氣（如只、今、气、欠）、⑤象聲、⑥象屬（如甲、乙、巳、亥）。共六種。

（3）兼生之類：①形兼聲、②形兼意，共兩種。

元明之際趙撝謙《六書本義》用鄭樵之說而稍加變化，共分二種十二類：

（1）正生十類：

①數位之形，「一」「口」之類；

②天文之形，「云」「回」之類；

③地理之形，「水」「厂」之類；

④人物之形，「子」「呂」之類；

⑤艸木之形，「禾」「朩」之類；

⑥蟲獸之形，「蟲」「牛」之類；

⑦飲食之形，「酒」「肉」之類；

朩，《說文》：「象豆生之形也。」

⑧服飾之形，「衣」「巾」之類；
⑨宮室之形，「𡔞（壺）」「𩫏」之類；
⑩器用之形，「弓」「矢」之類；
（2）兼生二類：
①形兼意，「日」「月」之類；
②形兼聲，「㯻」「箕」之類。

另外，明代趙宧光的《說文長箋》，則別出心裁，不再以子母相生之說論六書，而改以各種不同的「體」類。他將象形分為八「體」八「類」：

（1）獨體：「水」「木」「人」「女」之類；
（2）多體：「艸」「竹」「蟲」之類；
（3）合體：「茻」「林」「从」「龖」之類；
（4）聚體：「苗」「蓏」「樂」「巢」之類；
（5）變體：「尸」「儿」之類；
（6）離合體：「𣃔」「芻」「𤼽（癸）」「翌」之類；
（7）加體：「㞢」「出」「未」「東」之類；
（8）省體：「中」「朩」「才」「片」之類。

𩫏（郭），《說文》：「度也，民所度居也。从回，象城𩫏之重，兩城亭相對也。」

尸（尸），《說文》：「象臥之形。」
儿（儿），《說文》：「古文奇字人也。象形。孔子曰：在人下，故詰屈。」
𤼽（癸）《說文》：「冬時，水土平，可揆度也。象水從四方流入地中之形。」

他們的這些分類觀念和方法，對後來討論者產生很大的影響。可是在這些說法中，從今人分類的觀念看，都存在一些問題。

例如鄭樵的正生十類，與側生六類、兼生二類，分類的觀念並不一致。天、地、山、川、井、邑、草、木等等，屬於形音義的「義」類分法，屬於獨體象形，而側生、兼生二大類，則多兼形音義而言之。兼生類的「形兼聲」，如「齒」字由「𠚕」而加「止」聲，「形兼意」如「眉」字，由「目」而加「[illegible]」會意，皆為合體象形，依後人歸類，都已算是象形的變例。至於側生類，如「象數」、「象位」、「象聲」等等，更混指事、會意、形聲於象形之中，甚是糅雜。

換個方式說，鄭樵所說的正生十種象形，皆具體之物象形；側生六象，皆抽象之事物；兼生二類則摻雜了會意字和形聲字。正生十種、側生六象，都是從所象事物的形義來分類的，並非根據文字的形體組織結構來分析，換言之，分類的依據，在文字的義類，而非文字的形體。趙撝謙雖然作了若干調整，但基本上，這些都已是忽略了造字的原則，也違背了依類象形的本意了。

至於趙宧光，固為晚明江南隱逸之士，搜金石，論篆籀，問奇字，訪逸典，為世所稱。其《說文長箋》與《六書長箋》二書合刻，共二百十二卷，卷帙繁而用力勤，然而恰如方以智《通雅》所譏，數千年來常用之「也」與「方」不用，偏偏寫成「殹」與「匚」，足見其嗜古成癖。他將象形分成那麼多體，混淆了象形與指事、會意的界限，亦宜乎《四庫提要》譏其「支離敷衍」、「疏舛百出」也。

趙撝謙的說法，裁併鄭樵的分類，雖然刪去「側生」一大類，看似較為合理，但他卻又將指事字的「一」、「口」併入「正生」第一類，將純象形的「日」、「月」等字歸入「兼生」類的「形兼意」，也著實令人費解。

明代趙宧光的分類，純就形體結構分類，比較合理，但他仍然常將象形與指事、會意混為一談（例如他說象形是「粗迹」，又在臚陳八體之後，這樣說：「若諸體之可以意求，不可以象顯者，皆指事、會意」），另外，他的「多體」、「合體」、「聚體」、「離合體」等體，也容易相混淆，都難免予人困惑之感。

明代以前的學者，對於象形字的分類，其觀念與方法之有可議處，有如上述。對於指事、會意、形聲等其他各體，其錯雜紛歧亦大類如此。這種情況到了清代，由於經學小學的興盛，才有了改變。

清代經學，彬彬稱盛，對於歷代有關《說文解字》的論述，或加校勘考證，或多闡發補正，其中段玉裁、桂馥、王筠、朱駿聲被公認為最有代表性的四大家。段玉裁（一七三五～一八一五）的《說文解字注》，桂馥（一七三六～一八〇五）的《說文義證》，王筠（一七八四～一八五四）的《說文釋例》、《說文句讀》、《文字蒙求》，朱駿聲（一七八八～一八五八）的《說文通訓定聲》，都是承先啟後、足可傳世之作。他們對前人六書的界說，分別從形音義各方面做更進一步的綜合分析，取其長而捨其短，因而頗有度越前修之處。

例如段玉裁分象形為獨體與合體二類，說獨體之象形，「成字可讀」，如日月水火是也；又說合體象形，「从某而又象其形，如眉从目而以𠃜象其形，箕从竹而以𠀠象其形，衰从衣而以冄象其形，𤰝从田而以𠃍象耕田溝詰屈之形是也。」王筠《說文釋例》，將象形分為正例、變例二種：

（1）正例包括五類：①天地類之純形（如日、月）、②人類之純形（如口、目）、③羽毛鱗介昆蟲之純形（如隹、鳥、牛、羊）、④植物之純形（如艸、木）、⑤器械之純形（如戶、門、豆、皿）。

（2）變例包括十類：

①一字象兩形者，如「弓」字，一象草木深函之形，一象花未發之形。如「卜」字，卜部「象灸龜之形」，攴部「从人，卜聲」，小擊也。

②由象形字減之仍為象形者，如「𦫳」象羊角，由「羊」字減省。如「口」為象形，

張口不見上脣，省減為「凵」。「虍」象虎文，由「虎」字減省。

③避它字而變形，側觀之而後合者，如「匸」字。

④有所兼而後能象形，然猶非直从某字者，如「臼」字。

⑤象形兼意者，如「果」字，「田」象果形，木是會意。

⑥兼意而小異者，如「為」字。

⑦以會意定象形而別加一形者，如「眉」字。

⑧兼意又兼聲者，如「齒」字，「㒸」象齒形，「凵」象張口，「止」得聲。

⑨直似會意，然非從某字則仍是象形者，如「衣」字，「亠」象衣領，「𧘇」象衣襟。

⑩全無形而反成形者，如「身」字。

朱駿聲的《說文通訓定聲．說文六書爻列》，則將《說文》中的象形字分為象形（如玉、气、中）、形聲兼象形（如齒、龜、氏）、會意兼象形（如番、牟、牢）、會意形聲兼象形（如旁、穴、金）四類。從比對中可以看出來，朱駿聲的所謂象形，指象形正例，其他三類則屬象形變例。

清儒的分類方法，或分獨體、合體，或分正例、變例，比較能夠兼顧漢字形、音、義的發展，又能兼顧宋代鄭樵以下的傳統，不但對象形字如此，對六書其他部分也大都如此。他們多能採取相同的分類觀念，方法也比較客觀。像段玉裁以「實有其物」與「不泥其物而言其事」，以具體與抽象來分別象形與指事的差異，又能注意到象形有獨體（或稱純體）與合體（或稱複體）之分，都比宋明學者要合理些，要科學化。

三、晚近學者的看法

民國以來，從章太炎一九一五年的《文始》開始，承清儒餘緒，喜歡將上述不同的觀念方法綜合論述。由於各家學識背景不同，所據理論資料不同，因而同樣的漢字，有時會有不同的歸類，而歸類時，其理論資料又有些參考了新出土的甲骨文、金文，也因此每幾十年風氣就一變。

像顧實的《中國文字學》，將象形字和指事字，都先依形體分為純、雜兩大類，此猶段玉裁之分為獨體、合體，王筠之分為正例、變例，然後配合許慎《說文解字．敍》「仰則觀象於天，俯則觀法於地」的那一大段話，各舉若干字例列述於後。

以「象形」一節為例，先分為純象形（獨體象形）和雜象形（合體象形）兩大類。

（1）純象形（獨體象形）下又分為：

①全體者：例字如日月雲氣（觀象於天）、水火山厂（俯法於地）、鳥羽獸角（鳥

獸之文）、艸木竹瓜（地之宜）、自牙衣行（近取諸身）、它魚龜貝（遠取諸物）。

②半體者：例字如「屮」：艸木初生也。讀若徹。从艸省。

夕（夕），莫也。从月半見。案，金文月夕恆通用，假借也。

片（片），判木也。从半木。

（2）雜象形（合體象形）下又分為：

①全體兼會意

a. 象形兼指事

云（云），古文雲。从古文上，作二，與作一同也。象回轉形。

雨（雨），水從雲下也。一指上天。

土（土），地之吐萬物者也。（顧實）案，盂鼎作，正象土塊在地上之形。

b. 象形兼會意

靁（雷），从雨，下象回轉形。古文，籀文，隸省作雷。

石（石），岩也。在厂之下，口象形。案，象形而作口者，蓋已鄰於指事。

金文多作冂，非口舌之口也。

巢（巢），鳥在木上曰巢，在穴曰窠。从木，象形。

秀（秀），不榮而實曰秀，下象秀實之形。段玉裁說从人，朱駿聲說从九，

皆非。石鼓有，下非人非九，可證。

欠（欠），張口氣悟也。从古文人。彡象气從人上出之形。案，旡从反欠，而古文作□，則欠之古文，亦當有□字，蓋从儿，側口即象口悟氣也。龜甲古文有□字，當即此字。

斝（斝），玉爵也。朱駿聲曰：「从斗，門象形」是也。羅振玉說龜甲古文「斝字作□，上象兩柱。門即由□而譌。」當亦可信。

c. 象形兼指事會意

身（身），躬也。案，金文有作□者，可證从人，象身有孕，下一者所以限之。

d. 象形兼諧聲

厈（厈），籀文厂，从干聲。

齒（齒），口斷骨也。象口齒之形，止聲。

e. 象形兼會意諧聲

金（金），五色金也，从土。左右注，象金在土中形。今聲。

②半體兼會意

谷（谷），泉出通川為谷。从水半見，出于口。

俎（俎），禮俎也。从半肉在且上。

顧實偶用新出土文字資料，包括甲骨文、金文、石鼓文等，還自注：「以上論列象形純雜二大例，頗涉繁賾，未敢盡以為然也。」

馬宗霍《文字學發凡》則將象形字分為三大類：

（1）獨體象形

①象天文

⊙（日），太陽之精不虧，从○一，象形。段玉裁曰：○象其輪郭，一象其中不虧，又古文作，鄭樵曰：其中象日烏之形，段亦云象中有烏。王筠曰：外以象其體之圓，內以象其無定之黑影也。

（月），太陰之精，象形。鄭氏曰：月多虧少盈，故其形缺。段氏曰：象不滿之形。王氏曰：月闕時多滿時少，故象其闕以與日別，其內則象地影也。

②象地理

（山），有石而高。象形。王氏曰：山之上，其峯也，下其洞穴也。孫氏曰：金文作，龜甲文則作，當是原始象形字，與金文略同，但彼象實體，此為匡郭，微有差異耳。

（水），象眾水並流，中有微陽之氣也。段氏曰：火外陽內陰，水外陰內陽，中畫象其陽云微陽者，陽在內也。微猶隱也。王氏曰：固當作，用作偏旁則不便書寫，故直之，因并本字而直之。要之水字象形。試觀繪水者有長有短，

皆水紋也。如論陰陽，則川巛巜三字純陽無陰，川字且成乾卦矣，故知水字但形無意。

③象人體

（囟），頭會堖蓋也。象形。段氏曰：首之會合處，頭髓之覆蓋。《內則．正義》引此云囟其字象小兒腦不合也。人部兒下亦云：从儿，上象小兒腦未合也。今人楷字譌囟，又改篆體作，所謂象小兒腦不合者，不可見矣。王氏曰：此字當平看，乃全體象形，後不兼顱，前不兼額，左右不兼日月角。吾嘗執小兒驗之，囟上尖而左右及下皆圓，故嶧山碑象其輪郭而為也。其中則筋膜連綴之，故象之以乂也，其空白四區，則未合之處也。

（目），人眼也。象形，重童子也。段氏曰：象形，總言之，嫌人不解二，故釋之曰重其童子也。人目由白而盧童而子，層層包裹，故重畫以象之，非如〈項羽本紀〉所云重瞳子也。王氏曰：目之古文，外象目匡，人象睞毛，象黑睛，象瞳子。

④象動物：隹、犬、魚、虫、乙（燕）

⑤象植物：屮、朩、瓜、竹、米

⑥象器用：鬲、皿、瓦、矛

（2）合體象形：谷、果、石、為、巢、鹵、能、龍、身

（為），母猴也。其為禽好爪，下腹為母猴形。段氏曰：腹當作復，上既从爪矣，其下又全象母猴頭目身足之形也。王氏曰：為字象形兼會意者，不以爪表之，不可知為猴也，有頭有腹，短尾四足，此等物頗多，惟以𠂆象其援攫不安靜之狀，而復以爪表之，是真猴矣。

（3）變體象形：尸（尸）、虍、𦫳、𠫓、烏、匸、女、矢

（尸），陳也。象臥之形。包咸《論語注》：「尸者偃臥四體，布展手足，似死人。」鄭氏曰：主所祭之神而託於人，故象人之形。段氏曰：此字象首俯而曲背之形。王氏曰：人死則為尸，尸字象橫陳之人，長眠而不起也。

（烏），孝烏也。象形。段氏曰：烏字點睛，烏則不，以純黑故不見其睛也。王氏曰：烏無目者，莫黑匪烏，目色無殊，故省目以表其為烏也。

基本上，這些分類都沿襲清儒而來，說明也多仿效古人，以文言為之。近幾十年來，因為文風丕變，頗多學者著書為文，多改用淺近的文言或白話，但內容則多仍舊襲用舊說。例如上述馬宗霍所分象形三類，有人乃借《說文》而易之為：

（1）直接標明。如「目，人眼。象形。」／「女，婦人也。象形。」

（2）用「象某某」、「象某某之形」來略加說明。如「自，鼻也。象鼻形。」／「牙，牡齒也。象上下相錯之形。」

（3）指出依附之物，以明所象之形。如「眉，目上毛也。从目，象眉之形，上象額理也。」／「果，木實也。从木，象果形在木之上。」

另外，有人則另起爐灶，從古漢字的書法形狀的不同，分象形字為以下幾類：

（1）正視之形。如「大」作「」，象人正立之形。

（2）側視之形。如「人」作「」，據《說文》說，「此籀文，象臂脛之形。」

（3）仰視之形。如雨，象仰視雨點自天而降之形。

（4）俯視之形。如止，象人之足形，俯首可見。

（5）後視之形。如牛，王筠《文字蒙求》：「此自後視之之形。」

（6）橫視之形。如目、水等字，皆須橫倒視之。

或因或革，或繁或簡，多因秦篆而上推甲骨金文，借許慎的六書之說，嘗試進一步分析古漢字的結構。

于省吾在《甲骨文字釋林》中說，還有一種「具有部分表音的獨體象形字」。雖是獨體象形而又附加表音成分，卻又不能分為形符與聲符，如甲骨文「麋」字象麋形，但其部頭作「、（眉）」也表示麋字的音讀。

〈二〉指事

一、指事界說及其字例

許慎對「指事」所下的定義是「視而可識，察而見意」，例證是「上」、「下」二字。

指事與象形是一組，象形實象而指事虛指。象形字重在象實物的形體，指事字則旨在指抽象的事物。依照許慎的解釋，指事字的「視而可識」是說一看就能辨識它是什麼事物，「察而見意」是說細看才能發現它有什麼含意。王筠《說文釋例》就說前者近於「象形」，後者近於「會意」，所以有人說指事字介於象形與會意之間。班固稱「指事」為「象事」，說明它與象形字的關係；象形字的重點在「形」，指事字的重點在「事」，鄭眾稱「指事」為「處事」，更表示它所象的「事」，通常屬於一種行為、狀態的性質。

許慎在六書次第上，列指事於象形之前，上文已經說過，那與他對語言文字創始的觀念有關。清末宋育仁《同文略例》說：「目次以象形為先者，謂造字以形始也；目次以指事為先者，謂造字以記事也。」八卦、結繩在書契之前，符號在文字之前，當然抽象的指事可以在具體的象形之前。

許慎所舉的「上」、「下」兩個例字，便是純符號式的指事字。徐灝《說文解字注箋》說：「上下無形可象，故以一畫作識。加於上為上，綴於下為下，是謂指事。」姚文田《說文論》更以小篆的形體為例：「上下之字，必先列一畫，而施直畫上行謂之上，又施直畫下行謂之下。」

此直畫者，非形非義，但以之表識而已。」說明這一橫一直畫，是一種抽象的符號。在一橫線或橫畫的上面，加上一點一筆或一短畫的符號，就構成了「上」字；反之，加一個符號在其下面，就成了「下」字。這一橫線或橫畫，代表某一個物體的平面，可以指天，也可以指地。《說文》於「不」字云：「从一，一猶天也。」又於「至」字云：「从一，一猶地也。」可見「一」可指天，也可以指地。當然也可以指地面、水面或桌面等等。易言之，加在上面或下面的一點一筆或一短畫的抽象符號，可以指任何事物，例如「甘」字：「美也。从口含一。一，道也。」嘴裡好吃的東西，也可以用「一」表示。一即道，這與老子的「道」，「一生二，二生三，三生萬物」，同樣富於哲理。在漢代經學家心目中，道是一，天地萬物是渾沌合為一體的。起先可以是一點、一橫、一直或一個簡單的符號，有人稱之為太極。後來才由無而有，逐漸演化成為天地萬物。有人批評許慎以「一」、「、」、「丨」等為部首，不成「文」，顯然不了解許慎的思想背景。段玉裁《說文解字注》云：「指事之別於象形者，形謂一物，事眩眾物。」說得言簡而意眩，一點也不錯。為了說明「指事」的含意，先將「上」、「下」小篆以前的古漢字字形，據《古文字類編》摘錄如下：

上　二（甲骨文）　二（金文）　上（戰國文字）　⊥（小篆）

下　二（甲骨文）　二（金文）　下（戰國文字）　⊤（小篆）

不，《說文》：「鳥飛上翔下不來也。从一，一猶天也。象形。」

至，《說文》：「鳥飛从高下至地也。从一，一猶地也。象形。不，上去；而至，下來也。」段玉裁說、各象飛鳥首向上或向下之形。

可以看出來每字的兩個筆畫，都是抽象符號，分開看，不知何指，但合在一起看，卻自有其指示性的作用。可以使無形之事，成為有形之文。二者比較對照來看，一上一下，一長一短，一正一反。所以許慎說是「視而可識，察而見意」。

這種純符號式的指事字，也包括了標示數目和圖形的文字。例如數目字中的「一」、「二」「三」、「四」，古代曾經分別用一、二、三、四畫的筆畫來表示。同樣的道理，用「口」的符號來做為「圍」的初文，隨著甲骨文、金文等等古文字書契工具的不同，它有時形狀是圓形，有時是方形。另外，像「包」的初文「勹」，「糾（ㄐ）」的初文「∾」，也都是用兩條曲線相鉤連，同樣借抽象的符號來標示事物。有人說它是象事，不是象物，象抽象之形，不象具體之形，說得更明確。

二、指事字的分類與歸類

許慎《說文解字》一書中，對指事字是舉證比較少，也是比較不明確的。有人歸納書中指事字的說解方式，以為可以分成四種：

（1）是明言指事的。例如許慎舉為例字的「上」、「下」二字：

丄（上），高也。此古文上，指事也。凡丄之屬，皆从丄。𠄞，篆文丄。（卷一上篇）

丅（下），底也。指事（徐鍇本作「從反丄為丅」五字）。𠄟，篆文丅。（卷一上篇）

（2）是稱為「象某之形」。例如：

刃（刃），刀堅也。象刀有刃之形。凡刃之屬，皆从刃。（卷四下篇）

八（八），別也。象分別相背之形。凡八之屬，皆从八。（卷二上篇）

（3）是稱為「从某象某形」。例如：

亦（亦），人之臂亦也。从大，象兩亦之形。凡亦之屬，皆从亦。（卷十下篇）

血（血），祭所薦牲血也。从皿，一象血形。凡血之屬，皆从血。（卷五上篇）

（4）是稱為「从某」而不言象某形的。例如：

本（本），木下曰本。从木，一在其下。𣎵，古文。（卷六上篇）

末（末），木上曰末。从木，一在其上。（卷六上篇）

其實這四種分法，除了第一種明確沒有問題之外，其他三種都是值得商榷的。它們有的與象形或會意字可能會相混淆。「象某之形」、「从某象某形」和「从某」而不言象某形的，都有可能指象某物之形，指兩個獨體文字的結合，而全無抽象的符號。如果這樣的話，那就變成會意字了。

因此有人主張把指事字分成獨體指事和附體指事兩種。像「上」「下」這種指事字，純粹用抽象的符號組合而成，雖非具體的象形，卻近乎象形，可以「視而可識，察而見意」。此可以稱之為「獨體指事」。這在指事字中，是最基本的形式。

另外有一種常被徵引的指事字，是在象形字的某個部位上面附加了有標示作用的抽象符號。有人稱之為「附體指事」、「合體指事」或「加體指事」。例如在「日」字下加一橫線而成「旦」，說明那是太陽從地平線上初昇的狀態；在「刀」字上加一點而成「刃」，說明那是鋒利的部位。在「」（手）字上的寸口處加一點而成「」（寸），說明那是手心下面一寸的動脈所在。《大戴禮記．主言》有「布指知寸，布手知尺」之說，用手測量手腕下十分的地方，即寸口部位，因而「寸」也有測量的意義了。在「木」字的上中下各加一點而成「末」、「朱」、「本」，標明那是樹木的末梢、中間或根部。「大」是人張開四肢的象形，在它底下加一橫線，表示人站立在地面上，就成了「立」（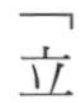）字；在它的左右兩腋各加一點或一畫，指出人的腋部所在，就成了「亦」（）字。「亦」也就是「腋」的本字。由此可見它不是兩個獨體符號的結合，而是在獨體的符號之上，加上不是獨體的符號。所以它既不是獨體字，也不是合體字。

這種所謂在「象形字」上加符號的指事字，通常指的是在獨體象形字上加抽象的符號。因為象形字如果不是獨體象形而是合體象形的話，那就容易與會意字相混淆了。

許慎《說文解字》書中明確標為「指事」字例者，只有二（上）、二（下）等字，到了徐鍇《說文解字繫傳》中指明為指事字的，則有六十五個。例如牟、牢、牽、寸、厷、父、反、叉、尹、甘、本、末、朱、果、朵、尺、組、折、卉，等等。這些字都是在象形字上加了附體，才有事可指的，易言之，必須在一個成字的形體上才能表明用意。其中像上文提到的「甘」字，據《說文》云：「甘，美也。从口含一。一，道也。」可見「一」在這裡只是一個抽象的符號。徐鍇《繫傳》引班固「味道之腴，物之甘美也」，就是用來指明它所代表的意義。也因此徐鍇認定此字是「指事」，後人異議也較少。但其他頗有些字則易起爭議。例如「牟」字：「牛鳴也。从牛，象其聲氣从口出」，「牛」字上的「厶」既象聲氣從口出，應該可歸為象形，何必列為指事？像段玉裁就認為它是合體象形。同樣的道理，像父、反、折、卉等字，徐鍇雖認定是指事，而王筠的《文字蒙求》則認為是會意字。

歷代解釋指事的學者，多將指事與象形相提並論，像鄭樵說：「形可象，曰象形；非形，不可象者指其事，曰指事。」後來的學者也多引述之，但他們所舉的例字和分類，卻頗多紛歧。例如有人將「一」「二」「三」列為獨體指事，卻又將「上」「下」列為合體指事。又有人將「夕」「勹」「片」「不」皆列為變體指事。段玉裁甚至以為獨體象形即是指事，若合體則易與「會意」混淆。

為了解決附體指事與象形、會意之間的糾葛，從宋代開始，就不斷有學者出來說明辨別它們的不同。像宋代鄭樵即云：

指事類乎象形。指事，事也；象形，形也。
指事類乎會意。指事，文也；會意，字也。
獨體為文，合體為字。形可象，曰象形；非形，不可象者指其事，曰指事。此指事之義也。
指事之別，有兼諧聲者，則曰事兼聲；有兼象形者，則曰事兼形；有兼會意者，則曰事兼意。

鄭樵說明指事字，不象某物具體之形，只是藉抽象的符號來表明某一事物的存在，所以與象形字不同；又因為它多為獨體之「文」，而非合體之字，亦即不是兩個以上成字的形體部件所構成，所以它又與會意之字有別。

這樣的解釋是有道理的。不過，鄭樵所收的例字，卻與其說不能完全相契合。胡樸安《中國文字學史》就批評說：

「史」、「外」、「户」、「古」等，是會意，而列之指事。「用」、「庸」是意兼聲，而列之事兼聲。「吏」亦意兼聲，而列之事兼形。「寿」、「叉」是會意，而列之事兼意。

且一「爭」字而兩收，一列之指事，一列之事兼形。此其誤也。

鄭樵之後，言指事者，如張有說的：「事猶物也。指事者加物于象形之文，直著其事，指而可識者也。如本、末、叉、叉之類。」如元代戴侗說的：「何謂指事？指事之實以立文。一、二、上、下之類是也。」

到了明代，對於指事的義界，不但分得更清楚，而且對於指事的類型也開始加以區分了。例如趙古則云：「象形，文之純；指事，文之加也。蓋造字之本，附于象形，如本、末、朱、禾、未、束之類是。木，象形，文也。加一於下，則指為本；加一於上，則指為末；加一於中，則指為朱。以其首曲而加，則指為禾；以其枝葉之繁而加，則指為未；以其條幹有物而加，則指為束。其字既不可謂之象形，又不可謂之會意，故謂之指事。」道理比前人說得更清楚。

另外，如吳元滿云：「形不可象，則屬指事。始以象形易位為增減，次以象形變體為差別，三以象形加物為指事。其文有加，既不可謂為象形，而所加之畫，又不成字，亦不可謂之會意。居文字之間，故曰指事。」趙宧光亦曰：「指事者，指而可識也。一、二、三之類，彼將曰象其數，獨不知數可心通，不可目取，非物也。趙古則諸人所引，當在後例，所謂變例，非正例也。指事有二：一獨體指事，謂一、二、三、十之類；一合體指事，二（上）、二（下）、本、末之類。」至此，指事的分類亦告完成。

也因為抽象符號的使用，在漢字中比較少見，所以在「六書」中，指事的字數也最少。據王筠《文字蒙求》的統計，《說文解字》所收九千三百五十三字中，指事字只有一百二十九字。而且，有的所謂指事字，像「飛」的初文「[illegible]」象鳥展翅高飛的形狀；「齊」的初文「[illegible]」象禾穗等齊的形狀；「乖」的初文「丫」象羊角左右乖離的形狀；「夕」與「月」初文不分，有人（像徐鍇）說夕是「月字之半也」，是月亮半見的形狀。像這些例子，究竟算是象形字或指事字，難免各說各話，難下定論。

王筠就字義分析象形、指事，以為象形字都是名詞，指事字則皆表動作或表狀態，屬動詞或形容詞，所以他以為「齊」、「飛」等都是指事字，而楊樹達《文字形義學》則認為「指事乃就字形為說，非就字義為言」，並且說：「指事之事，乃符號也。符號與圖畫不同，故指事與象形別也；符號與義訓無關，故指事與文法不能相合也。」所以他認為「齊」、「飛」等字，還是不應歸為指事。

三、**舊說的檢討**

大致說來，從宋代鄭樵以後，談論「六書」者，因為受到鄭氏子母相生理論的影響，不但在談六書的分類時，喜歡討論何字該歸何類，而且喜歡打破許慎《說文解字》原有的部首體系，而以「六書」為綱，分立細目，不依文字的形體結構，而按事物的意義性質，擬將所有文字分類歸納其中。即使削足適履，另立變例，亦在所不計。上述指事字中，鄭樵說有「事兼形」、「事兼意」、「事兼聲」者，即是如此。在象形、會意、形聲不同的例字中，他更分立了所謂「正生」、「側生」、「兼生」等等不同的名目。元代楊桓《六書統》、戴侗《六書故》、周伯琦《六書正譌》、明代趙撝謙《六書本義》等等，無不如此。這種擬用六書統領所有文字的做法，不但與漢儒演繹式的六書理論有所不合，也違背了文字因應語言自然產生的原則，欲如趙氏所謂「以母統子，以子該母，子復能母，婦復孕孫，生生相續，各有次第」，真是談何容易！其不免牽強附會之失，亦無足怪矣。

指事的類別，宋代鄭樵曾說可分為「事兼形」、「事兼意」、「事兼聲」三類，元代楊桓曾說可分為「直指其事」、「以形指形」、「以意指意」、「以意指形」、「以形指意」、「以注指形」、「以注指意」、「以聲指形」、「以聲指意」等九類，皆過於繁瑣，反而不如清代王筠《說文釋例》分為二類來得簡當。

王筠《說文釋例》有云：「六書之中，指事最少，而又最難辨；以許君所舉上下二字推之，知其例為至嚴。所謂視而可識，則近於象形；察而見意，則近於會意。然物有形也，而事無形，會兩字之義，以為一字之義，而後可會。……總之，以大物覆小物，以大物載小物，於是以長一況大物，以短一或丨況小物，了然於心目間，而無形之事，竟成有形之字矣。」不但說理周洽，而且其論指事與象形，都把二者的獨體之文，稱為「正例」，其餘的合體之字則概稱為變例。頗有參考價值。其說如下：

（1）正例：純體指事字，如一、二、上、下、亅、八、ㄐ、口、丿、乙、九、乃、𠂢等，皆抽象符號，獨體之文。

（2）變例：

①以會意定指事者：如「示」字，「二」即上字，「小」指日月星之下垂。又如「牟」、「尹」。

②以會意為指事者：如「喦」字，多言之意。「品」从三口，會意。「山」非山水之山，不成文，是指事。又如「欠」字。

③指事兼形意與聲者：如「𣎵」字，草木水火之形，从「八」得聲。如「牽」字。

④增文指事者：如「朮」字，樹木曲頭，有不能上之義，增「·」在木上，表示曲頭。又如「夭」、「交」。

⑤省文指事者：如「凵」字，張口之義。省「口」以指事。

⑥形不可象而變為指事者：如「刃」字，加「、」於刀上，表示刀刃所在。又如「本」、「末」。

⑦借形指事者：如「不」字，从一从巾，「一」指天，「巾」象鳥，借鳥飛不下之形，指「不可」、「不能」之事。又如「大」、「至」。

⑧借形指事兼意者：如「高」字，「冂」象界，「口」即倉舍，借臺觀崇高之意，借指高低之高。

由此可見，所謂指事變例者，蓋指合體文字，不象有形之物，或其部件中有不成文者。

此外，于省吾《甲骨文字釋林》說還有一種「附劃因聲指事字」，例如甲骨文「尤」字，乃「又」字上部附加一個橫劃或斜劃而成。可以看出于省吾的研究心得，實在令人敬佩！但也因此觸發我的一點感想。

民國以來的文字學者，因為殷墟甲骨文和兩周金文的大量出土，對古代漢字的源始問題，在研究資料方面得到很大的方便，同時又因為得到更充實的語言知識和更科學的研究方法，所以談到古代漢字學的相關問題，往往喜歡從甲骨、金文說起。如果這是談論漢字的源流或是談論一般的漢字形體的流變，當然有其必要，但如果談的是許慎及他所編撰的《說文解字》，還事事利用甲骨、金文等古文字，來責求許慎其人其書，那就好像責怪古人遠行不搭飛機輪船一樣，是忽略許慎生在東漢，看不到甲骨文和很多金文的時代環境了。姚孝遂說許慎的《說文解字》一書，「是就篆文立說，完全以商周古文字加以衡量，則未免過事苛求」，這才是通達的識見。這也是我們在談論許慎六書說的時候，應該具備的一種「了解與同情」的態度。不僅談象形指事時，理當如此，談其他的部分也應當如此。

第四節　分論之二：會意與形聲

（一）會意

一、會意界說及其字例

許慎對「會意」所下的定義，是「比類合誼，以見指撝」，例字是「武」、「信」。「比類合誼」二句，是說在象形或指事字的基礎上，把兩個或兩個以上有關事類的文字合併在一起，把它們的意義聯繫起來，適當的來推求新合體字所給予的指示或啟示。「比」，即比並，和「合」都有比並合觀的意思。「類」即字類、事類。「比類」就字形而言，指象形、指事字，它們皆可因形而見義，所以說是比並觀之，可以「合誼」。「誼」就是「人所宜」的「義」。「合誼」就字義言，應有去惡向善，求其正面的意義。象形字既然是「畫成其物，隨體詰詘」，指事字既然是「視而可識，察而見意」，因而把它們兩個或兩個以上的形體放在一起看，自然也就可以推尋出新合體字的意義來。班固所以稱「會意」為「象意」，道理在此。「指撝」就是「指揮」，就意義方面講，是指可以給讀者新的概念或啟示。這種造字方法，使漢字由表形提升到表意的層次，能表現更多的抽象概念，不但簡便靈活而且可塑性高。

許慎為「會意」所舉的例字，是「武」、「信」二字。我們正可從這兩個例字中看出「以見指撝」的意義。

據《說文解字》卷十二，許慎解釋「武」字的意義，曾引用楚莊王之言，說是「夫武，定功戢兵，故止戈為武。」意思是：能夠消弭戰爭、安定人民的，才算是識得「武」字的真諦。這個說法取自《左傳．宣公十二年》。《左傳》所記的楚莊王之言，原為：「夫武，禁暴、戢兵、保大、定功、安民、和眾、豐財者也。」可見許慎的「定功戢兵」，是節取其意，說明「止戈為武」的「武」字，是從「止」「戈」二字「比類合誼」而來。把「止」解釋為停止、消弭，用「戈」來代表干戈、戰爭。已經不把「止」做為「足」的本義了。

事實上，這樣的解釋，未必符合「武」字的本義。我們從甲骨文等古文字看，「武」字的形體如下：

（甲骨文）　（金文）　（秦篆）

可以看出來，「武」是从戈从止，「戈」是兵器的象形，「止」是「趾」的本字，即人足的象形，合在一起，表示扛著武器在行走，並沒有停止戰爭之意，反而有荷戈從征的意思。這恐怕才是「武」的本義。許慎《說文》對「止」的解說如下：「止，下基也。象艸木出有址，故以止為足。」他雖然把「止」解作艸木出生的地方，但他畢竟還是認為「止」即「足」。把「止」「戈」解作「定功、戢兵」，顯然不是用其本義。許慎的時代，甲骨文沒有出土，他是不是真的不知「武」的本義，不得而知，但春秋戰國時代以字解經的風氣，喜歡附會道德倫理，則無疑問。「以見指撝」，正是指示讀者一個方向，要讀者去體悟、發揮一些微言大義。

許慎對「信」字的解釋，用意更為明顯。據《說文解字》卷三上，許慎這樣解釋：「信，誠也。从人从言。」

事實上，秦篆的「信」（[illegible]）字是由「人」「言」兩個偏旁合成。人說的話可以誠信，也可以不誠信，並不一定非誠信不可，這個道理非常淺顯，許慎沒有不知的道理。他所以說「信，誠也」，一定也有以字解經的用意。《穀梁傳．僖公二十二年》有云：

> 人所以為人者，言也。……
> 言之所以為言者，信也。言而不信，何以為言？

這是說：做人的道理，就是講話要守信用，如果不守信用，那何必說話？可見「人言為信」，反映了許慎時代的道德觀念。人應該怎樣，不應該怎樣，許慎就用了這樣的觀念來推求會意字的造字方法。他解釋「誼」字，就說是「人所宜也」。「人所宜」，應有求其正面的意義。至於別的時代、別的人，是不是認為人言必須誠信，那是另一個問題。由此可見用「會意」而不用「會義」是有其道理的。「會意」的「意」，與轉注的「同意相受」的「意」，都是指「制字之意」，字初創造時的形狀特徵，而非指字的意義。

由此亦可見會意字有其局限性，同一個會意字，不同的人可能會有好幾種不同的體會和詮釋。不同的生活形態、社會背景和時代環境，便可能使有些會意字無法凝聚大家的共識，無法取得讀者一致的理解。因此，會意字的意義，常受該字產生時代觀念的影響，約定而俗成，但也會常受不同時空因素的影響，發生了變化。

例如在古代以農立國的傳統社會裡，大家習慣於男女有別的觀念，認同男耕女織，男主外而女主內，所以「男」字从力田，由「力」「田」兩個偏旁組成，「力」（）是耒耜農具的象形，拿著農具去耕田的，在傳統農業社會裡，不言而喻，自是男人的工作。而「女」（）既像是婦女雙手針織的形狀，「妻」字，从「女」「又」二字會意，說明「婦與已齊者也」，持事乃妻子職責；「婦」字更是「女」「帚」兩個偏旁的組合，「从女持帚灑掃也」，像是婦女手拿巾帚在做家事的樣子。不辯而明，在傳統社會中，那也自然是家庭婦女的工作。「安」字也一樣，有女人在家中屋裡，即可令人安心。這些字的產生和使用，都與古代社會和傳統家庭息息相關。

現在的社會形態已經改變了，男不一定要耕田，女不一定要做家事，「男」、「女」等字雖然還在使用，但原始的「會意」已無從「比類合誼」了。

當然，隸變以後的漢字，很多字的形體已產生諸多變化，想要因形見義，更不容易了。象形字、指事字如此，會意字更是如此。不過，會意字畢竟已由表形進步到表意的層次，簡便靈活，能用更多的抽象概念創造更多的新字，所以在《說文解字》中，據王筠統計，即有一千二百五十四字，比象形、指事字多得多。而這種造字方法，至今在創造新字時也還在使用，例如「塵」簡化為「尘」，就是用會意法，由「小」「土」兩個偏旁會意而得。

許慎以「武」、「信」為會意的書例，後人或有不同的看法，例如唐蘭的《中國文字學》，就說「武」字从戈从止，止是足形，因此不會有「止戈」的意義，而「信」字更非會意字，而是「从言，人聲」的形聲字。這些說法，都可能與誤解「比類合誼」有關。

二、會意字的分類與歸類

會意字的分類，如依許慎《說文》的體例，可分為以下四類：

（1）明確標明其為會意字。例如言部：「信，誠也。从人，从言。會意。」／攴部：「敗，毀也。从攴、貝。敗、賊皆从貝。會意。」

（2）對於同體會意字，說明其形體的數目、形態或方向。例如又部：「友，同志為友。从二、又。相交友也。」／耳部：「聶，附耳私小語也。从三耳。」／北部：「北，乖也。从二人相背。」

（3）對於異體會意字，說明形體組合的形式或位置，有的另加解說。例如女部：「好，美也。从女、子。」／人部：「付，與也。从寸持物對人。」／木部：「杲，明也。从日在木上。」／門部：「閑，闌也。从門中有木。」／音部：「章，樂竟為一章。从音，从十。十，數之終也。」

（4）對於某些省形的會意字，用「从某，从某省」或「从某省，从某」來表示。例如老部：「孝，善事父母者。从老省，从子。子承老也。」／隶部：「隶，及也。从又，从尾省。又持尾者，从后及之也。」

但自鄭樵以下，則和象形、指事字一樣，各家仍在正例變例、純體合體變體等項目中，較其同異，論其是非，大抵都以形體的分析為主，只是對形體的名稱有所不同。有的（如鄭樵）稱為「母」，有的（如戴侗）稱為「文」，有的（如趙撝謙）稱為「體」。

鄭樵《六書略・六書序》中為會意下定義：「二母之合，有義無聲。」又在《六書・會意第三》中說：「二母之合為會意。二母者，二體也。有三體之合者，非常道也。」事實上，三體之合，也是常見的正例。另外他又「二母之合」分為「同母之合」與「異母之合」二種，此亦即後世「同文會意」與「異文會意」之分。這些分法都有其道理，但在例字的歸屬上，鄭樵卻又常似自相矛盾。例如胡樸安在《六書淺說・六書通論》中就舉例說：「如并木為林，并生為甡之類，入之會意；而并玉為珏，并山為屾，又入之象形。重夕為多，重戈為戔之類，入之會意；而重火為炎，重田為畺，又入之象形。三耳為聶，三馬為驫之類，入之會意；而三車為轟，三隹為雥，又入之象形。……不能畫一如此，致使後人有象形與會意本有相通之義之論，此鄭氏有以誤之也。」

楊桓《六書說》承鄭樵之後，將會意字分為十六類：天運、地體、人體、人倫、人倫事意、人品、人品事意、數目、采色、宮室、衣服、飲食、器用、飛走、蟲魚、生植。

趙撝謙《六書本義》、吳元滿《六書總要》、趙宧光《說文長箋》等，則以「體」分類。趙撝謙分為反體、省體、同體、二體、三四五體五類。趙宧光分為同體（从、林）、異體（休、相）、省體（人、介）、讓體（詹、父）、破體（爰、雜）、變體（憂、盱）、顛倒（比、勺）等類。吳元滿則仿鄭樵先分正生、變生和兼生三類，其中正生分為本體（爻、竝、淼）、合體（行、化、收）、二體（王、明、男）、三體（濕、射、盥）；變生即省體會意（倉、産、臺）；兼生即意兼諧聲（泰、衡）等。

類別太多，而其歸類可惜多取字義，而非著眼於字之形體結構，故易混淆。

明、清以後，稱「體」者多。名目繁多，不再贅引。

會意字既由「比類合誼」而成，比並的當然多為複體，以二體組合為基本形式。三體、四體甚至五體以上的也有。「武」由「止」「戈」合誼，「信」由「人」「言」合誼，「忖」由

「心」「寸」合誼，由「布指知寸」而來，故有揣度之意。心中揣度，自然合誼為「忖」。二體組合，自然是最基本的二體形式，像「夾（夾）」字，據顧實《中國文字學》說，「从大挾二人會意」，「祭（祭）」字「从示，神也，从又持肉以祭」，是三體成字。「暴（暴）」字，是晞、曝的意思，「从日出廾米」，是四體成字。「鬱（鬱）」字，是芳草的意思，「从臼缶冖鬯，彡，其飾也」，由「臼」、「缶」、「冖」、「鬯」加「彡」五個形體構成，是五體成字。至於像「爨（爨）」字，合「臼」、「廾」、「林」（非林字，指小木散柴）、「火」四字及「𠕁」（象鬲，食器）、「冂」（象竈口）兩個符號，表示用手點火燒柴入竈炊煮食物，更是典型複體的會意字。

段玉裁《說文解字注》除了指出「會意合體主義，形聲合體主聲」之外，還特別強調「有亦聲者，會意而兼形聲也。有省聲者，既非會意又不得其聲，則知其省某字為之聲也。」俱見其明斷特識。

王筠則仍以正例、變例為會意分類。

（1）其正例有三：

①合兩字為意而順遞言之者，如止戈為武、人言為信。

②並峙為義者，凡《說文》中兩言「从」者皆是。如「吏」字「从一，从史」。

③以字形發明字義者，如「辟」、「開」之古文皆是。

（2）其變例有十二類：

①从其字而變其字之形，如「折」从斤斷艸，而變艸之形。

②會意兼象形，如并束為𣗥。

③會意兼指事，如兩手向內，是為拱揖；兩手向外，是為攀援。

④意在無字之處，即有會意而意反不在字中者，則得意於筆墨之外矣。

⑤所從之字不成意，轉由所从與从之者以得其意。

⑥意不勝會，而所會之意不實不盡者。

⑦就本字而少增之以會意。

⑧省文會意。如「夕」字。

⑨省文會意而實不省者。

⑩反文會意。如「匕」（反人）。

⑪到（倒）文會意。

⑫有會意字而所從之字，各自為意，必不可會者，許君亦兩分說之。

後面有些變例分類過於繁瑣，而且像「省文會意」中所舉的「夕」字，「反文會意」中所舉的「反人為匕」，等等，都是獨體之文，與其「會意合體」的理論互相矛盾。

三、舊說的檢討

以上所舉的會意字，多由兩個或兩個以上形體不同的文字組合而成，這種會意字有人稱之為「異體會意」或「異文會意」，另外還有一種，全由形體相同的文字組合而成，叫「同體會意」或「同文會意」。例如：（步）由左腳右腳先後組合而成，為同體會意。（走）由人張開四肢大步行走，有跑之意，皆屬異體會意。

「異體會意」字的數量比較多，一般說來，異體會意字雖由形體不同的字構成，但因為它們原是象形或指事，可以因形見義或「察而見意」，因此要合其義以見其指撝，並不會有太大的困難。

例如以《說文》的「木」部為例。从「木」旁的合體字，必與樹木有關，無庸置疑。當它與「日」合體成字時，假如日在木上，像「杲（）」，明也。从日在木上。」就有光明、明亮的意思。假使日在木下，像「杳（）」，冥也。从日在木下。」就有杳冥、暗淡的意思。假使日在木中，許慎《說文》也就因之解說為「東（）」，動也。从木。官溥說，从日在木中。」其他如休「从人依木」，果「从木，象果形，在木之上」等等，都不難「比類合誼」，求得其意。

至於同體會意字，由兩個或兩個以上形體相同的文字構成，既然如此，新字與原字的意義相同或相近，似是理所當然之事，但按之實際，卻又未必。例如顧實《中國文字學》所列者之中，有的同體同字：

屾（屾），二山也。或說同「山」。

沝（沝），二水也。或說同「水」。

⿱余余（⿱余余），二余也，讀與「余」同。朱駿聲曰：「⿱余余即余之籀文。」

有的則同體異字，其構成方式，或左右並列，並峙見意，或上下重疊，順遞見意，或相對如鬥（鬥），或相背如北（北）：

雔（雔），雙鳥也。从二隹，讀若醻（仇）。

雥（雥），群鳥也。从三隹。

㹜（㹜），兩犬相齧也。从二犬。

猋（猋），犬走貌。从三犬。

奻（奻），訟也。从二女。

姦（姦），私也。从三女。

吅（吅），驚呼也。从二口，讀若讙。

轟 群車聲也。

林 平土有叢木。

森 木多皃。

屮 （屮）草木初生也。

艸 （草的初文）百艸也。

芔 （卉）艸之總名。

茻 眾艸也。从四屮。

品（品），眾庶也。从三口。

㗊（㗊），眾口也。从四口，讀若戢，又讀若呶。

聑（聑），安也。从二耳，丁帖切。

聶（聶），附耳私語也。从三耳。

孨（孨），謹也。从三子，讀若翦。

驫（驫），眾馬。从三馬，甫虯切。

羴（羴），羊臭也。从三羊，或作羶。

麤（麤），行超遠也。从三鹿。俗作麄作麁。

蟲（蟲），有足謂之蟲，無足謂之豸。从三虫。

䲆（䲆），二魚也，蓋連行之意。

鱻（鱻），新魚鯖也。从三魚。

為什麼「众」三人為眾，「磊」、「品」、「雥」都有眾義，而「姦」就會意為「私」，「孨」就會意為「謹」？為什麼「吅」意為「驚呼」，而「聑」就意為「安」？為什麼「猋」、「犇」、「驫」、「麤」等都形容「走」貌，而「羴」就指腥羶味道，「鱻」就指「新魚鯖」？同樣是「動物」和「四」合誼，為什麼「牭」指四歲的牛，而「駟」則指四匹馬呢？從這些地方，可以看出「比類合誼」的會意字，要見其「指撝」，不能不想到「約定俗成」這句成語。

即使隸變以後，有些漢字因形體變化已難以因形見義，但只要我們略為具備古漢字的基本常識，仍然可以藉由古文字的形體來體會這些漢字的含意。這也就是我們所以要認識古漢字的理由之一。

例如以「皿」部為例。皿（）與豆（）一樣，古代形制相近，都是食用之銅器。通常豆用以盛肉，皿則用以飯食。从皿的字也都與食用有關。後來它做為器皿的通稱，也可以用以洗手洗臉。例如：「益」，《說文》：「，饒也。从水、皿。皿，益之意也。」它就是「溢」的本字，象水從皿中滿溢出來。同部的「盥」字，《說文》：「，澡手也。从臼、水，臨皿。」象雙手舀水洗手的樣子，自然有盥洗之意。即使是臥部的「監」字，雖然《說文》說是：「，臨下也。从臥，峪省聲。」但從甲骨文的監，它的形狀象人臨皿下視，有對水照影之意，可通監視之意，所以有人以為它是「鑑」（鏡）的本字。

又如「射」字，如果僅據篆文形體去「比類合誼」，則「身」僅「寸」高，誤解為「矮」，應屬難免。查《說文解字》卷五下篇：「射，弓弩發於身而中於遠也。从矢，从身。射，篆文射，从寸。寸，法度也，亦手也。」事實上，「射」字，甲骨文作，金文作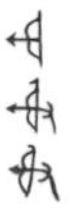，皆象矢在弦上正欲射出之狀，後來左旁訛變為「身」，右旁無論从矢或从寸，都難以看出其本義了。

可見會意字因古今形體結構的改變，會影響讀者對「比類合誼」的判斷。另外，從不同的角度去分析，有的合體字也可以有不同的意義。例如根據《說文》，「秉」字：「禾束也。从又持禾。」禾一束叫秉，禾二束叫兼。所以「兼」字《說文》解作「并也」，有持禾二束之義，亦有「同時」之義。

民國以來，對於會意之字，人各有說，分類之法，亦不盡同。孫海波《中國文字學》分為三類，除「同體會意」（如珏、吅之類）、「異體會意」（如武、信之類）外，另列「省體會意」，例字如：

隶八：《說文》云：及也。从又，从尾省。又持尾者以後及之也。

叀四：《說文》云：專，小謹也。从幺省，屮財見也。屮亦聲。古文叀，亦古文叀。按甲骨文作，金文作，其形未詳。

會五：《說文》云：合也。从亼，从曾省。曾，益也。古文會如此。……

苟九：《說文》云：自急敕也。从羊省，从包省，从口，口猶慎言也。从羊，羊與義、善、美同意。古文羊不省。按，金文作。

孫海波的分法，明顯受了趙撝謙及趙宧光的影響。

姚孝遂《許慎與說文解字》中，以為會意字「必須是會合兩個或兩個以上的獨立形以成字」，凡連續為文「从某某者」均屬會意字。大多數是二體的組合，如「莫」、「秉」、「取」、「祭」等字。又認為疊體的會意字，如：

秝（秝），稀疏適也。从二禾。

森（森），木多貌。从林，从木。

林（林），平土有叢木。

艸（艸），百芔也。从二屮。

卉（卉），艸之總名也。从艸、屮。

聶（聶），附耳私小語也。从三耳。

他以為「這一些字當屬會意，而不是象形。象形字必須是獨體。」秝、林等字都不可能是象其形，而只是會其意。

其中也有分類較細的，像裘錫圭《文字學概要》就把會意字分為六類：

（1）圖形式會意字。如「从」字，表示一個人跟從另一個人。

（2）利用偏旁間的位置關係的會意字。例如「正」是「征」的初文，本義是遠行。

（3）主體和器官的會意字。例如「見」是「目」的功能，所以字形在「人」上加「目」以示意。

（4）大多數重複同一偏旁而成的會意字。例如二玉相合為珏，雙木成林等等。有的如「艸」、「絲」，則只能視為象物字。

（5）偏旁連讀成語的會意字。如「凭」（从几从任）、「劣」（从力少）能說明或暗示字義。

（6）其他。不能歸入以上各類的字。例如「刪」字，从刀从冊會意。

裘氏自己也說這種分類只是可供參考的權宜之計，並非完全統一的分類標準。

〈三〉形聲

一、**形聲界說及其字例**

許慎對「形聲」所下的定義，是「以事為名，取譬相成」，例字是「江」、「河」。形聲字半形半聲，是形符和聲符兩個偏旁以上的組合。「以事為名」，是說拿同樣事類的象形或指事字來做形符，造字取義；「取譬相成」，是說再拿一個讀音相同或近似的字來做聲符，與上述的形符配合，組成新字。段玉裁注：「以事為名，謂半義也。事兼指事之事、象形之物言，物亦事也。名即『古曰名，今曰字』之名。取譬相成，謂半聲也。譬者，諭也。諭者，告也。江、河之字，以水為名，譬其聲如工、可，因取工、可成其名。」說的就是這個意思。事實上《說文》卷二上篇口部：「名，自命也。从口、夕。夕者，冥也。冥不相見，故以口自名。」可見「名」係就文字的聲音而言。文字重在形象，而名重在聲音。「以事為名」的「名」，自有以聲音為事物識別之意。

江、河二字的左面偏旁，都从水（巛），是義符，也叫形旁，可以因形見義，知道是與水有關的事物。但隸變以後，江河的水旁，都改作三點水「氵」，就已變成標音的符號，看不出原來象形的意義了。「江」、「河」的右邊「工」、「可」，是聲符，也叫聲旁，表示字的讀音。現代人讀音「江」（ㄐㄧㄤ、jiang）與「工」（ㄍㄨㄥ、gong）發音不同，「河」（ㄏㄜˊ、hé）與「可」（ㄎㄜˇ、kě）發音不同，可能有些讀音會有誤會，以為許慎等古人舉例不當。事實上，這是古今字音自然的演變所造成的。中古以前，「江」讀如「工」，同屬「東」韻「見」母；「河」音近「可」，同屬「歌」部，「河」為「匣」母，「可」為「溪」母，發音部位相同，這就是所謂「取譬相成」，並不是說聲母韻母要完全一致。松、柏等字，木是形旁，即詞義所在，而右邊的聲符，「公」、「白」等亦可「取譬相成」，所以鄭眾稱「形聲」為「諧聲」。

形聲字的形旁相同者，表示意義上有一定的關係。它們往往是部首。例如凡是从「厂」旁的字都與崖巖有關，从「广」旁的都與房屋有關，从「木」旁的都與樹木有關，从「水」旁的都與流水或液體有關。所謂有關，是指它的意義範疇可以包含多方面，例如从水旁的字，有的是泛稱，如「湖」、「泊」、「溪」、「瀆」、「溝」、「渠」；有的是專稱，如「淮」、「洛」、「湘」、「渭」、「沂」、「汝」；有的說明水域的位置，例如「涯」、「涘」指水邊，「洲」、「渚」指水中；有的形容流水的狀態，例如「洪」是大水，「涓」是小流，「冽」是水清，「溷」是水濁，「湧」、「漫」是動態，「淵」、「涸」是靜態；有的形容像水一般的液體，例如「涕」指眼淚，「泗」指鼻水，「汗」指體液；甚至有的用來指生活中與水有關的一切事物，例如「沐」是洗頭，「沬」是洗面，「浴」是洗身，「澡」是洗手，「洗」是洗足，「浣」是洗衣等等，真是範圍廣大。

形符原來相近的，意義上也常有相通處。例如从口、欠、言旁的「咏」和「詠」、「歌」和「謌」是相通的，从彳、辶、足、止、走、辵的「徧」和「遍」、「逾」和「踰」、「踵」和「歱」、「跡」「迹」和「蹟」、「跳」和「趒」，也是可以相通的。但也不可一概而論，例如「喟」不等於「謂」，「逃」不等於「跳」。語言文字之間的關係，一切在於約定而俗成。

形聲字中的形符和聲符，在組合配置時，有時是可以左右或上下更換的，例如：

够—夠　和—咊　鄰—隣　滙—匯　濶—闊

峯—峰　裡—裏　略—畧　群—羣　慚—慙

概—槩　鵝—鵞　雜—襍　胸—胷　脇—脅

這就變成了所謂「異體字」，意義不變，形體卻改變了。但也有的不可任意更換，否則就變成了另外的字。例如：

含—吟　忘—忙　怠—怡　售—唯　召—叨
愈—愉　陪—部　架—枷　郵—陲　江—汞
裹—裸　細—累　拿—拾　帛—帕　紋—紊

形聲字的創造與發明，使漢字由象形表意的文字進化到表意兼標音的文字，在漢字發展史上，具有重大而深遠的意義。凡是漢語中無形可象、無事可指、無意可會的詞，都可以藉由形聲的造字方法來創造新字。例如語言中的「鴛鴦」、「梧桐」，鳥旁、木旁都是形符，即使省去，讀者仍可從「夗央」、「吾同」的聲符，彷彿得知其意，可知在形音字中，聲符應該比形符重要。而且原來一些基本的象形字，像馬、羊、隹等字，原皆作形符用，後來卻也在「洋」、「詳」、「祥」；「媽」、「嗎」、「罵」；「堆」、「椎」、「崔」中用作聲符。這種義符的聲符化，促進了漢字的音化作用，也促成了形聲字的發展。有人說甲骨文中已有形聲字出現，到了戰國時代蓬勃發展，據王筠《文字蒙求》的統計，《說文解字》

九千三百五十三字，形聲字共七千七百零一字，佔百分之八十以上。隸變以後，形聲字的發展更加快速。現在的漢字總字數約六萬字，有人估計，甲骨文中形聲字約佔百分之十左右，兩周金文約佔百分之三十五，至《說文》則佔百分之八十以上，可謂直線上升。形聲字記錄語言的簡易靈活，具有很強的孳乳能力，由此可見一斑。

二、形聲字的分類

在眾多的形聲字中，早就有人依其形符和聲符的組織結構，加以歸納分析，分別其體製。像唐代賈公彥的《周禮正義》，即分為下列六體：

（1）左形右聲：江、虹；時、昭；騎、驅。

（2）右形左聲：攻、功；鳩、鴿；頸、領。

（3）上形下聲：箕、箭；霧、露；空、窖。

（4）下形上聲：費、貢；婆、娑；烈、照。

（5）內形外聲：聞、問；莽、辯；輿、哀。

（6）外形內聲：園、圃；術、街；衷、裹。

後來有人認為這六種不足以包括形聲字中形符和聲符組成的方式，因為形符聲符不一定各佔一半，而有的只佔了會意字的一角，所以又加了兩種：

（7）義符佔一角：載、栽（義符在左下角）、荊（義符在左上角）、佞（義符女在右下角）、碧（義符白在右上角）。

（8）聲符佔一角：旗旌（聲符在右下角）、遠近（聲符在右上角）、寶（聲符缶在右中）、新（从析，辛聲。聲符在左上角）、聽（从耳悳，壬聲。聲符在左下角）。

在上述八種之中，前四種的數量最多，其中又以第一種「左形右聲」最為常見，古人於此也特別留意。有人以為文字的產生，聲在前，文字在後，像王筠就說：「未有文字以前，先有是聲，依聲以造字，而聲即寓文字之內。」更有人從中發現右邊的聲符，常兼有表義的作用。有據宋人沈括《夢溪筆談》卷十四的引述，這是從宋代的王聖美（子韶）開始提出來的主張。有人稱之為「右文說」。他說：「凡字，其類在左，其義在右，如木類其左皆從木。所謂右文者，如戔，小也，水之小者曰淺，金之小者曰錢，餐而小者曰殘，貝之小者曰賤。如此之類，皆以戔為義也。」意思是說右邊聲符是「戔」的字，都有「小」的意思，意義必然相同，可以因聲而求義。

除了王聖美之外，王觀國《學林》、張世南《游宦記聞》等，也都有類似的主張。

這種主張，受到後代學者廣泛的注意。一直到清代黃承吉、近代劉師培，很多人以為它言之有據，也言之成理。以江、河為例，像从「工」得聲的「扛」、「杠」、「訌」、「虹」等字，都有橫亘或強勁之意；像从「可」得聲的「阿」、「柯」、「何（荷）」、「訶」等字，皆有阿曲或離奇之意。推而言之，如以「侖」作聲旁的字含有條理秩序之義，就言語而言，加「言」而成「論」；就人事而言，加「人」而成「倫」；就絲而言，加「糸」而成「綸」；就車而言，加「車」而成「輪」；就水而言，加「水」而成「淪」。這些形聲字確實都含有「侖」字原有的分析條理之義。

不過，這右文說的主張，雖然言之成理，但它畢竟只是形聲字聲符形符組合的方式之一，並不能概括所有的形聲字，而且从「戔」从「侖」等聲旁的字，也未必不能作其他解釋，如「餞」、「踐」、「掄」、「圇」等即是，因此我們對於古文之說，可以採信，但不必一概而論。

以上所說，是形聲字中形旁與聲旁最常見的組合方式，一為一形一聲，一為多形一聲。除此之外，還有亦聲和省形、省聲之說。

先說比右文說更早的「亦聲」之說。

在許慎《說文解字》一書裡，已經注意及此。他收錄了一些形聲兼會意，或者會意兼形聲的字，許慎特別標舉為「亦聲」。說明聲符同時也有表義的作用。例如：

返，還也。从辵，从反，反亦聲。（《說文》卷二下篇）

政，正也。从攴，从正，正亦聲。（《說文》卷三下篇）

瞑，翕目也。从目、冥，冥亦聲。（《說文》卷四上篇）

柵，編樹木也。从木，从冊，冊亦聲。（《說文》卷六上篇）

娶，取婦也。从女，从取，取亦聲。（《說文》卷十二下篇）

最受人注意的是茻部的莫、莽、葬三個字，都注明是茻亦聲，句部的枸、笱、鉤三個字，都注明是句亦聲，丩部的茻、糾兩個字，都注明是丩亦聲。有的雖未明言，但仍可從字形判斷其為會意兼形聲，所以後代學者尤其是清代學者因精於聲韻之學，敷陳其說者不少。像段玉裁特別加注把它標出來。例如：

茁，草初生地貌。从艸出。（《說文》卷一下篇）

段注：「言會意，以包形聲也。」

敗，毀也。从攴貝。（《說文》卷三下篇）

段注：「貝，亦聲。」

像桂馥的《說文義證》，還特別強調「亦聲」皆從部首得聲，既為偏旁，又為聲音，故加「亦」字。又據朱駿聲《說文六書爻列》的統計，形聲兼會意的字不算多，約三百多字。

對於這些說法，後來學者的看法頗為紛歧。有的學者，像劉師培即云：「古人造字，僅有右旁之聲，未有左旁之形。字聲者，即字義之所寄也。故形聲字以聲義相兼者為正例。」像唐蘭在《中國文字學》中也說：「形聲字的聲符所代表的是語言。每一個語言不論是擬聲的，述意的，抒情的，在當時總是有意義的，所以每一個形聲字的聲符，在原則上，總有它的意義。不過有些語言因年代久遠，意義已茫昧，所以有些形聲字的聲符也不好解釋了。」但有的學者卻不以為然，像馬敘倫《說文解字研究法》、《說文六書疏證》反對有「亦聲」之說，像梁東漢在《漢字的結構及其流變》中，就認為：「形聲字的音符所代表的是詞的語音，它和詞義並沒有必然的關係。」換言之，語音和詞義本來就沒有必然的聯繫，因而同音未必同義，同義也不必同音。因此有些形聲字的聲符，萬一出現音近義通的現象，不必排斥，但也不必因此以偏概全，認為所有的聲符都有意義。

此外，論形聲字聲符與形符的組合，還有「省形」與「省聲」之說。表示有些形聲字創造出來以後，或因筆畫太繁，書寫不便，或因結構失衡，不太美觀，所以有人就省略了義符或聲符的一部分。前者叫做省形，後者叫做省聲。

省形的字，通常有兩種情況。一是為了字體結構的勻稱，省去了形符的一部分，便於書寫聲符，像「亭」从高省，丁聲，由「亭」省形為「亭」，像「考」从老省，丂聲，由「考」省形為「考」；像「斄」从犛省，來聲，由「斄」省形為「斄」。二是為了字形的去繁求簡，例如「星」从晶，生聲，由「曐」省形為「星」；「蜚」从蟲，非聲，由「𧕈」省形為「蜚」。這一部分有人也把會意字的省形包含在其中，像「集」由从雥从木省形而成，「氂」由从犛从毛省形而成，等等。

省聲的字，大致也有兩種情況。同樣是為了結構的匀稱和筆畫的簡省，因而把聲符的部分省略了。前者如「夜」从夕，亦省聲。我們看金文的夜字，是由形符的「夕」和聲符的「亦」（腋的本字）組合而成的。在組合過程中，為了結構的匀稱，省去了「亦」的右邊一點；如「榮」从木，熒省聲，如「蹇」从足，寒省聲，把「熒」聲符的「火」，把聲符「寒」下面的兩點，都為了字形結構的匀稱而省略了。它們就是所謂省聲字。後者如「鮮」从魚，羴省聲，為了羴旁的筆畫過於繁複，所以就省去了聲符的重複部分；「霅」从雨，畾聲，同樣為了去其重複，畾改作言；又如「恬」从心，甜省聲，則為了筆畫的簡省，將聲符「甜」的「甘」省略了。

形聲字省掉了聲符的一部分，會產生兩種結果，一是仍然具有表音功能，例如「薑」从艹，彊聲，省去聲符形旁作「薑」；「桮」从木，否聲，省「否」為「不」作「杯」，都仍可表音；一是不能再表音了，例如「窮」「躳」聲省作「身」，寫作「穿」，就無從表音了。

亦聲說也好，右文說也好，都說明了聲符在形聲字中有其表義的作用，只是有顯性和隱性之別而已。顯性的以聲表義（如返、娶等亦聲字），隱性的以省聲表義（如夜、鮮等省聲字），甚至借聲表義（如「祿」的聲旁「彔」借用吉祥的動物「鹿」表義）或擬聲表義（如「蛙」的聲旁「圭」似蛙叫之聲，「鳳」的聲旁「凡」似風動之聲表義）。方式雖然不一樣，但它們都是形聲字創造或簡化的方法之一。

三、舊說的歸類與檢討

形聲字文甚繁而例亦雜，自宋鄭樵以下，分類亦各不同，就許書本例言之，固以一形一聲如江河者為正例，其他如二形一聲、三形一聲等等，皆形聲之變例。列述如下：

二形一聲者，如：「碧」、「藕」、「瘳」。

三形一聲者，如：「寶」、「[illegible]」（亦聲）。

四形一聲者，如：「㝷」（从工，从口，从又，从寸。工、口，亂也。又、寸，分理之。彡聲）。

省形不省聲者，如「屨」（从履省，婁聲）、「弒」（从殺省，式聲）。（另有二形一省者）「歸」（从止，从婦省，𠂤聲）。

一形二聲者，如卷二上口部之「[illegible]」（从口、[illegible]，又聲）、「䧹」（从隹，瘖省聲。或从人，人亦聲）。

二形二聲者，如「竊」（从穴，从米，禼廿皆聲。廿，古文疾，禼，古文偰）。

省聲，所省多有不成字者。如「讋」、「瑩」、「齋」。
亦聲，會意而兼形聲也。或从部首得聲，如八部穴下云「從重八，八別也，亦聲。」此形聲兼意也。或从偏旁之義，如示部禬下云「从會，會亦聲。」此會意兼聲也。

宋代鄭樵在《六書略．諧聲第五》中說：「諧聲者，觸聲成字，不可勝舉。」在《六書略．六書序》中又把諧聲分為正生與變生兩類。正生是「母主形，子主聲」，即从某，某聲。亦即一形一聲相配成字者。變生則分為六類：

（1）子母同聲。如「牾」字，午、吾皆聲也。
（2）母主聲。如「筑」字，从竹，从巩，竹亦聲。
（3）主聲不主義。如「匏」字，包聲，不取包之義也。
（4）子母互為聲。如「靡」字，忙皮切，非聲，分也；謨加切，麻聲，縣名。
（5）聲兼意。如「祏」字，从示，从石，石亦聲。
（6）三體諧聲。如「春」字，从艸，从日，屯聲。

元代楊桓、明代趙撝謙、吳元滿等人，大致根據當時的聲音，按照聲符和形聲字的聲音關係來分類。例如楊桓《六書統》將形聲分為「本聲」、「諧聲」、「近聲」、「諧近聲」等四體，又分為「天象、天運、地理、人體」等十八目。趙撝謙與楊桓相同，而又更加緐密。到了吳元滿更據明代當時的聲音，把形聲字分為正生、變生和兼生三類：正生包括諧本聲（如「銅」諧「同」）和諧轉聲（如「霄」諧「肖」）；變生包括諧本音（如「松」諧「公」）和諧轉音（如「廣」諧「黃」）；兼生包括諧本音（如「江」諧「工」）和諧轉音（如「映」諧「央」）。

清代學者之中，段玉裁以「半義」、「半聲」來界說形聲字，並且吸收了唐代賈公彥以迄明代趙撝謙等人的成果，對形聲字作了比較全面的分析。王筠的《說文釋例》，則仍將形聲字分為正例與變例二類。正例即一形一聲、亦即段玉裁所謂半義半聲而聲無意義者，如江、河之類；變例包括聲兼意、聲兼形與意、一字兩聲等三種。

清代的學者在這方面的研究著作，有很大的突破和很高的成就。大致說來，他們從古今字音的對照規律中，證明了：形聲字的聲符，在上古最初的造字時代，一定有其標音的作用。形聲字和聲符在上古時即使不是聲母和韻部完全相同的同音字，至少也有雙聲或疊韻的關係。一些文字學者的「亦聲」說和「右文」說，都是在這個基礎上去認定的。

以上這些多形多聲的形聲字，近現代的學者多不採其說。唐蘭《中國文字學》即云三體四體的諧聲字，後人或析為二形一聲、三形一聲和三聲等，「實在是錯誤的」。因為形聲字在造字時，只有一形一聲（當然有些聲母本身已是形聲字），絕對不可能用兩個形或兩個聲。梁東漢《漢字的結構及其流變》也說：「過去有人把形聲字分做一形一聲、二形一聲、三形一聲、四形一聲、一形二聲、二形二聲這幾種，這是不對的。義符既然表示類屬或意義，類屬只能是一種，意義也只能有一個。因此，義符就只能有一個。同樣，音符是表示讀音的，同一個字就不應該有兩個音符。」據裘錫圭《文字學概要》的研究歸納，真正的二聲字極少，而且多因在形聲字上加注音符而形成，而這些多形的形聲字，也大多是由於在表意字上加注音符，或在形聲字上加注意符而形成的。

關於形聲字產生的途徑，近代以來也引起熱烈的討論。唐蘭《中國文字學》以為早期古文字由圖畫轉化為形聲字，其途徑大致有三：

一是「孳乳」。它也是形聲字產生的主要方式。他還舉例說：假如有一條河叫做「羊」，一個部落的姓也叫做「羊」，一種蟲子也叫做「羊」，古人就造出了从水羊聲的「洋」，从女羊聲的「姜」，从虫羊聲的「蛘」。無論是引申出來的意義，或假借得來的語言，都可以孳乳出很多新文字。

二是「轉注」。它與孳乳相反相成。在語言裡一語數義，內含的意義太多了，到文字裡別之以形，各各加上形符以示區別，這是孳乳；反之，數語一義，寫成文字時，統之以形，同義語太多了，找一個最通用的語言，來作形符統一它們，所謂「建類一首」，就是轉注字。

三是「緟益」。緟益，就是搤益，但有表示這種增益是不必要的意思。它原來的文字，或許是圖畫文字，或許是形聲字，或許是引申假借而來，實際上已可表達，但由於時代的不同，思想的差異，造字者仍然覺得它不足以表現這個字音或字義，所以出現了這些纍益。唐蘭列舉了下列三種情況：

（1）在圖畫文字上加了聲符。例如「鳳」字，本來就是鳳鳥的象形，後來加了「凡」聲。

（2）在圖畫文字上加了形符。例如「厷」字，本是肱的象形，後人加了肉旁而成「肱」。這種例子很多。

（3）後起的形聲字，大都加上不必要的形旁。例如「梁」字，已从木，後人還要多加木旁，寫成「樑」字。

唐蘭的分析，對後來學者的影響很大。唐蘭的《古文字學導論》出版於民國二十四年（一九三五），楊五銘《文字學》一九八六年出版。楊五銘對於早期形聲字產生的途徑和方式，歸納為假借、增益、轉注和派生四種。對於通過假借所產生的形聲字，他認為起源甚早，甲骨文、金文中早已有之，大多是先有聲旁、後加形旁的，增加形旁的目的是為了區別本義和假借義。他所說的「派生」，與唐蘭所說的「孳乳」等同，都是指由同一字根所分化形成的形聲字，不僅聲旁相同，而且意義也有所關聯。

其他的學者，像裘錫圭的《文字學概要》以及王寧等人的論著裡，也都對形聲字的形符與聲符、本源字與孳乳字，以及形聲與轉注、假借之間的關係，在唐蘭的理論基礎上，提出了不少補充的寶貴意見。

同樣在一九八六年，黃德寬在《安徽教育學院學報》上，發表〈形聲起源之探索〉一文，後來收入其《漢字理論叢稿》書中。他歸納近現代學者的看法，以為可以分為四種：

（一）形聲源於假借說。例如顧實《中國文字學》以為在假借字的基礎上加上形符，就是形聲字的起源。黃氏不贊同。

（二）聲化象意字說。例如唐蘭《古文字學導論》以為形聲字是「由象意字分化出來的，我們可以叫做變體象意字。」已見上述。黃德寬也不贊同。

（三）「加旁」二步發展說。例如楊樹達《積微居金文說》云：「古人造字之次第，不可確知，然余觀象形字之變為形聲者，往往由加旁字演變而來。」並舉「鬲」加「瓦」旁作「䰛」，再改換聲符作「㽁」，以及「裘」在金文中由象形字到加「又」聲，再改為「从衣又聲」而變成形聲字等例為證。黃德寬認為這種「加旁」之說雖有可採，但還不能解決問題。

（四）「部分表音的獨體象形字分化」說。例如于省吾《甲骨文字釋林》以為是「從某些獨體象形字已經發展到具有部分表音的獨體象形字，然後才逐漸分化為形符和聲符相配合的形聲字。」只有在兩個或幾個偏旁相配合的會意字相當發展的情況下，形聲字才會應運而生。例如「羌」、「姜」皆象人戴羊角飾，音皆近「羊」。黃德寬認為這種說法或可成立，但「也可能只是同源關係或偶合，數量是十分有限的。」

黃德寬參考陳夢家、吳振武等人意見，將形聲結構分為三種基本類型：

（一）注形式。在既有字形的基礎上，加注形符而構成。它包括兩種形式，一是本字加注形符。例如利用甲骨、金文的資料，分析「示」部的「祖」字及禮、神、祭、祝、社等，都是在本字之上加注形符而成。二是在上述注形式的借字基礎上加注形符而成。例如「邑」部字中的許多地名或國名，據徐中舒主編的《漢語古文字字形表》來觀察，如豐—酆、奠—鄭、北—邶、井—郱等等形聲字，皆由假借加注形符而成。

（二）形聲同取式。當早期的象形字或會意字，加注形符構成形聲字的過程中，詞義的不斷引申分化、同音假借的普遍發生，必然會加速加注形符分化及構成新字的步伐。這時形符與聲符的配合是一次完成的。例如甲骨文中从「木」的柳、杞、榆、柏等，从「水」的河、洛、汝、淮等，都用作專名，它們大都與殷人的活動有密切的關係，完全有可能是利用形符和聲符一次性組合而構成的。在戰國文字中，出現許多以「糸」為形符的形聲字，例如緒、紡、紫、紅、繮、絡、紛、約等等新的形聲字，必然與戰國時期絲麻紡織的大量發展有關。「音」在漢字構形中的發展越來越快，地位也顯得越來越重要。

（三）注聲式。指的是將已有之字附上一個純粹表音的聲符，加以改造而成一個新字。例如「斧」字，甲骨文原作「」，象橫放的斧形，是「斧」的初文。到了第三期的卜辭，已作「」，加注「午」聲，成為形聲字；到了小篆，又變成「从斤父聲」，是另造的新字。注聲式形聲字的產生，一則表示漢字構形已由以形表義轉向記音表義，二則表示甲骨文已高度線條化，對「不象之形」進行改造了。

另外，現代學者之中，也有對《說文》傳世的版本比較注意的，例如周祖謨和姚孝遂等人。姚氏對形聲字與版本的關係曾發表一些值得參考的意見。他在《許慎與說文解字》書中這樣說：

今大徐與小徐本《說文》各有異同。而有關形聲字分歧更甚。後世學者仁者見仁，智者見智，實則二徐各有是非。嚴可均《說文校議》專訂大徐之失。其弟嚴章福為之作《說文校議議》，「訛誤者易之，漏略者補之」。大體小徐之學優於大徐，這是學者的公認。二徐均不明古音，但大徐於《說文》形聲諸字，每每以其不合於今音，疑為非聲而刪去聲字。小徐則多保存，是以小徐本形聲字多於大徐本。田吳炤《說文二徐箋異》羅列二徐之異同，甚為詳備，可以參閱。

第五節　分論之三：轉注與假借

（一）轉注

一、轉注界說及其字例

許慎對「轉注」所下的定義，是「建類一首，同意相受」，例字是「考」、「老」。

轉注和假借是一組，它們和前面的象形、指事、會意、形聲四者性質並不相同。象形等前四者，討論的對象是一個一個的漢字，每一個字都可以獨立分開，例如把每組例字中的日月、上下、武信、江河分開，都無妨該字的造意，而轉注和假借二者，討論的卻是兩個以上的漢字之間，它們有什麼關係，它們有什麼相同的造意取向。清人戴震說前四者是體，講造字之本，後二者是用，講用字之法，雖然說的未必準確，尚有商榷餘地，但它們之間確實有所不同。

「建類一首」的「建類」，顧名思義，很容易讓讀者聯想到會意字「比類合誼」的「類」，或《說文》五百四十部的部類；「一首」也很容易讓讀者聯想到《說文》中的部首，或形聲字「以事為名」的偏旁。從唐宋以來，雖有頗多學者對此定義紛紛藉「考」「老」兩個例字提出各種不同的解釋，可惜迄今為止，尚無定論。尤其後面的「同意相受」一句，看似淺白易懂，歷來學者卻多解作「同義相授」，其實考索起來，大有討論餘地。

二、轉注的分類與舊說的檢討

對於許慎「建類一首」數語，清代以前，歷代論者通常可以歸納為三派：一主「形轉」，一主「聲轉」，一主「義轉」。

（一）就主「形轉」者言，唐代賈公彥《周禮・保氏疏》說：「建類一首，文意相受，左右相注，故名轉注。」同時裴務齊《切韻序》亦有「考字左回，老字右轉」之說。宋元之際戴侗《六書故》，把它理解為「何謂轉注，因文而轉注之，側『山』為『𠂤』，反『人』為『匕』，反『欠』為『旡』，反『子』為『𠫓』之類」，元代周伯琦《六書正譌》也以為「帀」為「㞢」之反、「乏」為「正」之反。這些是古代最典型的字形轉注說。他們只注意到考與老、人與匕等字字形方向的不同，沒有注意到它們在字形上的聯繫，更置許慎「建類一首，同意相受」於不顧。所以不足採信。

（二）就主「聲轉」者言，宋初張有《復古編》說：「轉注者展轉其聲，注釋他字之用也。如『其』『無』『少』『長』之類。」最受後人注目。張有的說法，是說虛詞的「其」，原無其字，乃假借「箕」字之籀文而來。有無之無，乃假借「蕪」字而來，蕪念上聲，而無念平聲；「多少」的少，少念上聲，借為老少的少，改念去聲，長短的長，原念平聲，借為長幼的長，改念上聲。明代趙撝謙《六書本義》承襲此說之外，還析分為若干類別，如「惡本善惡之惡，以其惡也則可惡，故轉為憎惡之惡；齊本齊一之齊，以其齊則如齊，故轉為齊莊之齊」，謂之為「因義轉注」；如「荷本蓮荷之荷，而轉為負荷之荷；雅本烏雅之雅，而轉為風雅之雅」，謂之為「無義轉注」；如「長本長短之長，長則物莫先焉，故轉為長幼之長；長則有餘，故又轉為長物之長」，謂之為「因轉而轉」，等等。結論是：「若夫衰有四音，齊有五音，不有六音，從有七音，差有八音，射有九音，辟有十一音之類，或主意義，或無意義。然轉聲而無意者多矣，學者引伸觸類通之可也。」明代學者主聲轉者頗多，趙撝謙之後，如王應電、楊慎、朱謀瑋、張位、陸深、吳元滿等，多主聲轉之說，意見亦多承張有、趙撝謙而來。其說以一字數義為轉注，可惜所謂「展轉其聲，注釋他字之用」，並不見於《周禮》等古注，又易與假借相混。大致說來，主此說者把「建類一首」看成是聲類，把「考」、「老」等一些轉注字，看成是字音的變讀，有點像後世所說的「破音字」。

（三）就主「義轉」者言，元代學者主張此說者較受注意。如楊桓《六書統》說：「轉注者何，象形會意之文，不足以備其文章言語變通之用，故必二文、三文、四文；轉相注釋，以成一字，使人繹之，而自曉其所為用之義，故謂之轉注。」又說：「轉注者，承指事而作也。指事之體，由會意之變而生，轉注又生於指事之變也。」劉泰更進一步加以闡釋：「指事之外，意有不能盡者，則取文字轉相附注，以足其意。如『聖』『賢』之類。」這是把轉注字看成是象形及指事字的遞增附注，有的已違背了許慎《說文解字》的原意。例如劉泰解釋「聖」、「賢」成為轉注字的理由：「聖，从耳从口从𡈼，以其聞無不通，言無不中，𡈼則人在士上，聖又士之大者。賢，从臣从寸，从寶省，以其臣有守，則國之寶也。」核對許慎《說文解字》對聖、賢的解釋：

（聖），通也。从耳，呈聲。

（賢），多才也。从貝，臤聲。

可以看出劉泰對「聖」、「賢」的解釋，純粹是望文生義，看成是象形、指事字的遞增積累，

完全不顧字中同時有形符聲符的存在。

以上的這三種流派，把漢字形音義的有機組合，強行拆散，僅各就其一端以論整體，真有以偏概全之失。而且他們所論，多已偏離許慎的本意。不過，這些畢竟只是古代論者的一部分，古代早就有人能從許慎的觀點，嘗試作清源正本之論的。

例如南唐徐鍇的《說文解字繫傳》就說：「建類一首，同意相受，謂老之別名，有耆，有耋，有壽，有耄，又孝、子養老是也。一首者，謂此孝等諸字，皆取類於老，則皆从老。若松柏等皆木之別名，皆同受意於木，故皆从木。」又說：「無形可象，無勢可指，無意可會，故作形聲。……屬類成字，而復於偏旁加訓，博喻近譬，故為轉注。人毛匕為老，壽、耆、耋亦老，故以老注之。受意於老，轉相傳注，故謂之轉注。義近形聲，而有異焉。形聲：江、河不同，灘、濕各異；轉注：考、老實同，妙、好無隔。此其分也。」徐鍇的意思很明白，他以為：「散言之曰形聲，總言之曰轉注。」形旁可以互訓的形聲字，就是轉注字，像老考、耄耋以及妙好等字都是。它們與形聲字雖相似而實有差別。江河灘濕，是形聲字，但它們意義上有所不同，各自獨立，而轉注中的老考或妙好諸字，則同受意於「老」或「女」等部首。宜相提而並論。

徐鍇的說法，是值得我們重視的。他之論轉注，特別注意到轉注與形聲之間的關係。形聲字由形旁與聲旁組合而成，形旁來自象形、指事或會意字的全體或部分，當它與聲旁組成一個新的形聲字時，獨立看，它是形聲字，可是當它與另外一些字因形符或聲符相同而系列在一起時，如果彼此之間的形符的意義相同，或與聲符的意義相同，那麼據徐鍇說它們就是所謂轉注字。徐鍇所舉的老壽、耆耊或考老、妙好，都符合這樣的標準。

在這樣的理論基礎上，後代將形聲與轉注相提並論以突顯轉注界說的，不乏其人。例如宋代鄭樵《六書略》說：「諧聲、轉注一也。役他為諧聲，役己為轉注。」又：「諧聲、轉注，皆以聲別。聲異而義異者，曰互體別聲。義異而聲不異者，曰互體別義。」又：「轉注，別聲與義。故有建類主義，亦有建類主聲；有互體別聲，亦有互體別義。」

明代趙宧光《說文長箋》也說：「轉注之體，大類形聲。轉注同聲，形聲異聲，此二書之分，而其刱法之初，絕然不混也。但須毋離所考『考』『老』二字本旨，則不倍古人矣。」又說：「轉注者，聲意共用也。取其字，就其聲，注以他字，而義始顯。如『丂』字象氣難上出之形，而老人鯁噎似之，於取『老』字省其下體以注于『丂』上，而義始足也。」

清儒主此說者如王鳴盛《六書大意》、孫詒讓《名原》亦然。朱駿聲《說文通訓定聲・六書爻例》說得更具體：「但如許說，則形者轉注，聲者諧聲；形聲之字，皆即轉注之字。」

這些意見，較之以上主張形轉、聲轉或義轉的說法，都似乎要周詳些，也更有說服力。因此在歷代論者之中，一直居於主導地位。一直到現在，都還有學者信奉其說。例如蔣善國《漢字學》就說：「十分之九的轉注字是在象形字、指事字的基礎之上增加聲符的（把本字當作義符），因而十分之九的轉注字是形聲字。」

三、清儒的轉注之說

到了清代，名家輩出，學術稱盛，各種不同的轉注之說同時並起，卻又互相融合，而又互爭短長。無論是形轉、聲轉或義轉之說，都有了趨於融合的新面目。

一、形轉說方面：例如江聲的《六書說》，採徐鍇之說而主形轉。他的形轉之說，已非當初「考字左回，老字右轉」或「側山為𠂤，反人為匕」之類。他認為「建類」指五百四十部而言，而「一首」即指其部首。他說：

> 立「老」字以為部首，即所謂建類一首。「考」與「老」同意，故受「老」字而从「老」省。「老」字之外，如「耆」、「耋」、「耇」之類，凡與「老」同意者，皆从「老」而屬於「老」，是取一字之意以概數字，所謂同意相受。叔重但言「考」者，舉一以例其餘耳。由此推之，則《說文解字》一書，凡五百四十部，其分部即建類也；其始一終亥五百四十

部之首，即所謂一首也。下云凡某之屬皆从某，即同意相受也。

江聲的這個說法以象形文字為根基，主張部首與部中屬字的關係為轉注，每為後來一些文字學家所採納。錢坫、孔廣居、許宗彥、魏源、陳澧等人，亦主形轉之說。陳澧在〈書江艮庭徵君六書說後〉中稱讚道：「且如江氏之說，尤可見制字之精義。何也？形聲者，《說文》所謂『从某，某聲』也，如江河以水為形，以工可為聲也。然轉注之字或不兼形聲，形聲之字則必兼轉注。只明其形聲，則只知其从某之形，而不知其形即受其意也。」清末民初劉師培即稱之為「同部互訓」，像高亨《文字形義學概論》亦稱之為「其形同旁」，「其義互訓」。顧實《中國文字學》更錄清儒許宗彥、孫詒讓等人之說以為證，認為「就形言形，究不過形、聲二字。於形而坿益以形者，則會意字之與部首轉輾注屬也，於形而坿益以聲者，則形聲字之與部首轉輾注屬也，二者盡矣。」結論是：「蓋轉注即象形文字之字書編纂法也」。周秉鈞《古漢語綱要》云：「建類，造字之類也，一首，統一其部首也。受，加也。同意相受，以同意之字加給所造之字。如不同地域謂父曰ba ya duo，於是即于巴耶多之上，各加同意字父而造爸爺爹三字。」

二、義轉說方面：例如戴震〈答江慎修先生論小學書〉，江慎修即江永。戴震融合了前人形聲及楊慎、朱謀瑋等人字音變讀之說，起而主張轉注即互訓。他說：

轉注之云，古人以其語音立為名類，通以今人語言，猶曰互訓云爾。轉相為注，互相為訓，古今語也。《說文》於「考」字訓之曰「老也」，於「老」字訓之曰「考也」，是以《序》中論轉注舉之。

《爾雅．釋詁》有多至四十字共一義，其六書轉注之法歟？別俗異言，古雅殊語，轉注而可知。故曰：「建類一首，同意相受」。……數字共一用者，如初、哉、首、基之皆為始，卬、吾、台、予之皆為我，其義轉相為注，曰轉注。

段玉裁是戴震弟子，在《說文解字注》卷十五上更推闡師說云：

轉注猶言互訓也。注者，灌也。數字展轉互相為訓，如諸水相為灌注，交輸互受也。轉注者，所以用指事、象形、形聲、會意四種文字者也。數字同義，則用此字可，用彼字亦可。

又說：

建類一首，謂分立其義之類，而一其首，如《爾雅．釋詁》第一條說「始」是也。同意相受，謂無慮諸字意恉略同，義可互受，相灌注而歸於一首，如「初、哉、首、基、肇、祖、元、胎、俶、落、權輿」，其於義，或近或遠，皆可互相訓釋而同謂之「始」是也。

獨言「考」「老」者，以顯明親切者也。……（「老」部）以「考」注「老」，以「老」注「考」，是之謂轉注。蓋「老」之形，从人毛匕，屬會意；「考」之形，从老、考聲，屬形聲，而其義訓則為轉注。全書內用此例不可枚數。但類見於同部者易知，分見於異部者易忽，如人部「但，裼也」，衣部「裼，但也」之類，學者宜通合觀之。

戴震《東原集》卷三〈答江慎修先生論小學書〉云：「考老二字屬諧聲會意者字之體，引之言轉注者字之用。古人以其語言立為名類，通以今人語言，猶曰互訓云爾。」

戴震「互訓」之說，舉《爾雅．釋詁》「初、哉、首、基、祖、元、胎、俶、落、權輿，始也」為例，可能舉例不很恰當，因為那些字只有字義上的聯繫，而無形聲或音義間的關係。例如《爾雅．釋詁》云：「右，亮也。」又：「亮，右也。」或《爾雅．釋宮》云：「宮謂之室，室謂之宮。」我們都不能稱右與亮、宮與室這種「互訓」為轉注。但舉例不當，未必是道理有誤。試看同樣是《爾雅．釋詁》中的例子：

弘、廓、宏、溥、介、純、夏、幠、厖、墳、嘏、丕、奕、洪、誕、戎、駿、假、京、碩、濯、訏、宇、穹、壬、路、淫、甫、景、廢、壯、冢、簡、箌、昄、將、席，大也。

這三十七個古漢字，在漢代以前，都有「大」的含義。我們也不能說它們之間，彼此都可以互相轉注。但是，其中有一些卻是不成問題。例如《爾雅．釋詁》中還有下列等則：

弘、宏、洪、夏，大也。

弘、宏、穹，大也。

壬、淫，大也。

訏、宇，大也。

壯、將，大也。

京、景，大也。

這是因為弘、宏、洪、夏這四個字，在古代同屬「匣」紐字，聲同義同。而且弘、宏、穹，壬與淫、訏與宇、壯與將、京與景，在古代也都同屬一個韻部，更值得注意的是它們的諧聲偏旁，除了「穹」字之外，壬淫、訏宇、壯將、京景的諧聲偏旁都一樣。像這些字，在《說文》中多屬於同部，都可歸入轉注字。

因此在同部之中，如果有下列情況者，都可說是轉注字。

（一）聲紐相同者，如《說文》卷二下辵部的「逆」與「迎」（同屬牙音疑紐），卷三上言部的「謀」與「謨」（同屬唇音明紐），卷三下攴部的「更」與「改」（同屬牙音見紐）、

「攷」與「敂」（同屬牙音溪紐）、卷六上木部的「枯」與「槀」，卷七下穴部的「窮」與「究」（同屬牙音見系），卷八上人部的「依」與「倚」（同屬喉音影紐），「似」與「像」（同屬齒頭音邪紐），卷九上頁部的「項」與「顛」（同屬舌頭音端紐），卷十下心部的「恐」與「懼」（同屬牙音見系），都是雙聲同義字，可以互訓。

（二）韻部相同者，如《說文》卷二下辵部的「遲」與「邌」，卷三上言部的「諴」與「誋」，卷四下刀部的「刑」與「剄」，卷六上木部的「標」與「杪」、「栩」與「柔」，卷十四下阜部的「陬」與「隅」等等，都是韻母相同所謂疊韻的同義字。

（三）同部又同音者，例如卷二上辵部的「走」與「趨」，卷十上火部的「焜」與「燬」，卷十一上水部的「洪」與「洚」、永部的「永」與「羕」。聲母韻母俱同，既雙聲又疊韻。

上面說的是《說文》同部中的轉注字。下列說的則非在同部之中，可見轉注字本來就不局限於同部之內。

（一）異部而聲紐相同者，例如《說文》卷一下茻部的「莫」與卷七上日部的「晚」，同為唇音明紐；卷四下華部的「棄」與卷十二上手部的「捐」，一為牙音溪紐，一為牙音見紐，一聲之轉；卷八上人部的「但」與衣部的「裼」，一為舌頭音「定」紐，一從易得聲，為「喻四紐」，古歸定紐，故為雙聲；卷九上頁部的「頭」與百部的「百」，一為舌頭音定紐，一為正齒音審三紐，古歸舌頭音，故古為雙聲；卷十三下田部的「界」與畕部的「畺」，俱為牙音見紐。卷五下高部的「亭」與卷七下宀部的「定」，俱為舌頭音定紐，又為疊韻，是同音之轉注。

（二）異部而韻部相同者，例如卷一下艸部的「芳」與卷七上香部的「馫」；卷五下入部的仝（全）與卷七下宀部的「完」，卷八上人部的「併」與卷十下立部的「竝」，卷七上明部的「明」與卷十上火部的「炳」，都是古代韻母相同的疊韻轉注字。

（三）異部而同音（聲韻俱同）者，例如卷三上言部的「諆」與卷八下欠部的「欺」，卷五下缶部的「缸」與卷十二下瓦部的「瓨」，卷九上茍部的「敬」與卷十下心部的「憼」，都是音義相同的轉注字。又，卷十二上門部的「闇」與卷十四下𨸏部的「陰」，同為喉音影紐，同為陰晴之義，韻母亦同，與上述的「亭」「定」同是同音轉注。

戴震、段玉裁以互訓為轉注，不限於《說文》同部的這個義轉說法，影響了後來的桂馥、洪亮吉、劉台拱、王筠、許瀚、黃以周等人。朱駿聲以引申為轉注的主張，似乎也可歸入此類。他們都大致認同了戴震的互訓之說。民國初年馬宗霍《文字學發凡》雖然贊同此說，認為「以互訓為轉注」，「在諸說中自為近理，然泛引《爾雅．釋詁》之例以為證，則亦過濫」。因為那已屬訓詁的範圍，而非文字的層次。不過，那只是微枝末節了。胡樸安《中國文字學史》即概括為「建類一首」謂同部也；「同義相受」，謂互訓也。同部而互訓者，為轉注正例，不必「建類一首」，而同意可以相受，皆為轉注變例。

三、聲轉說方面：像顧炎武《音論》云：「凡上、去、入之字，各有二聲或三聲四聲，可遞轉而上同以至於平，古人謂之轉注。如惡為愛惡之惡則去聲，為美惡之惡則入聲。」這與宋代張有之說相同，都把轉注當成了破音字。清末民初章炳麟的《國故論衡・轉注假借說》強調轉注字重在聲義的聯繫關係，取戴震、段玉裁等人的「互訓」之說而折衷之。他說：

> 余以轉注、假借，悉為造字之則。泛稱同訓者，後人亦得名轉注，非六書之轉注也。同聲通用者，後人雖通號假借，非六書之假借也。
>
> 蓋字者，孳乳而寖多。字之未造，語言先之矣。以文字代語言，各循其聲，方語有殊，名義一也。其音或雙聲相轉，疊韻相迆，則為更製一字，此所謂轉注也。
>
> 何謂建類一首？類，謂聲類，……古者類、律同聲，以聲韻為類，猶言律矣。首者，今所謂語基。……「考」「老」同在「幽」類，其義相互容受，其聲小變，按形體，成枝別；審語言，本同株。雖制殊文，其實公族也。非直「考」「老」，言「壽」者亦同。循是以推，有雙聲者，有同音者，其條例不異。適舉「考」「老」疊韻之字，以示一端，得包彼二者矣。……
>
> 是故明轉注者，經以同訓，緯以聲音，而不緯以部居、形體。

他所說的「聲類」，指同音字或聲母、韻母相同的雙聲、疊韻字，「首」指語基，即同源字的語根。他曾用淺顯例子解釋「轉注」：「什麼叫做轉注？這一瓶水，展轉注向那一瓶去，水是一樣，瓶是兩個，把這個意思來比喻，話是一樣，聲音是兩種，所以叫做轉注。譬如有個『老』字，換了一塊地方，聲音有點不同，又再造個『考』字，有了這一件條例，字就多了。」他所說的轉注字，「經以同訓，緯以聲音，而不緯以部居、形體」，意思就是說轉注字應指詞義相同、聲韻相同或相近的同源字，而不必去管它的部類和形體。換言之，類指聲類，不指五百四十部；首指聲音，不指「凡某之屬，皆从某」。這充分顯示出他對聲義聯繫的重視。他所排斥的，其實是江聲的「同部互訓」之說；至於對於戴震等人的互訓之說，不過是把範圍縮小而已。

除此之外，章氏還有《文始》、《新方言》、《小學答問》等書，提出「初文」、「準初文」等文字新概念，並以「孳乳」、「變易」兩個條例來說明漢字演變的類型。這些都是他新的發明。

以章炳麟在民初學界的聲望地位，他自然影響了他的朋友、學生以及後來的一些學者。像劉師培、黃侃、朱宗萊、馬宗霍、陸宗達、楊樹達等等都是。

四、民初以來學者的看法

黃侃是章炳麟的得意學生。他推衍章太炎「由聲韻、訓詁以求文字推演之迹」的主張，發表了不少論見。例如在《文字學筆記》中即云：「同聲同義而異字，即轉注矣。其或聲音小變，或義界稍異，亦得謂之轉注。」他的《說文同文》更是繼章氏《文始》之後另一部探求語源的力作。後來他的嫡傳弟子陸宗達在《說文解字通論》中，又歸結章、黃之說而擴大之，主張：「為從某一語源派生的新詞，製造新字，這是漢字發展的一條重要法則，也就是轉注。」同時在轉注「繁殖漢字」和假借「節制漢字」方面，發表了一些頗為精到的見解。後來在台、港長期執教的潘重規也是黃侃的得意學生。他更在《中國文字學》一書中，依章太炎之說，將轉注分為同部轉注與異部轉注二類，並舉例加以闡述。他所舉的字例如下：

同部轉注類有三：

（1）雙聲轉注：如「改」（从攴、己聲）與「更」（从攴，丙聲）古同見母；「顛」與「頂」古同端母。

（2）疊韻轉注：如「芋」與「莒」古同魚部；「標」與「杪」古同宵部。

（3）同音轉注：如「茦」與「莿」、「娓」與「燬」同音。

異部轉注類亦有三：

（1）雙聲轉注：如「但」（裼也。从人，旦聲）與「裎」（袒也。从衣，呈聲）。但，古定母；裎，古透母。同類雙聲。

（2）疊韻轉注：如「咼」（口戾不正也。从口，咼聲）與「𤸃」（口咼也，从疒，為聲）古同歌部。

（3）同音轉注：如「俑」（痛也。从人，甬聲）與「恫」（痛也。从心，同聲），古皆他紅切，同音。又如「傲」與「奡」（嫚。从百，从夰，夰亦聲。虞書：若丹朱奡，讀若傲。）

相對於此，與章、黃同時或稍晚的一些學者，像馬叙倫的《說文解字六書疏證》，張舜徽的《說文解字約注》，或長於考證疏解，大量引用甲骨、金文資料，或「稍取金文、甲骨補證許書」「博觀約取」，「復出己意為論定焉」，都很有可觀的成績。正好可補章氏不信甲骨文新出土資料之不足，但在轉注方面，並沒有突出的論點，因此在此只好一筆掠過。其中有些友輩學生，考慮到漢字的形義有極密切的關係，像章氏那樣僅僅標舉字的聲義而忽略了部首及形體，忽略了形義聯繫上的關係，畢竟值得商榷。所以有的從反面去檢討清代以前的舊說，像馬宗霍的《文字學發凡》就說：「主形轉者，或與象形指事無殊，或混於會意，或遯於鑿虛，多不足徵；主聲轉者，拘於四聲，牽入叶韻，未必合乎古韻分部，是聲轉更不足信也；主義轉者，以互訓為轉注，泛引《爾雅．釋詁》以為證，是以群經之義為造字之義，亦未得為篤論。」有的則從正面去肯定，像朱宗萊在《文字學形義篇》中就仍舊主張「轉注以形通、音近、義同為準。」他說：「建類之類為物類，謂形也；一首即語基，謂音也；同意相受，即數字共一義，謂義也。類為物類，類通者形雖小而得相通，故轉注不限於同部；首為語基，數字音雖小變而必出於一本，故轉注不限於同聲。」梁東漢的《漢字的結構及其流變》一書也認為轉注必須部首相同、聲音相近，才可以互訓。

大抵言之，章、黃之說的影響是頗為深遠的。一直到二十世紀九十年代中期，稱引其說的還不少。像余國慶的《說文學導論》，在檢討歷代舊說之後，還這樣說：「章黃之說，較為縝密。尤其經過陸宗達的闡述，立論又更為完整而全面。」黃德寬在《漢字理論叢稿》一書中，更以「傳統小學的終結」稱章、黃之學，認為他們在漢語文字學的理論體系上，有承先啟後的貢獻。

從以上的論述中，可以看出古今學者對轉注的看法非常紛歧，難怪現在有人（像裘錫圭的《文字學概要》）乾脆建議讀者暫時不必理會轉注之說。不過，看法雖然分歧，但歸納起來看，也似乎已漸有共識：前人討論的重點，大都以「建類一首」為重心，以考、老二字為分析的主要對象，而且把「同意相受」都解釋為「同義相受」。大家對轉注的共識，應該就是：形通、音近、義同，或者說是：部首雖同、聲韻相近、可以互訓。換言之，形音義都包含在內，象形、指事、會意、形聲都包含在內。更重要的是，轉注說的，不只是象形指事的文、會意形聲的字，不只是一個一個可以單獨分開的文字，而是兩個以上聯繫在一起、才能認識或說明彼此關係的文字。上文說過，「老」是會意字，「考」是形聲字，分開看，老是老，考是考，合在一起看，才能認識或說明二者在形音義上有什麼可以互相聯繫的關係。它們說的未必是造字之法，但至少說明了它們的來歷。「建類一首」說的正是它們可以互相聯繫的關係，那麼，「同意相受」一語，該作何解呢？

幾乎所有的論述者，都把「同意相受」解釋為「同義相受」。這合不合乎許慎的原意呢？現代有學者認為「同意相受」的「同意」，在《說文》中「同義」的意義蓋有不同。例如呂浩《漢字學十講》中就舉了不少例子：

譱，吉也。从誩，从羊。此與義、美同意。

義，己之威儀也。从我、羊。臣鉉等曰：「此與善同意，故从羊。」

美，甘也。从羊，从大。羊在六畜主給膳也。美與善同意。鉉等曰：「羊大則美，故从大。」

茍，自急敕也。从羊省，从包省，从口，口猶慎言也。从羊，羊與義、善、美同意。

這一組同樣从「羊」部的字，相同處在於都有「羊」這個構造成分。它是形符，也是義符。「茍」古文作（音ㄐㄧˋ，jì）。它不是「苟且」的「苟」（），而是从羊、从包省、从口的會意字。「茍」字上頭的「羊」旁，到小篆時才由「丫」頭省形作「艹」的。「敬」字（音ㄐㄧㄥˋ，jìng），「从茍从攴」，可見敬與茍字原來皆有敬謹之意。不但「自急敕」自己戒懼「慎言」的「茍」字，與善、義、美的詞義不同，即使善、義、美三者之間本來的詞義也不盡相同。分

開看，善是吉祥，義指威儀，美即味甘，苟是謹慎，它們在詞義層面上的意義雖然各有所指，並不相同，但它們在字體構造中卻都同樣有「羊」的形義成分。「羊」在古代是可以進獻的祭品，自有吉祥、威儀、美味的含意，因此「羊」在善、義、美、苟等字的形體構造中，雖只成為構成字的一部分，卻起了一定程度的取向造意作用。這種取向造意的作用，就叫做「同意相受」。

又例如「高」、「倉」、「舍」這幾個字中的「口」的部分：

高（高），崇也。象臺觀高之形。从冂、口。與倉、舍同意。凡高之屬，皆从高。

倉（倉），穀藏也。倉黃取而藏之，故謂之倉。从食省，口象倉形。凡倉之屬，皆从倉。

舍（舍），市居曰舍。从亼、屮，象屋也；口象築也。

這一組字，高與倉、舍的詞義既不相同，也不同部，相同的是三字之中都以「口」來表示建築物的基座。這個「口」成為三字形體構造中同樣的成分，其取向造意的作用也相同。所以許慎說「高」字，「與倉、舍同意」，指的不是三字同義，而是三字中「口」的取向造意相同。

這樣的情況，不止存在於同一部首的「考」「老」之間，同一部首的「衺」「衰」之間，也同樣存在於不同部首卻同為食器類的象形字與象形字之間：

皿，飯食之用器也。象形，與豆同意。凡皿之屬，皆从皿，讀若猛。

豆，古食肉器也。从口，象形。凡豆之屬，皆从豆。

也存在於不同部首卻同為禾木類的象形字、指事字與會意字之間：

朶，樹木垂朶朶也。从木，象形。此與采同意。

采，禾成秀也，人所以收。从爪、禾。

韭，菜名。一種而久者，故謂之韭。象形，在一之上。一，地也。此與耑同意。凡韭之屬，皆从韭。

耑，物初生之題也。上象生形，下象其根也。凡耑之屬，皆从耑。臣鉉等曰：中一，地也。

更可存在於不同部首而同類形體的會意字與形聲字之間：

芈，羊鳴也。从羊，象聲氣上出。與牟同意。

牟，牛鳴也。从牛，象其聲氣从口出。

奔，走也。从夭，賁省聲。與走同意，俱从夭。

走，趨也。从夭、止。夭、止者，屈也。凡走之屬，皆从走。徐鍇曰：「走則足屈，故从夭。」

朵與釆不同部首卻同樣用禾木類果實的象形來取向造意，韭與耑的指事符號部位不同卻同樣用一代表土地來取向造意，芈與牟不同部首卻同樣用聲氣从口上出的象形來取向造意，奔與走不同部首卻同樣用揮臂奔跑的人形來取向造意。可以說，以上這些例子中每一組的字，個別分開看，每一個字的詞義並不相同，實在不能說它們「同義」，但是每一組的字當中，卻都有一個構成字體的成分是相同的，像皿和豆、裘和衰都屬同類象形取意，即使成分略有差異，但它們還是都可以相類屬，像芈與牟、朵與釆，取向造意的作用都相同。也因此，我們可以說「同意相受」，重在說明字與字之間，有形義聯繫的關係。

明白了「同意相受」的真正意義，回頭去看「建類一首」，對於歷代學者種種紛歧的說法，應該會有以下比較清楚的認識：

（一）許慎《說文解字．敘》云：「其建首也，立一為耑。方以類聚，物以群分。同條牽屬，共理相貫，雜而不越。」首先他以「據形系聯」的原則，「引而申之，以究萬原」，將全書所收文字分為五百四十部，建立部首，定其順序，然後在類聚群分之際，顧及漢字形義之間的密切關係，對各字作出與字形密切相關的解釋。例如他解釋「義」的意義時說：「義，己之威儀也。从我、羊。」既用「威儀」解釋「義」的字義，為什麼還加上「己之威儀」的「己」呢？那是因為「義」字「从我、羊」，「我」即自己之故。在《說文》中以「我」為聲符的字，如「峨」、「誐」、「娥」等等，都有高大美善之意，因此許慎以此來解釋「義」字的詞義，並留給讀者「同意相受」的解釋空間，去思考「義」與「善」、「美」等字之間的關聯性。

（二）「建類一首」與「同意相受」，可以是分的關係，也可以是合的關係。分則說明轉注字必須「建類一首」，又必須「同意相受」；合則說明轉注字因為「建類一首」，所以「同意相受」。歷來把「同意相受」多解為「同義相受」，把「建類一首」的「類」、「首」多解作「部類」和「部首」，或解作「聲類」和「語基」。但我們比對《說文解字・敍》所說的「其建首也，立一為耑」、「據形系聯，引而申之，以究萬原，畢終於亥，知化窮冥」諸語，再看該書卷八上「老」部，於「老」字下注：「考也」，於「考」字下注：「老也」，我們覺得和轉注的「建類一首，同意相受」若合符契，有理由相信戴震、段玉裁等人的「互訓」之說，有其一定的理論依據。

（三）有人誤解戴震、段玉裁的「互訓」之說，說他們泛引《爾雅・釋詁》以為證，有「過濫」之虞，也有人曲解他們的說法為「同部互訓」，事實上，他們只是舉例說明數字可「共一義」而已，而且段玉裁還進一步指出轉注字「類見於同部者易知，分見於異部者易忽」，例如「考」、「老」同部，但是「但」與「裼」卻不同部。「但」在「人部」，注：「裼也。从人，旦聲。」而「裼」在「衣部」，注：「祖（但）也。从衣，易聲。」可見轉注字並非屬於同部或同一部首不可。

（四）《說文》中，部首與同部中屬字的關係，自然比較密切，有的形符相同，有形義上的聯繫，有的聲符相同，有音義上的聯繫，也因此它們之間，比較容易產生轉注的關係。

（五）由上所述，可以證明轉注講的是兩個字以上，在以語音為名類的基礎上，彼此有形義聯繫上的關係。它們可以是象形字、指事字、會意字、形聲字，但它們必須在形體結構上有相同的成分，在字詞意義上有相通的地方，才可以「同意相受」。

〈二〉假借

一、**「假借」釋義及其字例**

許慎對「假借」所下的定義，是「本無其字，依聲託事」，例字是「令」、「長」。

「本無其字」二句的意思看起來很明白，思索起來，卻有不同的意義。王筠說：「聲之來也，與天地同始。未有文字以前，先有是聲，依聲以造字，而聲即寓文字之內」，「先有日月之名，因造日月之文；先有上下之詞，因造上下之文。」這是第一層意義。這裡說的，是第二層意義。表示文字創造以後，仍然有文字不夠用的情形。因為在造字之初，語言無窮，能依形見義的字有限，語言中有的語詞，還沒有相對應的字造出來，所以只好借用一個現成的他字的形體，來寄託此詞的聲音和意義。這是就語言與造字的關係來說的。「依聲」是說，假借字和被借字之間，通常只是因為聲音相同或相近，所以就當作一個表音符號來使用了。「託事」是說，二字之間應該有某些程度的詞義上的聯繫。換言之，同一個字體，被假借使用以後，卻有了不同的讀音和詞義。但它們必須屬於同一個事類或範圍。但也有人以為「依聲託事」是說二字之間，只是音的借用，意義上毫無關聯。加上許慎所舉的例字是「令」、「長」，對此二字，有人合而觀之，有人分開來看，因而後人的解釋也就有了差異。

段玉裁《說文解字注》合而觀之，說的是：

> 託者，寄也。謂依傍同聲而寄於此，則凡事物之無字者，皆得有所寄而有字。如漢人謂縣令曰「令」「長」，縣萬戶以上為「令」，減萬戶為「長」。「令」之本義，發號也；「長」之本義，久遠也。縣令、縣長本無字，而由發號、久遠之義，引申展轉為之，是為假借。許獨舉「令」、「長」二字者，以今通古，謂如今漢之縣令縣長字即是也。

這是主張假借字和被借字「聲義兼涉」的例子，認為「令」、「長」二字之間，不止是聲音的假借，而且也是詞義的引申。「令」由發號引申為縣令之後，意義雖有變化，讀音卻無不同。「長」由久遠引申為縣長之後，讀音卻略有變化，由長短的「長」變為長幼的「長」。

另外卻有人以為二字之間既有詞義引申的關係，那就不是「本無其字」，不算是「假借」，

令，《說文》：「發號也。从亼、卩。」徐鍇曰：「號令者，集而為之。卩，制也。」意思是集合在瑞信節制之下。甲骨文作，象人被召集之形。

長，《說文》：「久遠也。从兀，从匕。兀者，高遠意也。久則變化。亾聲。𠂆者，倒亡也。」古文作，甲骨文作。

而是「轉注」才對。例如朱駿聲《說文通訓定聲》就是將二字分開看的。所以他這樣說：

轉注者，體不改造，引意相受，令、長是也。假借者，本無其意，依聲託字，朋、來是也。

朱駿聲將「令」「長」視為轉注，而改列「朋」「來」為假借例字的理由，應該是：「朋」本為鵬鳥「鳳」字的古文，假借為朋友、朋黨的意義以後，已另造「鵬」字來取代本義；「來」本為小麥的象形，假借為去來、往來的意義以後，已另造「麥」字來取代本義。朋、來的本義，已為借義所奪，假借字與被借字之間，已無意義上的聯繫。這也才是真正「本無其字」的假借。它們和「令」、「長」引申為縣令、縣長的情況，大有不同。

對於這兩種不同的認知，有些學者採調和之說。例如朱宗萊的《文字學形義篇》就說：「引申本義之假借，世亦謂之引申義，即就本義而推廣其用，若令、長之類。」陸宗達的《說文解字通論》也說：

詞義發展了，不另造新詞新字，而是給舊詞舊字增加新義。這在訓詁學上說，叫做「引申義」，以造字法則言，則謂之「假借」。

因此歷來談假借的人，多主張假借有二：一是本無其義的假借，一是本有其義的假借；一僅為聲音的假借，一兼有詞義的引申。

二、假借字的分類與解說

南唐徐鍇《說文解字繫傳‧通釋》部分，曾用一些術語來指出假借字的屬性。例如：

《說文》：而，頰毛也。象毛之形。《繫傳》：假借為語助。
《說文》：焉，黃色鳥，出於江淮。象形。《繫傳》：借為語助也。
《說文》：伸，屈伸。从人，申聲。《周易》：屈伸，「伸」作「信」，假借也。
《說文》：萩，蕭也。《繫傳》：《春秋左氏傳》或借此為「楸」字。

前二者為本無其字的假借，後二者為本有其字的假借。二者判然有別，徐鍇早已注意及之。

到了宋代的鄭樵，他又把假借分為「有義之假借」與「無義之假借」兩種。他在《六書略‧假借第六》中說：

假借者，無義之義也。

> 假借者，本非己有，因他所授，故於己為無義。先儒所以顛沛淪沒於經籍之中，如泛一葦於溟渤，靡所底止，皆為假借之所魅也。嗚呼！六書明則《六經》如指諸掌，假借明則六書如指諸掌。

他在《六書略・六書序》中，又將「有義」與「無義」的假借，分為下列兩大類：

> 不離音義，有同音借義；有借同音不借義。有協音借義；有借協音不借義。有因義借音，有因借而借；有語詞之借，有五音之借，有三詩之借，有十日之借，有十二辰之借，有方言之借。六書之道，備於此矣。

可見鄭樵《六書略》所說的「有義之假借」包含：同音借義、協音借義、因義借音、因借而借等四類，而「無義之假借」則包含：借同音不借義、借協音不借義、語詞之借、五音之借、三詩之借、十日之借、十二辰之借、方言之借等八類。並各舉二字為例。茲援引並略加按語說明如下：

（1）有義之假借

①同音借義：借「初」裁衣之始，而為凡物之始；「基」為築土之本，而為凡物之本。

按，此為詞義的引申，只是同音字聲音的假借而已。

②協音借義：如「御」之為御（音「迓」）為御（音「禦」）；「行」之為行（下孟切）為行（戶浪切）。

按，此為詞義的引申，假借字與被借字的聲音近而不同。

③因義借音：如「琢」本琢玉之琢，而為大圭不琢之琢（音「篆」）；「輅」本車輅之輅，而為狂狡輅鄭人之輅（音「迓」）。

按，此為詞義的引申，讀音已不同。

④因借而借：「難」鳥也，因音借為艱難之難，又因艱難之難，借為險難之難；「為」母猴也，因音借為作為之為，又因作為之為，借為相為之為。

按，此為詞義的引申，讀音已不同。

（2）無義之假借

①借同音不借義：「汝」水也，而為爾汝之汝；「爾」花盛也，而為爾汝之爾。

按，此聲音的假借，詞義不同。

②借協音不借義：如「荷」之為荷（胡可切，負也），「鮮」之為鮮（上聲）。

按，此音近之假借，詞義不同。

③語詞之借：凡語詞惟「哉」「乎」「兮」「于」「只」「乃」有義，他並假借。虛言難象，故因音而借焉。

按，此聲音之假借，詞義不同。「之」「其」「而」「且」等等皆是。

④五音之借：如「宮」本宮室之宮，「羽」本羽毛之羽。

⑤三詩之借：如「風」本風雅之風，「雅」本烏雅之雅。

⑥十日之借：如「甲」本戈甲，「乙」本魚腸。

⑦十二辰之借：如「子」人之子也，「丑」手之械也。

⑧方言之借：如「羹」之為羹（上更字，下音郎，楚地名）；「咎」之為咎（上如字，下音皐。皐陶亦如此）。

鄭樵的十二類，「五音之借」以下，過於瑣細，不如與「語詞之借」合為「語詞專稱之借」即可。後來元代楊桓增為十四類，明代趙撝謙（古則）又縮為五類，冠以托生、反生、兼生等名，一則徒繁其例，一則不得要領。究言之，都還不如分為有義之借與無義之借原來二種即可。

頗多學者認為無義之假借才是真的假借字，有義之假借多為詞義之引申，是字義的擴展，容易與轉注相混淆。許慎舉「令」「長」二字為假借例字，有人視之為轉注者，正是因此之故。事實上，假借字是兩個同音字之間的借用，被借字只是做為一個純粹表音的符號來使用而已。

許慎既云「本無其字」，可知係借他字以當此字之用，唯「依聲託事」而已。假借之本義當在於此。然古人亦有不依此義，而衍為借其他同聲之字以當此字之用者。如鄭康成云：

其始書之也，倉卒無其字，或比方假借為之，期於近之而已。受之者非一人，人非一鄉，由是同言異字，同字異言之例，遂滋多矣。

此言假借因方音而變，乃後起用字之假借，亦可謂假借之流變。後人名此為通假字，以示與原始之假借本義有別。戴震《六書論》云：「一字具數用者，依於義而引伸，依於聲而旁寄，假此以施於彼，曰假借。」江聲《六書說》云：「凡一字而兼兩義三義，除本義之外，皆假借也。」皆得其當。

三、舊說的檢討

以上所述，是晚近學者綜合前人之說的意見。值得注意的是，段玉裁論例字令、長時，是指令、長二字當一組詞來談的，有一定的範圍，所謂縣令、縣長者是。而朱駿聲是把例字「令」「長」二字分開看的，所以他才易以「朋」「來」兩個意義並無聯繫的例字。陸宗達說得更直接，他把令、長當作假借字，是就「造字法則」即造字的方法來說的。

說到造字的方法，上文已經說過，象形、指事、會意、形聲，都可以說是與造字的方法有關，但轉注與假借則前人（如戴震）早已說明非造字之本，而是用字之法。也有人說，象形、指事是文，會意、形聲是字。會意和形聲，都是由兩個以上的象形字和指事字重疊組合而成的。會意字「比類合誼」，可以見其指撝；形聲字「以事為名」，可以取譬得聲。漢字的創造，到了這個階段，可以說大底已定。不過，語言無窮，文字有限，有些比較複雜和抽象的觀念，想用語言來表達已屬不易，想創造成文字更為困難。或許可以說，象形、指事的「文」，會意、形聲的「字」，都已經無法說明這些複雜而抽象的觀念，因為它們已經涉及到「詞」的層級了，不是個別的文字所能解釋的。例如令、長二字，個別看，它們各有其形體構造，也各有其本義，但做為縣令、縣長的詞語來認識時，它們在意義上才有了聯繫。同樣的道理，考、老以及耆、耋、壽、孝等字，個別看，它們也都各有其形體構造，各有其本義，但做為年長、年老的詞語來比較時，它們在意義上也才有了差別。因此，假借和轉注是一組，它們已經超越個別的「文」和「字」的層次。鄭樵云：「象形指事，文也。會意諧聲，字也。假借，文字俱也。」其意在此。

從另一個觀點看，許慎編《說文解字》，解釋六書的名義，本來就不是教人如何造字，而是教人如何辨識小篆等古文字，教人懂得古人造字的法則，才不致向壁虛構，或妄生議論。從辨認古文字的形體入手，先了解具體的象形字和抽象的指事字以後，才能進一步去認識文字的形符如何與音符義符分別組成會意與形聲。在辨認的過程中，自然會對一個一個的漢字作各方面的分析和探討。分析其異同，探討其正訛，然後再作歸納和演繹，歸納其法則，演繹其義理。

前人如吳元滿分析歸納的結果，認為：

自象形、指事以至會意、諧聲，而文字之體備矣。宇宙之內，事物多端，以文字配物，不勝其煩矣。文字有盡而事物無窮，因形、事、意、聲四體，聲音相同借為他義之用，故曰假借。……假借不足，故轉聲以演義，因形、事、意、聲四體，展轉聲音注釋，為他義之用，故曰轉注。

也因此，有人得結論說：假借者，一字數義；轉注者，數字一義。此說最早見於徐鍇《說文解字繫傳》的六書三耦之說：

象形指事相類，象形實而指事虛；形聲會意相類；形聲實而會意虛。轉注則形聲之別，然立字始類於形聲，而訓釋之義與假借為對。假借則一字數用，如行（莖）行（杏）行（杭）行（沆）；轉注則一義數文，借如老者直訓老耳，分注則為耆為耋為耄為壽焉。

就因為把轉注、假借視為一組，它們與形聲字又有密切的關係，所以到了明代的楊慎，曾有「四經二緯」之說，以為四象（象形、象事、象意、象聲）是經，「假借者，借此四者也。轉注者，注此四者也。」所以是緯。（見《六書索隱》）清代的戴震，或許受了徐鍇、楊慎、吳元滿等人的影響，他在〈答江慎修先生論小學書〉中這樣說：「考、老二字，屬諧聲、會意之體，引之言轉注者，字之用。」從他開始，正式將六書分為體、用二類。到了他弟子段玉裁時，更師承其說而明白主張六書是「四體二用」。不過，由於班固《漢書．藝文志》六書皆「造字之本」的說法，傳習既久，深植人心，所以戴、段的「四體二用」之說，並不能取代舊說。

與戴震同時的江聲，在其《六書說》中，就仍主六書之說，認為此說「不始於周，而始於造字之初」，稍後的陳澧，更在〈書江艮庭徵君六書說後〉中，申論其說，強調「如江氏之說，則轉注誠造字之法」，「又假借，如本有正字，而經典相承用假借字者，則用字之法；若西字、來字本無正字，假借鳥栖、來麥之字，安得謂非造字之法乎？」換句話說，他們還是認為轉注、假借是造字之法。

上文所引江聲《六書說》「始於造字之初」的主張，其實非常值得注意。它觸及了「六書」以及轉注假借究竟是造字之本或造字之法的問題。

（一）六書之說是漢儒對古漢字歸納出來的條例，至少起於劉歆之前。他們對六書的解說，是歸結秦篆以前，可能遠溯商、周時期或更早的造字原則。我們知道秦篆「合以古、籀」，由周朝的籀文而來，周朝的籀文不會憑空而生，必有承襲沿用殷、周的甲骨金文者，殷、周的甲骨金文也不會憑空而生，又必有承襲沿用前人古代者。所謂「造字之初」，實不可究詰。不同的漢字，不同的字體和書體，起於何時何人，更不可究詰。我們只知道到東漢之時，「俗儒鄙夫翫其所習，蔽所希聞」，「未嘗睹字例之條，怪舊藝而善野言」，甚至「猥曰馬頭人為長，人持十為斗，蟲者，屈中也」，所以許慎要著《說文解字》，借「六書」以明「字例之條」，此猶班固《漢書·藝文志》之言「六書」為「造字之本」。本，即條例，即原則。他們希望信從今文經學家的人不要「向壁虛構」，要懂得古人造字的條例法則。隸變時，不要亂改字，不要亂造字。

（二）文字是記錄語言之用，而語言不外藉聲音來表情達意、記物敍事。易言之，文字所要記錄的，主要是傳達語言中的事物、意念和聲音，可以簡稱為事、意、聲。這個字該怎麼念，它記了些什麼，是什麼意思。就一般語言而言，一個字的音義有必然的聯繫，就漢字而言，它除此之外，還有形義上的聯繫。有的語言是單音詞，有的是複音詞。古代漢語多為單音詞，記錄下來即一個一個單字，古漢字以具體形象的象形和抽象符號的指事為基型，稱之為「文」，並以之為體，然後再利用它們的比類、取譬，組合而成會意與形聲，稱之為「字」。會意是從兩個以上的具體形象或抽象符號的組合中，去構成該字的意義，形聲則從兩個以上的具體形象或抽象符號的組合中，有的表形，謂之形符，有的表聲，謂之聲符，去構成該字的意義。會意字多兼表形意，形聲字則多兼表音意。象形和指事、會意和形聲，基本上記錄的是一個一個單音詞的漢字，它們對於漢語中的複音詞，或甲骨文金文中的「合文」，是不適用的。而且它們對於一個漢字和另外的漢字之間的關係，對於一些無形可畫、無事可記、無意可會的語詞，例如「然而」，也是不適用的。所以，轉注和假借應運而生。轉注「同意相受」，數字一義，假借「依聲託事」，一字數義；為漢字的創造提供了更多更便利的原則。

（三）「造字之本」和造字之法，觀念有待釐清。造字之本，講的是造字的基本原則，而戴震等人的體用之說才涉及造字的方法。象形、指事的所謂「文」，會意、形聲的所謂「字」，其實都是「體」，都有「象」可言，故班固稱四者為象形、象事、象意、象聲，統而言之，也都是「本」，但說創造象形字要「隨體詰詘」，創造指事字要「可識」「見意」，才涉及造字方法的問題。同樣的，講如何「比類合誼，以見指撝」是造字的方法，講如何「以事為名，取譬相成」也是造字的方法。再進一步說，形聲字中的「省形」是一種造字方法，「省聲」也是一種造字方法。這些造字的方法，是根據象形、指事、會意、形聲四種本體為原則來遞相應用的。會意字由象形、指事組合而成，象形、指事是本是體，由象形指事組成的會意字也是「體」，在組合過程中才是「用」，也才有「法」可言。形聲字「以事為名」，把同類事物的字體拿來做形符和聲符，一樣是造字的一種原則，在組合的過程中也才講到用，也才有法可言。轉注、假借和形聲的關係特別密切，形聲字多兼表音意，以聲注形，但它是就個別的字而言，凡語言中不能用一個義符和一個聲符組成字的詞，就必須靠轉注和假借來濟其窮。有人把形通音近義同就說是轉注，那是忽略了「同意相受」的道理，有人把聲同音近就說是假借的來源，那就忽略了「依聲託事」那句話，也忽略了「造字之本」的意義。既然說是「本」，就自然有其應該遵循的法則。

換言之，「造字之本」的「本」，兼體用二者而言。它指的是古人造字的條例和法則，方法是根據它來運用的，當然也可包括在內。

我以為談六書中的轉注和假借，必須注意到字和詞屬於不同層面的問題。也必須注意到字和詞的本義、引申義、假借義的問題。

字指文字，詞指語言。文字是用來記錄語言的，主要的媒介是字形；語言是用來表達意念的，主要的媒介是語音。一個字、一個詞不一定只有一個意義，往往有兩三種以上的意義，前者我們稱為本義，後者稱為引申義或假借義。

許慎的《說文解字》，用清人江沅的話來說，要在「明文字之本義而已」。他對於每一個字，根據字形的分析，來探索說明它的本義，有時候也會連帶觸及它的引申義。我們從其解說文字及段玉裁的注解中可以看出來。例如：

《說文》卷四上篇：「雧，群鳥在木上也。」段注：「引申為凡集之稱。」

《說文》卷四下篇：「初，始也。从刀，从衣，裁衣之始也。」段注：「制衣以針，用刀則為制之始。引申為凡始之稱。」

《說文》卷九上篇：「鬈，髮好也。从髟，卷聲。」段注：「《齊風・盧令》曰：『其人美且鬈』，《傳》曰：『鬈，好貌。』《傳》不言髮者，用其引申之義。許用其本義也。本義謂髮好，引申之凡好之稱。凡說字必用本義，凡說經必因文求義。」

可見許慎說「文」解「字」，多就字義而言，而且說的是字形所體現出來的意義。這從卷十二下篇解釋「義，己之威儀也」，更可以看出來。因為「義」字下面有「我」這個形體，所以解釋「義」有「威儀」之意時，還特別要用「己」來扣緊「我」的意義。因此，《說文》解說的是字形構造所體現出來的意義。但它是不是即為段玉裁所說的「本義」，則尚有討論的餘地。

雧，就字形言，是三隻鳥（以三代表多數）棲在樹木之上；初，就字形言，是用刀來剪布裁衣。讀者通過字形和生活經驗，知道鳥雀是群居動物，常常成群棲息在樹上枝頭，即使省形作「集」，道理是一樣的；縫製衣服用針線，如今用剪刀剪布，必然是開始要裁製新衣了。透過這兩個會意字的造字取向，聚集、開始的意義是可以體會出來的。但是，鬈這個字，是形聲字，從字形看，从髟卷聲，髟是「長髮猋猋也」，卷是「厀曲也，从卪，𢍏聲」，不必然不一定給讀者美好的聯想。如果要給人予美好的聯想，必須要與其他的文字合看並讀，或放在一個詞語裡看，才有可能。例如《詩經‧齊風‧盧令》的「其人美且鬈」、「其人美且仁」，才有可能體現鬈有「髮美」的意義。

因此，會意字如武、信、集、初等等，可以「比類合誼」，見其指撝的本義，而形聲字也必須在「比類合誼」的基礎上，把相關的事類字類合在一起，才能象其形而諧其聲。水旁的「江」「河」，木旁的「松」「柏」，言旁的「謀」「議」，等等，都是這樣組合而成的。但是，這些字的意義都是個別不同的，不止聲音有別而已。什麼才是它們的本義呢？更是費人思索。江、河都是水名，江原指長江，河原指黃河；松、柏都是木名，形狀有別，所以比類之餘，松葉柏身的叫「樅」，柏葉松身的叫「檜」；謀、議都與言語有關，謀是「慮難」，議是「論難」。這些就是該字的本義嗎？

上文說過，文字是用來記錄語言的，要知道一個字的本義，照道理講，當然應該先了解所記錄的這個詞的本義。但是，一個詞通常不會只有一個意義，在漢字尚未產生以前，漢語早已存在，一個詞就是說話時當時的意義，不一定是最初的原始的意義。因此，就詞而言，是很難確認什麼是本義的。分析字形的結構，或許有助於了解詞的本義，但不一定能確知其本義。在文字的形音義三者之中，字形只是語言的表現形式之一，音義之間的聯繫，顯然更能呈現出相關的字詞的意義。《說文》卷八上篇「老」部有老、耋、薹、耆、耇、𦒸、𦒷、壽、考、孝十個字，只在「老」字下說：「考也。七十曰老。从人毛匕，言須（鬚）髮變白也。凡老之屬皆从老。」又於「考」字下說：「老也。从老省，丂聲。」並以此老、考二字做為「轉注」的例字。從說明中，我們可以看出同一部中的這些字之間，是一系列的詞語，不但有字形上的聯繫，而且也有音讀上同源、字義上引申的關係。老似是本義字，其他都是引申而來的同源字。其中考、老二字，形似音近義同，是標準的轉注字。

許慎解釋「轉注」時說：「建類一首，同意相受」，這八個字和他在《說文·後敍》所說的：「其建首也，立一為耑。方以類聚，物以群分。同條牽屬，共理相貫，雜而不越，據形系聯。引而申之，以究萬原。畢終於亥，知化窮冥。」一段話，互為因緣。要在說明建立部首，據形系聯的一些字彼此間的關係。據此可知，轉注所說者，不是造字之法，而是在說明字與字之間的關係，有的是字義的引申，包括音讀有沒有變異等等，可以說都屬於語言現象。

如果我們把老部的老、考、耆、耋等同部系聯的一些字，當作可以互訓的同義字，我們其實已經把它們視為同源詞；如果我們認同《說文》中辵部的「逆，迎也」、「迎，逢也」、「逢，遇也」，示部的「祿，福也」、「祥，福也」、「祉，福也」等等的說法，那也表示我們不會把它們個別分開看，只視為字的本義。

一個詞不一定只有一個意義，而記錄一個詞，也不一定只用一個字。有時候，同一個字，它可以表示兩個詞義。例如《說文》卷九下的「昜」和卷十四下的「陽」：

昜（昜），開也。从日、一、勿。一曰飛揚。一曰長也。一曰彊者眾皃。

陽（陽），高、明也。从𨸏，昜聲。

這兩個字都是「與章切」，讀ㄧㄤˊ、yáng。據段玉裁的注解，「昜」才是「陰陽」的「陽」的本字，而「陽」指山南向陽的地方，「故从阜」。但在傳世的文獻中，這兩個不同的詞義都同用一個「陽」字來表示。「陽」雖由「昜」孳生而來，卻已代而替之。

這種情形，在語詞或虛字中最為常見。然而、苟且、之其等等皆是。「然」字的本義是「燃」，「而」字的本義是「頰毛」，「之」字的本義是「出」，「其」字的本義是「箕」，這些字的字形被借用為另一個語素音義時，它的字形和它所表示的語素音義，都已變成另一個字。字形相同的字，只有聲音的假借，沒有詞義上的關聯。這也屬於語言的範圍。

蔣善國《漢字學》說：「轉注字和假借字都是由語音和語義的交互關係而產生的，前者是語音變而語義不變，後者是語音不變而語義變。就字形說，前者字形變，後者字形不變。」又說轉注字十分之九是形聲字，是由同一語源或音根分化出來的（或演變出來的）同義字，在創造或採用時，是以表示不同的語音為目的的。至於假借字，原可彌補象形、指事、會意造字方法的局限，使漢字由以形表意轉向以音記言，但由於同音假借大量應用之後，又不免產生大量的一字多義的現象，為此又常為一些假借字增加了義符偏旁，把原來的假借字當作聲符，也因此把節制造字的作用抵消了，轉而與轉注更促進形聲字的孳乳和發展，增加了更多的數量。
因此，轉注和假借可以說都是由語音出發的觀點來說明字義的。

第六節　餘論：三書說

許慎《說文解字》的六書之說，後代學者加以闡述析論的，不乏其人。就其總結古漢字結構的條例而言，五代徐鍇說是「六書三耦」，明代楊慎說是「四經二緯」，清代戴震說是「四體二用」。民國以來，討論者也大有人在。

首先是提出「三書說」的唐蘭，他在民國二十三年（一九三四）出版的《古文字學導論》中，把漢字結構歸納為象形、象意、形聲三種，後來在民國三十八年（一九四九）出版的《中國文字學》中，進一步闡述了他的「三書」之說：「象形、象意是上古期的圖畫文字，形聲文字是近古期的聲符文字。這三類可以包括盡一切中國文字。」

唐蘭的「三書」說，可以說是對許慎六書說的否定。在他之前，不是沒有人提出質疑，像呂思勉在民國十六年（一九二七）出版的《字例略說》中，就曾經指出：「六書之說，唯見於班《志》、許《序》及《周官・保氏》注引鄭司農之說。」「以字形分別部居，實始於許。」「果使其時已有六書之說，安得自許以前，迄無用其法著字書者？」「果使作《周官》之時，已有六書之說，至許君時，研究者必已甚多，某字當屬某書，當早有定論，安得茫昧如此乎？」真的提出了不少合理的疑問。其他像戴君仁老師在民國二十三年（一九三四）出版的《中國文字構造論》，擺脫舊說的束縛，將漢字結構依形音義表現方式分為十四類。像張世祿在民國三十年（一九四一）出版的《中國文字學概要》中，將傳統六書之說，改用寫實、象徵、標音三種方法來分析漢字結構。這些都可以說是改革六書的先聲。不過，正面提出修正的，還是從唐蘭才開始。他的說法所以受人注意，主要是他能夠運用語言學的理論。

唐蘭之後，有些學者在談論許慎的六書之說時，不但能注意到其拘限性，及時參考新出土的古文字資料，吸取甲骨文金文的研究成果，而且也受了西學東漸的影響，注意要用新觀念新方法，來發掘漢字構造和發展的規律，建立一個新的理論體系。其中比較突出而受到注意的，是以下數家。

張世祿是著名的語文學者。他在民國三十年（一九四一）出版的《中國文字學概要》中，提出了寫實法、象徵法和標音法的三書說。他認為中國文字介於圖畫文字與拼音文字之間，雖是表意文字，但形音義三者不可偏廢。因而其文字構造亦兼用寫實、象徵、標音三法。寫實法用以表示具體實物的圖象符號，如日月山川其齒之類；象徵法用象徵的符號或加上寫實的圖象，用以表示比較抽象的觀念或意義，如上下中血旦甘之類，或高大鮮美凶惡之類；標音法則分三種：一為半表意、半表音的合體字，如政征鉤笱之類；二為單純的標音，如借「來」表示來去的來，借「萬」表示千萬的萬；三為半形半聲的音標合體字，如江河之類。

陳夢家是詩人，也是甲骨文學者。他在一九五六年出版的《殷墟卜辭綜述》的「文字」一章中，指出唐蘭「三書」說的一些問題，同時提出自己的三書說。他把唐蘭的象形和象意合併為象形，又把假借立為漢字基本類型之一，因此他的「三書」說，指的是象形、形聲和假借。

象形字是漢字造字的基本，指事字、會意字、形聲字大都是以它為基礎才創造出來的。形聲字在造字方面活動力最強，最富於應變能力，鄭樵《六書略》早就說過：「六書也者，象形為本；形不可象，則屬諸事；事不可指，則屬諸意；意不可會，則屬諸聲。聲，則無不諧矣。」形聲字半形半聲，由義符與聲符合組而成，象形字、指事字、會意字都可以成為義符或聲符來組成新字，而且形聲字本身也可以做為聲符去另組新字，有轉注的作用，所以在漢字的數量上，它所佔的比例最高。據統計，在《說文》一書中，形聲字佔八成多，在《康熙字典》中更佔九成以上。其重要性不言而喻。至於假借字，它可以「依聲託事」，一字數義，一個字做好幾個字用，救造字之窮而通其變，無疑是擴大了漢字的使用範圍。因此陳夢家的「三書」之說，自有其道理。

其次是龍宇純的《中國文字學》。此書初版於民國五十七年（一九六八），民國六十一年（一九七二）再版增訂。該書第二章「中國文字的構造法則」，檢討六書說的由來及舊解，對於四經二緯、四體二用（稱之為「四書」說）以及唐蘭的「三書」說，都有所評議。他應用語言學的理論與方法，將漢字的構造分為以下七類：純粹表形（相當於象形）、純粹表意（相當於會意）、純粹表音（相當於假借）、兼表形意、兼表形音、兼表音意和純粹約定（相當於指事）。其中兼表形意及兼表形音兩類，他以為基本上用的是表形法，表意或表音只是附屬，所以可不列入；而兼表音意的一類，或因語言孳生而兼表意，或因文字假借而兼表意，或各取表音及表意之一字而結合成字，前二項相當於轉注，後一項相當於形聲。因此他以其新體認將原來的六書改為六類。並圖示如下：

今類名	六書名	界說	例字
純粹表形	象形	據物寫形，目寓可明	日、月、山、水
純粹表意	會意	表事達意，心會乃悉	上、下、武、信
純粹表音	假借	有語無字，依音標識	「苟且」「然而」
兼表音意（一）	轉注	音為本體，增文示誼	祐、娶、祼、婐
兼表音意（二）	形聲	依類為名，取譬相成	江、河、議、論
純粹約定	指事	形意音三，無所取焉	五、六、七、八

•《說文解字五百四十部疏講》，王彤偉，成都：巴蜀書社，二〇一二年

•《說文解字六書疏證》，馬敘倫，北京：科學出版社，一九五七年

•《說文解字引經考》，馬宗霍，台北：學生書局，一九七一年

•《說文解字通論》，陸宗達，北京：北京出版社，一九八一年

•《說文部首形義新證》，董蓮池，北京：作家出版社，二〇〇七年

•《說文解字敘講疏》，向夏，台北：書林出版公司，一九九三年

•《說文解字講稿》，蔣善國，北京：語文出版社，一九八八年

•《說文解字導讀》，蘇寶榮，西安：陝西人民出版社，一九九五年

•《說文學》，宋均芬，北京：首都師大出版社，一九九七年

•《說文學導論》，余國慶，合肥：安徽教育出版社，一九九五年

•《說文新證》，季旭昇，台北：藝文印書館，二〇〇二～二〇〇八年

•《宋元明六書學研究》，黨懷興，北京：中國社會科學出版社，二〇〇三年

•《說文初步》，王玉仁，上海：學林出版社，二〇〇九年

•《說文研讀》，王平，上海：華東師大出版社，二〇一一年

三

•《文始》、《新方言》、《小學答問》，章炳麟，上海：上海人民出版社，一九九九年

•《文字聲韻訓詁筆記》，黃侃（黃焯編），上海：上海古籍出版社，一九八三年

•《文字學形義篇》，朱宗萊，台北：學生書局，一九六四年

•《中國文字學》，顧實，上海：商務印書館，一九二六年

•《文字學發凡》，馬宗霍，上海：商務印書館，一九三五年

•《新著中國文字學大綱》，何仲英，上海：商務印書館，一九二二年

•《文字學四種》，呂思勉，上海：上海教育出版社，一九八五年

•《中國文字之原始及其構造》，蔣善國，北京：文字改革出版社，一九五九年

•《中國文字學史》，胡樸安，上海：商務印書館，一九三七年

•《中國文字概要》、《文字形義學》，楊樹達，上海：上海古籍出版社，二〇〇六年

•《中國文字學概要》，張世祿，貴陽：文通書局，一九四一年

•《文字學纂要》，蔣伯潛，上海：正中書局，一九四六年

•《中國文字學》，唐蘭，上海：開明書店，一九四九年

•《古文字學導論》，唐蘭，濟南：齊魯書社，一九八一年

•《古文字學通論》，高明，北京：文物出版社，一九八七年

•《文字形義學概論》，高亨，濟南：山東人民出版社，一九六三年

•《漢字的結構及其流變》，梁東漢，上海：教育出版社，一九五九年

•《中國文字構造論》，戴君仁師，台北：世界書局，一九七九年

•《漢字的起源與演變論叢》，李孝定師，台北：聯經出版公司，一九八六年

•《基本漢字字形釋源》，鄒曉麗，北京：中華書局，二〇〇七年

•《漢字字源系統研究》，尹黎云，北京：中國人民大學出版社，一九九八年

- 《漢語文字學史》，黃德寬等，合肥：安徽教育出版社，二○○六年
- 《文字學》，陳新雄、曾榮汾，台北：五南圖書出版公司，二○一○年
- 《中國字例》，高鴻縉，台北：台灣師大國文系，一九六○年
- 《中國文字學》，潘重規，台北：東大圖書公司，一九七七年
- 《文字學》，楊五銘，長沙：湖南人民出版社，一九八六年
- 《中國文字學》，陳夢家，北京：中華書局，二○○六年
- 《中國文字學》，龍宇純，台北：學生書局，一九八二年
- 《文字學概要》，裘錫圭，北京：商務印書館，一九八八年

四

- 《說文字原集注》，蔣和，乾隆五十三（一七八八）年刊本
- 《說文古籀補》，吳大澂，光緒二十四（一八九八）年刊本
- 《觀堂集林》，王國維，北京：中華書局，一九五九年
- 《章太炎全集》，章炳麟，上海：上海人民出版社，一九九九年
- 《黃侃論學雜著》，黃侃，上海：上海古籍出版社，一九八○年
- 《劉申叔先生遺書》，劉師培，台北：華世出版社，一九七五年
- 《沈兼士學術論文集》，沈兼士，北京：中華書局，一九八六年
- 《錢玄同文字聲韻學論集》，錢玄同，上海：上海古籍出版社，二○一一年
- 《積微居小學金石論叢》，楊樹達，北京：科學出版社，一九五五年
- 《積微居金文說》，楊樹達，北京：中華書局，二○○四年
- 《高明論著選集》，高明，北京：科學出版社，二○○一年
- 《周祖謨文字音韻訓詁講義》，周祖謨，天津：天津古籍出版社，二○○四年
- 《漢字理論叢稿》，黃德寬，北京：商務印書館，二○○六年
- 《古漢字發展論》，黃德寬等，北京：中華書局，二○一四年
- 《中國字典史略》，劉葉秋，台北：源流出版社，一九八四年

五

- 《玉篇》，顧野王，北京：中國書店，一九八三年
- 《復古篇》，張有，吳均增補，台南：莊嚴文化事業公司影印本
- 《通志．六書略》，鄭樵，北京：中華書局，一九八七年
- 《六書故》，戴侗，北京：中華書局，二○一二年
- 《六書統》，楊桓，以下俱見《四庫全書》本
- 《六書總要》，吳元滿（同上）
- 《說文長箋》，趙宧光（同上）
- 《說文字原》《說文正訛》，周伯琦（同上）
- 《六書本義》，趙撝謙（同上）

（其餘從略）

漢字學之二

許慎及其說文解字

作者：吳宏一
主編：曾淑正
企劃：葉玫玉
封面設計：丘銳致

發行人：王榮文
出版發行：遠流出版事業股份有限公司
地址：台北市南昌路二段八十一號六樓
劃撥帳號：0189456-1
電話：（02）23926899
傳真：（02）23926658

著作權顧問：蕭雄淋律師
二〇二〇年十月一日 初版一刷（印數：二〇〇〇冊）
售價：新台幣四五〇元

ISBN 978-957-32-8879-4（平裝）

遠流博識網 http://www.ylib.com
E-mail: ylib@ylib.com

國家圖書館出版品預行編目（CIP）資料

許慎及其說文解字 / 吳宏一著 . -- 初版 . --
臺北市： 遠流 , 2020.10
面； 公分
ISBN 978-957-32-8879-4（平裝）

1.（漢）許慎 2. 說文解字 3. 傳記
4. 研究考訂

782.822 109013706